신혼집 인테리어의 모든 것

신혼집
인테리어의
모든 것

초판 1쇄 발행	2016년 5월 20일
지은이	김민정, 심보람, 이가영, 이현석, 채혜진 공저
펴낸이	한승수
펴낸곳	티나
편 집	고은정
마케팅	안치환
디자인	오성민
등록번호	제2016-000080호
등록일자	2016년 3월 11일
주 소	서울특별시 마포구 연남동 565-15 지남빌딩 309호
전 화	02 338 0084
팩 스	02 338 0087
E-mail	hvline@naver.com
ISBN	979-11-957650-1-0 13590

부부가 함께 꾸미는
셀프 인테리어 **A** to **Z**

신혼집
인테리어의
모든 것

김민정, 심보람, 이가영, 이현석, 채혜진 공저

티나

CONTENTS

직접 해 보고 알려 주는 <셀프 인테리어 깨알 Tip!>

1. 셀 프 인 테 리 어 를 하 기 전 에

셀프 인테리어는 절대 쉬운 일이 아니다. 평생 해 오던 일과 정반대의 감각과 체력이 요구되는 일일 수 있기에 섣불리 덤비면 안 된다는 것을 인지해야 한다. 하지만 이런 무시무시한 조언에도 불구하고 부부 취향대로 손수 고치고 꾸민 만큼 기억에도 많이 남고, 비온 뒤 땅이 굳어진다는 말처럼 결혼 전부터 부부 간 전우애를 형성할 수 있다는 장점이 있다.

게다가 이미 결혼 준비와 집을 구하는 데에 많은 돈을 지출했던 신혼부부들에게는 인테리어 비용까지 감당하는 것에 큰 부담을 느낄 수밖에 없다. 하지만 발품, 손품을 팔아서 스스로 팔을 걷어붙이고 나서면 원하는 것을 얼마든지 최저가에 구할 수 있는 세상에 살고 있지 않은가? 물론 물리적인 시간과 육체적, 정신적 부담은 따르겠지만 그 이후에 찾아오는 만족감을 생각한다면 셀프 인테리어의 유혹을 뿌리칠 수 없을 것이다.

잡지에 나온 것처럼 매끈하고 화려하지만 이미 어디선가 보고 또 본 것 같은 집을 만들고 싶다면 셀프 인테리어는 포기하는 것이 좋다. 하지만 부부의 취향과 필요를 가장 잘 알고 있는 것은 부부 자신이다. 그 취향을 저격하고 필요를 채울 수 있는 방법을 찾고 있다면 셀프 인테리어가 답이다.

2. 셀프 인테리어를 하기로 했다면

우선 대화를 통해 셀프 인테리어에 대한 서로의 이해도를 높이는 것이 중요하다. 한 쪽은 하고 싶어 하지만 다른 한 쪽은 피하고 싶어 하는 일이라면 무리하게 진행해 봤자 언성만 높아지는 일이 반복될 지도 모른다. 셀프 인테리어를 하기로 결정했더라도 범위를 어디까지 할 것인지도 정하는 것이 좋다. 아주 기본적인 부분만 스스로 하고 나머지는 전문가에게 맡길 것인지 아니면 조금 난이도가 있더라도 스스로 도전해 볼 것인지에 대한 범위 설정이 중요하다. 막무가내로 덤비기에는 언제 어디에서 난감한 일을 만날지 모르는 것이 셀프 인테리어다. 도와줄 사람이 없거나 조언을 얻을 만한 곳이 인터넷밖에 없다면 그 또한 고려대상에 포함될 것이다.

하지만 지레 겁부터 먹을 만큼 어려운 일은 아니다. 나도 했고 그도 했으며, 저 사람도 하고 있다. 전문가가 아닌 이상 실수가 있을 수밖에 없으나 판을 크게 벌이는 경우만 아니라면 어느 정도 복구가 가능한 범위에서 저지를 수 있는 일들이다. 게다가 공사 기간을 정해 놓고 그 안에 끝내야 하는 압박감을 가지고 일하는 전문가들에 비해, 필요에 따라 살면서도 조금씩 시도하고 수정할 수 있는 것이 셀프 인테리어다. 이사 날짜나 다른 시공들 때문에 시간을 정해 놓고 해야 하는 경우는 있을 수 있지만 어느 정도는 스스로 일정 조절이 가능하다는 것도 염두에 두고 스트레스 받지 않으며 진행하는 것이 좋다.

3. 문제점을 파악하고 우선순위를 정해 해결책을 모색하기

셀프 인테리어를 하기로 결심했다면 이제 제일 먼저 해야 할 일은 집의 문제점이 무엇인지 파악하는 일이다. 대부분은 사람이 살고 있는 집을 보고 계약을 하기 마련이다. 그리고 전에 살던 사람들이 이사를 가고 나서 텅 빈집을 마주하고는 당황한다. 가구와 가전 등 살림살이에 가려 미처 보지 못했던 집안 곳곳의 상처들이 민낯을 하고 반겨주기 때문이다.

생각보다 더러운 벽, 군데군데 벗겨지기 시작하는 방문, 곰팡이가 핀 베란다, 끽끽 대며 잘 열리지 않는 창문, 촌스러운 주방 타일, 애매한 공간 배치 등을 보며 계약을 무르고 싶은 순간이 찾아오기 마련이지만 스스로 집을 고쳐보기로 마음먹은 이상 어디를 어떻게 고쳐야 할지 파악하는 게 제일 중요하다.

부족하더라도 셀프로 고칠 수 있는 것과 전문가의 손을 꼭 빌려야 하는 것, 혹은 그냥 참고 살아도 정신건강에 큰 해가 되지 않을 것 등이 있을 것이다. 문제점을 빨리 파악하고 어디까지 셀프로 할 것인지 정해야 가진 예산 한도 내에서 정해 놓은 시간 안에 셀프 인테리어를 끝낼 수 있다.

작은 것은 살면서도 계속 손볼 수 있지만 벽 전체에 페인트를 칠하거나 벽지를 바르는 경우, 구조를 바꾸기 위해 가벽을 부수거나 설치하는 경우, 장판을 교체하는 경우 등은 아무래도 짐이 있으면 힘든 작업이기 때문에 일정을 잘 조절해서 짐이 들어오기 전에 해치우는 것이 좋다. 살다 보면 환경에 적응하게 되고 마음에 걸리던 것들도 조금씩 무뎌지기 마련이기에 마음먹고 움직이기 시작했을 때에 끝내는 것이 가장 좋다.

4. 셀프 인테리어를 수월하게 만들어 주는 도구와 나무에 관해

셀프 인테리어를 할 때 작업을 수월하게 해 주는 도구들이 있다. 꼭 있어야 하는 도구와 있으면 좋지만 없어도 큰 문제가 되지 않는 도구들이 있으니 각자의 필요와 사정에 따라 구입해 쓰면 된다.

하지만 우리는 전문가가 아니라 어디까지나 셀프로 집을 손보는 초보자임을 망각해선 안 된다. 무턱대고 성능 좋고 값비싼 공구를 사더라도 사용 방법이 미숙하여 오히려 쓸모없는 도구로 전락할 수도 있고 한 번 쓰고 창고에 처박아 둬야 할 애물단지 신세가 될 수도 있다.

요즘에는 공구상 같은 곳에서 대여료를 받고 하루나 이틀 정도 공구를 빌려주기도 하니 그런 서비스를 이용하는 것도 한 방법이고, 무엇보다 중요한 것은 자신이

해야 하는 작업과 그 작업에 필요한 공구가 무엇인지 정확히 파악한 후 행동에 옮기는 것이다.

5. 페인트 선택하는 방법

페인트는 색상 선택이 자유롭고 다양하며 변화를 주기 쉽다는 장점이 있어 셀프 인테리어를 하는 많은 사람들이 선택하는 재료이다. 페인트라고 하면 냄새가 심하고 건강에 좋지 않은 물질로 이루어진 제품이라고 생각하는 경향이 있었으나 최근에는 환경과 건강에 대한 관심이 높아지면서 페인트도 친환경 제품이 속속 출시되고 있는 실정이다. 유해물질을 최소한으로 배출해야 하는 까다로운 기준을 통과해야 친환경이라는 이름을 달 수 있는데 국내 제품이나 수입 제품이나 품질에서는 큰 차이가 없다. 오히려 국내 제품이 수입 제품에 비해 품질은 떨어지지 않으면서 가격은 다소 저렴한 편이기에 더 경쟁력이 있다고 볼 수 있다.

또한 요즘에는 페인트 전문점들이 속속 생기면서 소비자들은 좀 더 다양한 제품의 다양한 색상의 페인트를 만날 수 있다. 전용 기계를 상비해 두고 소비자가 원하는 색상을 눈앞에서 만들어 주는 곳도 많고 인터넷으로 구매할 때에는 다양한 색상표를 참고해 원하는 색을 고를 수 있다.

따라서 페인트를 선택할 때에는 천연 도료인지, 친환경 인증을 받은 제품인지 확인하는 것이 가장 중요하며 원하는 특정 색상이 있다면 매장에 직접 나가 색상 조합을 해 보는 것이 좋다.

대부분 셀프 인테리어에는 수성 페인트가 사용된다. 물을 섞어서 사용하면 발림성이 좋아지기는 하지만 표현력은 다소 떨어질 수 있기 때문에 물 조절을 잘 해야 한다.

필요한 페인트가 얼마인지 계산할 때에는 천장의 가로×세로, 벽면의 높이×너비를 재서 총 면적을 구한 다음 창문과 문 등 페인트칠이 필요하지 않은 곳의 면적을 빼면 되는데 페인트 회사마다 계산방법을 안내하고 있으니 그것을 참고하면 된다. 통상적으로 페인트 1리터로 문 두 개 정도 칠할 수 있다고 하는데 벽지 위에 칠할 것인지, 방문 등 나무 위에 칠할 것인지, 베란다 같은 시멘트 위에 칠할 것인지에 따라 달라지며 두께와 칠하는 표현의 상태에 따라 차이가 생기기도 하며 초보자는 페인트를 조금 더 많이 쓰는 경향이 있으므로 권장량보다 조금 더 넉넉히 준비하는 게 좋다.

본인이 따로 조색을 해서 칠을 하는 경우에는 페인트가 모자랐을 때 또 똑같은 색을 만들기 굉장히 힘들어지기 때문에 처음부터 넉넉한 양을 준비하는 것이 정신건강을 지키는 길일 수 있다.

또한, 가구용, 벽지용, 욕실용, 베란다용 등으로 기능이 세분화되어 있으며 국내 페인트 제품에는 곰팡이 방지와 향균, 아토피와 알레르기 케어 기능 등에 특화된 제품이 나오고 있으니 필요에 맞게 선택하면 된다.

페인트 광도도 유념해야 한다. 무광제품은 광택이 전혀 없기 때문에 때가 타지 않으며 빛 반사가 적기 때문에 간접조명을 더욱 돋보이게 해 주기 때문에 천장 등에 사용한다. 반광제품은 주방과 욕실 등에 적합하며 저광제품은 달걀광이라고 불리기도 하는데 달걀 껍데기처럼 은은한 빛을 내는 게 특징이다. 고광제품은 표면의 반짝임이 가장 강하기 때문에 포인트를 주고 싶은 곳에 사용하는 게 좋다.

대부분의 신혼부부는 작은 평수에서 시작하기 때문에 작은 공간을 더 넓어보일 수 있도록 흰색 페인트를 많이 칠하는데 포인트가 될 만한 곳에 과감한 색을 칠하는 것도 인테리어에 큰 효과를 줄 수 있는 방법이다.

The G:ru 공방에서 알려 주는 <셀프 인테리어 기초 Tip!>

1. 원목의 종류

우리나라는 목재로 쓸 수 있는 나무의 양이 적기에 우리가 사용하는 대부분의 원목들은 동남아, 러시아, 남미, 북유럽 등에서 수입되어 오는 것들이다. 수많은 종류의 원목이 있지만 크게 소프트 우드, 하드 우드 두 가지로 나뉜다. 하드 우드는 이름 그대로 단단한 목재를 뜻하며 질감과 색감이 고급스러워 본연의 색과 결을 그대로 살린 가구에 적합한 재료로 월넛, 애쉬, 오크, 티크 등이 대표적이다. 소프트 우드는 하드 우드보다 무른 나무를 말하며 침엽수로 만들어진 목질재료를 말하는데 삼나무, 소나무, 편백나무, 가문비나무 등이 있다.

- **월넛(호두나무)** : 진하고 검붉은 색을 띠는 월넛은 충격에 강하고 조직이 치밀해 하드 우드 중에서도 고급 원목에 속하는데 가구 작가들이 주로 사용한다.
- **애쉬(물푸레나무)** : 브라운 애쉬와 화이트 애쉬가 있으며 주로 러시아와 중국 등에서 집성목으로 수입된다. 다른 하드 우드보다 가격대도 적당하고, 단단한 내구성과 아름다운 결 덕에 공방에서 많이 사용되는 나무 중 하나이다.
- **오크(참나무)** : 결이 촘촘하고 색상이 밝아서 집 분위기를 환하고 따뜻하게 만들어 준다. 단단하고 질기며 잘 썩지 않아 영국의 앤티크 가구나 빈티지한 미국 가구에 많이 사용되는 소재이다.
- **스프러스(가문비나무)** : 소나무와 매우 비슷한 목재로 나뭇결이 곧고 뚜렷한 것이 특징이다. 색상이 밝고, 옹이가 있어서 원목 느낌이 강하며 색상표현 및 도장에 좋다. 하지만 재질이 연하고 부드럽고 무르기에 뒤틀리기 쉽다는 게 단점이다.

- **레드파인(소나무)** : 러시아, 핀란드 등 북반구의 추운 지방에서 자라는 소나무로, 유분이 많고 습기에 강하며 소나무 계열 중에서 가장 변형이 적고 단단하다.
- **삼나무** : 다른 목재보다 무게가 가벼워 쉽게 자를 수 있지만 그만큼 내구성과 강도는 약하기에 휨현상이 있을 수 있다. 가격이 저렴하고 만들었을 때 가벼워서 DYI 가구나 어린이용 가구를 만들 때에도 많이 사용된다.

원목은 날씨에 따라 수축과 팽창을 하는데 여름엔 팽창을, 겨울엔 수축을 한다. 이는 원목만의 매력이기도 하기에 감안하고 사용해야 한다. 원목 가구를 오래도록 잘 사용하려면 관리가 필수인데 습도의 변화에 따라 수축과 팽창, 변형이 일어나므로 집 안 습도를 일정하게 유지하는 것이 좋다. 가구를 벽에 딱 붙여 배치하는 것보다 통풍이 잘 되도록 거리를 두어 배치하는 것도 좋은 방법이다. 가구를 닦을 때는 물을 꼭 짠 천으로 닦아주고, 2~4년에 한 번씩 식물성 오일을 얇게 발라주면 광택이 살아난다.

원목 가구는 기성 가구에 비해 가격이 비싸서 선뜻 구매하기가 부담이 되는 건 사실이다. 그래서 직접 나무를 구해 손수 만들거나 공방에 의뢰해서 원하는 디자인의 가구를 요청하기도 한다. 원목 가구를 만들 때에는 가구의 크기와 종류, 어떤 나무와 철물을 쓰고 어떤 제품으로 마감을 하느냐에 따라서 비용은 천차만별이 되기 때문에 공방에 제작 요청을 할 때에는 제작자와 사용자가 많은 의견을 나누어야 한다.

셀프 인테리어 하는 사람들을 둘러보면 삼나무를 주고 많이 이용하는 것 같다. 삼나무는 항균 작용을 하는 피톤치드가 나온다고 알려져 있어서 다소 금액이 있는 편백나무 대용으로 많이 사용하기는 하는데 내구성이 약해서 우리 공방에서는 사용하지 않고 있다.

소프트 우드인 삼나무, 가문비나무, 레드파인, 편백나무 등은 적힌 순서대로 가격이 조금씩 비싸진다. 하드 우드인 물푸레나무(애쉬), 엘더, 월넛, 오크 등에서는 엘더나 애쉬가 조금 저렴한 편에 속한다.

소프트 우드는 하드 우드보다 가볍고 금액도 훨씬 저렴하기 때문에 사람들이 보편적으로 많이 사용하긴 하지만 하드 우드보다 분명 상처와 찍힘에 약하다. 완성품을 봐도 하드 우드로 만든 가구들이 소프트 우드로 만든 가구보다 더 묵직함이 있고 나무의 결 자체가 고급스러워서 더 예쁘기도 하다.

고급 목재일수록, 두께가 두꺼운 목재를 고를수록 금액이 올라가는 것은 당연하다. 하지만 우리처럼 목재의 종류를 적절히 조합해서 쓴다면 훨씬 착한 가격으로 원하는 원목 가구를 만들 수 있다.

신혼 가구를 만들기 시작했을 당시에는 집에 들어갈 모든 가구를 하드 우드로 만들고 싶었다. 한번 가구를 만들면 쉽게 바꿀 수 없었기에 단단하고 좀 더 결이 예쁜 나무들로 만들고 싶었지만 우리 둘의 주머니 사정에 맞는 나무를 골라야만 했다. 그렇게 고민해서 고른 나무가 가문비나무(소프트 우드)와 물푸레나무(하드 우드)였다. 그래서 우리는 그 둘을 적절히 섞어서 제작하기로 했는데 이를테면 거실에 있는 TV 장을 만들 때 빨갛게 페인트를 칠한 하부는 가문비나무로, 나뭇결이 돋보여야 하는 상판은 물푸레나무로 만든 것이다. 침실 가구는 거의 대부분 물푸레나무로 만들었지만 포인트 가구로 만든 빨간 옷장은 가문비나무로 만들었다. 이렇게 나무를 적절히 섞어서 제작하면 그만큼 가구 금액도 줄일 수 있다.

2. 공구의 종류

❶ **에어 타카** : 콤푸레샤와 연결하여 공기압을 이용하여 못(핀)을 쏘는 방식으로 목재 고정 및 접합에 사용된다. 일반 가정에서는 전기 타카를 많이 사용하지만 힘이 약하다는 단점이 있다.

❷ **직소기** : 목재를 자르거나 곡선으로 따낼 때 사용한다. 저렴하고 사용이 편리한 대신 어느 정도 숙련되어야 깔끔한 선이 나온다.

❸ **트리머** : 일정한 두께의 홈을 파거나 모서리 끝에 모양을 낼 때 사용한다.

❹ **톱(톱날교체형)** : 간단한 목재의 절단에 사용되며 직소기나 각재단기를 사용 할 수 없을 때 쓰인다.

❺ **플러그톱** : 탄성이 좋고 톱날이 얇아 목다보 작업 후 자를 때 사용한다.

❻ **고무망치** : 가구 조립 중 치수가 틀어 졌을 때 고무망치를 이용하여 톡톡 쳐서 맞추면 목재의 파손을 막고 상처를 줄일 수 있다.

❼ **장도리망치** : 못을 박거나 뺄 때 사용 하는 기본적인 망치이다.

❽ **원형 샌더** : 좀 더 간편하고 빠르게 목재를 다듬을 때나 모서리를 둥글게 할 때 사용된다. 사각샌더와 원형샌더가 없다면 손과 사포를 이용하여 열심히 밀어주어도 무방하다.

❾ **직각자** : 목재의 면이 서로 직각인지 검사할 때 사용하며 가구를 조립하는 위치를 표시할 때도 사용한다.

❿ **줄자** : 휴대가 간편해 큰 면적이나 작은 면적을 잴 때에 좋다.

⓫ **목공본드** : 목재와 목재를 붙이거나 결합시킬 때 조금 더 단단하게 고정하기 위해서 사용한다.

⓬ **우드필러** : 메꾸미라고도 불리며 목재의 틈을 메꾸어 깔끔한 마감을 도와 준다.

⓭ **전기 드릴** : 콘크리트 벽이나 철제 목재에 구멍을 뚫거나 피스를 박을 때 사용한다. 전동 드릴에 비해 힘이 강한 대신 전기가 있어야 사용이 가능하다.

⓮ **전동 드릴** : 배터리를 충전해서 무선으로 사용하며 휴대가 용이하고 여러 비트를 장착하여 사용 가능하다.

⓯ **아연피스** : 목재의 두께에 따라 길이를 선택하여 쓰며 아연도금이 되어 있어서 녹이 슬지 않고 나사선 간격이 넓어 가구 제작에 많이 쓰인다.

⓰ **이중기리** : 나사가 지나가는 구멍을 만들어 주어 목재의 파손을 방지하고 목다보를 박을 수 있게 도와 준다.

⓱ **Z철물 + ⓲ 8자 철물** : 수축 팽창하는 원목의 특징을 잘 맞게 나사로 고정하면 자연스레 움직일 수 있도록 도와 준다. 아래쪽에서 잡는 방식이라 윗면은 깨끗한 마감이 된다.

⓳ **목다보** : 이중기리로 구멍을 내고 피스를 박은 후 나사구멍을 깔끔하게 마감할 때 사용한다.

⓴ **붓** : 페인트나 바니시를 바를 때 사용한다. 요즘에는 스펀지 붓을 사용하기도 한다.

김민정 ★ 백지호

우리 부부 이야기

열아홉. 고 3때 미술학원에서 친구로 만난 우리는 첫 만남에 우리가 10여 년을 함께 보내고 결혼까지 하게 될지는 상상도 하지 못했었다. 하지만 함께하는 시간들이 즐거워 같이 보내는 시간이 많아지고 조금씩 서로에게 익숙해지면서 어느 순간부터 서로가 인연이라는 생각을 하게 되었다.

대학에서 조소를 전공한 신랑은 그때부터 목조에 관심을 갖고 있었고 자연스럽게 가구 만드는 일을 갖게 되었다. 졸업 후 다른 사람 밑에서 일을 배우며 자기만의 브랜드를 가진 공방을 가지고 싶어 하더니 우리가 결혼하기 일 년 전, 〈더 그루 공방〉을 오픈하면서 드디어 그 꿈을 이루게 되었다. 결혼 날짜를 잡아 둔 것은 아니었지만 남자친구였던 그는 그때부터 우리의 신혼집에 들어갈 가구들을 하나씩 만들기 시작했다.

그렇게 10여 년이란 시간이 흐르는 동안 사랑과 우정 사이를 넘나들던 우리는 따스한 바람이 불기 시작하는 2014년 봄날, 결혼이라는 걸 하게 되었다. 그렇게 시작된 우리의 신혼. 그리고 함께 시작한 우리의 셀프 인테리어 이야기를 풀어 볼까 한다.

우리의 신혼집

화려하고 값비싼 아파트는 아니더라도 함께이기에 편안함이 곱해지는 즐겁고 따뜻한 집을 갖게 되길 원했던 우리는 그런 집을 찾아 한 달이 넘는 시간을 흘려보냈다. 하지만 부모님께 크게 손 벌리지 않고 우리의 능력만으로 집을 구해야 한다는 현실은 말처럼 쉬운 일이 아니었다. 주어진 조건과 제한된 예산 안에 있는 집이 나왔다고 해서 가 보면 등산 코스 쯤 되는 듯, 보기만 해도 다리가 후들거리는 계단이 끝없이 놓여 있는 단독주택이나 오래되고 쓰러지기 일보 직전에 놓인 낡고 작은 아파트들뿐이었다. 일일 드라마 속 커플들이 할 법한 "저 많은 집 중 우리 집 하나가 없네."라는 대사는 부동산을 다녀올 때마다 되풀이하는 단골 멘트였다.

남들이 다 원하는 그런 좋은 집을 원하는 건 절대 아니었다. 방이 하나라고 해도 주방과 거실은 따로 분리가 되어 있는 집이었으면 좋겠다는 게 우리가 원하는 단 하나의 조건이었는데도 그런 집은 우리 앞에 좀처럼 나타날 기미를 보이지 않았다.

그렇게 집을 찾아 헤맨 지 한 달쯤 지나 부동산 아주머니를 따라가 본 이 집의 첫인상은 그리 친절한 편은 아니었다. 역시나 등산 코스 같이 높다란 언덕길에 있었고 같은 지역이긴 하지만 살아보지 않았던 동네라 낯설기까지 했다. 그랬는데도 불구하고 내부를 천천히 둘러보는 동안 내 마음에는 어쩐지 우리가 이 집을 계약할 것 같다는 느낌이 들었다.

지은 지 30년이 넘은, 동갑내기 우리 부부보다 나이가 많은 낡고 작은 5층짜리 아파트의 3층. 작고 귀여운 현관 앞에는 작은방과 욕실이 있고, 조금만 지나면 왼쪽으로는 앞 베란다를 확장한 거실이 나오고 침실이 보였다. 오른쪽으로는 일자형 주방과 작은 뒷 베란다가 있는 작은 아파트는 세월의 흔적을 고스란히 간직하고 있었고 이 낡고 작은 아파트는 우리가 함께 사는 첫 집이 되었다.

겉모습만 놓고 보면 납량특집 드라마 한 편 찍어도 될 것 같은 낡고 낡은 아파트였지만 현관문을 열자 전혀 다른 세상이 펼쳐졌다. 첫인상만으로 모든 것을 판단하면 안 된다고 했던가? 하얗고 깨끗한 신발장, 새하얀 벽지로 도배된 벽, 그리고 역시나 하얗고 깨끗한 문. 겉과 안이 이렇게 다를 수가 있을까? 마치 아무것도 그려져 있지 않은 흰 도화지 같은 집이었다. 더군다나 우리가 원했던 거실도 있고 아담한 주방도 독립된 공간에 위치해 있었다. 관리조차 하지 않은 듯 보였던 지저분하고 낡은 집들만 둘러보다가 하얗고 군더더기 없는 집을 보니 새로 지은 깔끔한 아파트보다 더 우리 마음에 쏙 드는 공간을 만들 수 있을지도 모르겠다는 생각이 들었다. 겉모습만 보고 실망했던 마음이 설렘으로 바뀌는 순간이었다.

둘 다 미술을 전공했던 우리는 취향도 비슷하고 추구하는 인테리어 철학도 비슷했다. 대부분의 부부들은 결혼 계획을 세울 때 결혼식에 관심을 많이 둔다고 하던데 우리 부부는 새로 얻은 집을 어떻게 꾸밀지에 대해 더 많은 열정을 쏟았다. 예비 신혼부부든 새로운 집으로 이사를 가는 사람이든, 누구나 각자의 새로운 집을 떠올리며 인테리어 계획을 세우는 일은 무척이나 즐거운 일이다. 상상도 못할 인테리어를 적용하거나 현실에서 반전 드라마를 펼치기엔 넘어야할 벽이 높지만 어찌되었든 새로운 보금자리를 어떻게 꾸밀지 상상하는 건 무척이나 흥미롭고 즐거운 일이 아닐까 싶다.

과정은 어려웠지만 예산에 딱 맞고 마음에 쏙 드는 집을 구한 우리는 이 집에서 더욱 행복한 추억을 만들기 위해 셀프 인테리어를 하기로 마음먹었다. 우리는 평일 퇴근 후 저녁시간과 주말을 이 집에 전부 투자했고 우리가 직접 팔을 걷어붙여 움직이며 인테리어 비용을 확 줄일 수 있었다.

아무리 미술을 전공하고 가구를 만들고 있다고 해도 인테리어는 처음이었기 때문에 모르는 부분들이 많았지만 인터넷에 넘쳐나는 다양한 정보 들을 참고하면서 진행하니 생각보다 어렵지 않게 집을 꾸밀 수 있었다. 물론 전문 시공업자나 전문가가 본다면 우리가 인테리어라고 한 부분들이 미숙하고 부족한 점 투성일 테지만 집을 꾸민다는 건 그리 거창한 일이 아닐지도 모른다는 생각이 들었다.

우리가 함께 살게 될 집에 딱 맞는 가구를 채워 넣고 우리의 동선에 맞게 적절한 위치에 배치하고 방에 어울리는 침구와 커튼을 달고 신혼 분위기에 맞는 액자와 사진을 걸어보는 것. 그 집에 사는 우리 둘이 만족할 수 있는 집을 꾸미는 일은 생각보다 어렵지 않다.

우리의 신혼집을 위한 계획

❶ 직접 디자인하고 제작한 맞춤 원목 가구로 우리 부부의 취향을 충족시킨 집을 만들 것.

❷ 간단한 리폼 작업들로도 충분한 인테리어 효과를 내도록 작은 부분도 놓치지 말 것.

❸ 일반적인 형식의 거실에서 벗어나 우리 부부의 생활패턴에 맞춘 멀티공간으로 만들 것.

❹ 주방 전체를 교체 할 수 없다면 싱크대 상판만 교체해서 집 전체의 원목 가구들과도 잘 어울리도록 만들 것.

❺ 침실은 최대한 심플하지만 포인트 가구를 배치하여 자칫 지루할 수 있는 방 안에 독특함을 더할 것.

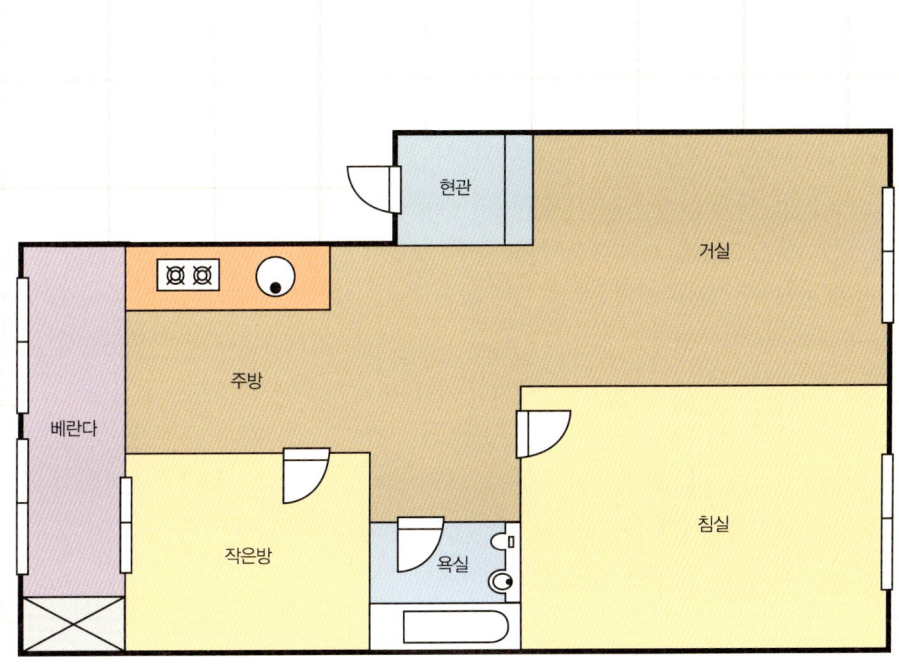

생활의 중심이 되고
틀에 얽매이지 않는 **거실**

우리 집이 생기고 본격적인 인테리어 계
획을 세우면서 수많은 인터넷 사이트들과 블로그를 찾아보고 박람회 등을 돌며
모으기 시작한 자료들만 해도 어마어마할 정도로 우린 셀프 인테리어를 향한 열
정이 있었다. 거기다 신랑이 가구를 만들 수 있는 재주가 있다니!! 이보다 더 쿵
짝 잘 맞는 커플이 있을까? 거기다 손재주 좋은 신랑 덕에 비싼 원목 가구를 원
목 값만 들이고 원하는 건 다 만들 수 있었다.

사실 우린 집을 구하기 전부터 신혼집에 들어갈 가구를 하나씩 제작하고 있었다.
물론 집을 구하고 거기에 맞는 가구를 사거나 만들어야 하는데 처음 해 보는 결혼
이라 그랬는지 집이든 뭐든 우리가 원하는 건 다 이루어질 줄 알았던 거다. 지금
생각해 보면 그때 우린 세상을 몰라도 한참이나 몰랐던 철부지였다. 집 시세를 몰
라도 너무 몰랐던 우리는 이렇게 작은 집에서 살게 될 줄은 상상도 못했었나 보
다. 이미 만들어 놓은 가구들은 우리가 찾은 신혼집에 비해 너무 크기만 했다. 그
래서 예산에 맞는 집을 보러 갔을 때마다 이미 만들어 놓은 가구를 생각하며 한숨
쉬기를 여러 번. 그래도 어쩌겠는가. 이제 집은 구했고 가구는 만들어 놨으니 꾸역
꾸역 다 넣어보는 수밖에.

16평형 대의 비슷비슷한 아파트 중에서 우리가 이 집을 선택한 이유 중 하나는
앞 베란다를 확장해 거실을 넓게 쓸 수 있게 해 두었다는 점이었다. 만약 거실과
베란다가 따로따로 있었다면 우리가 미리 만들어 두었던 원목 소파나 책상은 넣
어보지도 못했거나 이 집에서 살지 못했거나 둘 중 하나였을 거다.

거실은 우리 부부가 잠드는 시간 외에 가장 많이 머무는 곳이 될 터였다. 우리는
거실에서 한가로이 TV도 봐야 하고, 일자형 주방 덕분에 식탁은 들어갈 수가 없
으니 거실에서 밥도 먹어야 했고 컴퓨터도 해야 했다. 그야말로 멀티공간이라고
해야 할까? 어쨌든 확장공사 덕분에 조금 더 넓은 거실을 갖게 되었고 우리 가구
들은 하나둘씩 제자리를 잡을 수 있었다.

새로 구한 집을 우리 입맛에 맞는 집으로 만들기 위해 가장 첫 번째 했던 일은 집
에 있는 모든 조명을 바꾸는 것이었다. 부동산을 통해 집을 계약했을 때 집주인은
말했다. 새 벽지로 도배를 해 두었으니 살기 좋을 것이라고. 하지만 그게 다였다.
장판이나 조명 등 다른 것들은 바꿔줄 수 없다고 단호히 말했다. 우리가 조금 더
투자해서 장판을 바꿔볼까 생각했지만 계약이 끝난 후에는 다른 사람 좋은 일 시
키는 꼴이 될 것 같았다. 대신 촌스러움을 고스란히 간직하고 있는 조명을 바꾸고
나중에 떼어가기로 했다. 전셋집에 그런 수고까지 해야 할 필요가 있느냐고 말하
는 사람도 있겠지만 조명은 벽지나 바닥만큼 인테리어를 결정하는 데 큰 영향을
미친다고 생각한다. 조명 전체를 바꾸는 데에도 적지 않은 돈이 들기는 하지만 나
중에 이사 갈 때 다시 예전 조명으로 교체해 두고 우리가 산 것은 들고 갈 수 있으
니 고민하지 않고 바꾸기로 마음먹었다.
인터넷을 뒤지고 시내에 있는 큰 조명 가게까지 찾아가 집에 어울릴 만한 조명을
찾기 시작했다. 우리는 조명 대부분을 블랙의 심플한 디자인으로 골랐고 다행히
어느 곳 하나 튀지 않고 잘 어울렸다. 다만, 베란다를 확장한 집이라 창문 가까이
에 있는 등은 그대로 쓸 수가 없어서 전선을 길게 빼고 전선 고정 클램프를 이용
해서 고정시킨 후 책상 위쪽으로 조명을 설치했다. 다른 곳은 일반적인 주광색 램
프를 달았는데 이곳에는 따뜻한 불빛의 전구색 램프를 달았더니 낮에는 하나의
오브제로 거실의 포인트가 되고 저녁에는 불빛 덕분에 따뜻하고 아늑한 신혼 분
위기를 만들어 준다.

1. 문 리폼 하기

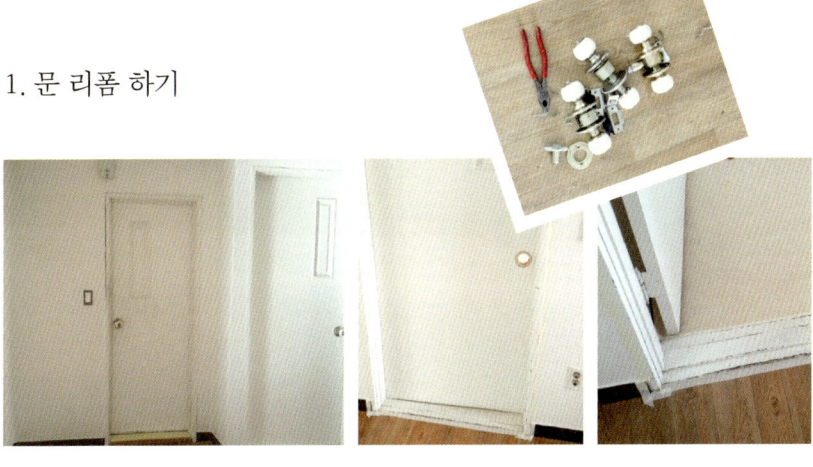

계약할 당시 집을 둘러볼 때에는 방문들이 깨끗하다 느꼈었지만 나중에 자세히 들여다보니 세월의 흔적이 곳곳에 묻어 있었고 손잡이 또한 이 집이 오래된 집이라는 것을 다시 한 번 상기시켜 주었다. 조명 교체로 집의 분위기가 달라 보였다면 문을 리폼 하는 것 또한 인테리어에 중요한 역할을 한다. 우리는 집이 작기 때문에 원래 흰색이던 문을 더 깨끗하게 흰색으로 덧칠한 후 심플한 디자인의 검정색 손잡이로 교체했는데 그것만으로도 집 전체가 훨씬 더 깔끔하게 정돈되는 효과를 볼 수 있었다.

2. 가구 배달하기

페인트 작업과 조명 교체가 끝난 후 우리는 그동안 만들어 두었던 가구들을 집으로 옮기기 시작했다. 신랑이 운영하는 공방 한편에 디피 되어 있던 가구들이 드디어 자기 자리를 찾는 날이었다. 하얀 도화지 같은 집에 그동안 우리가 만들어 두었던 세상에 하나밖에 없는 우리 가구가 들어오는 날이라 얼마나 설레던지.

그런데 우리 집은 엘리베이터 없는 오래된 5층짜리 아파트 3층. 가구를 옮기며 왜 이삿짐 센터 아저씨들이 구형 아파트인지 신축 아파트인지 묻는지를 몸으로 깨닫는 순간이었다. 원목 가구는 일반 가구들보다 무게가 훨씬 많이 나가기 때문에 옮기는 것도 좁은 집에서 제자리를 찾는 것만큼 쉬운 일이 아니었지만 어쨌든 이제 진짜 우리 집이 꾸며지고 있다는 생각에 기쁨을 주체할 수 없던 날이기도 했다.

가구를 배송하고 그날의 거실 모습.

어느 정도 예상하긴 했지만 가구를 집 안으로 넣으면서 생각보다 공간이 좁다는 사실을 깨달으며 당황하기도 했다. 사실 집이 좁은 게 아니라 우리가 미처 집 크기를 가늠하지 못하고 가구를 크게 만들어 놓은 탓일지도 모르겠다. 집이 구해지기도 전에 만들어 사이즈가 큼직한 몇 개의 가구들을 한정된 공간 속에 딱딱 맞춰 넣는 것은 수학 문제를 푸는 것만큼 어려웠다. 그동안 머릿속으로 그려왔던 것처럼 거실에는 원목 소파와 TV 장, 책상으로 쓸 테이블과 좌탁을 배치했는데 빈 공간 없이 꽉꽉 들어차는 통에 좌탁을 거실에 둘지 말지 고민하느라 한참이 걸렸다. 우여곡절 끝에 대략적인 가구 위치가 정해지고 거실을 바라보니 왠지 모르게 마음이 말랑해졌다. 그저 가구 하나 들어왔을 뿐인데 유리창을 통해 가득 들어오는 햇살에 우리의 가구가 더해지니 거실에는 따뜻한 온기가 들어찼다. 아무것도 없던 썰렁한 집이 드디어 집다운 집이 되어 가고 있다는 현실이 눈에 보이니 춥기만 했던 그 겨울이 그날만큼은 참 따스했던 것 같다.

거실은 바쁜 일상을 마치고 집으로 돌아와 많은 시간을 함께 보내야하는 공간이
기에 가구 배치에 더욱 더 신경을 썼다. 이 집의 구조를 보면 거실 양쪽의 길이가
다르다. 현관에 들어서서 왼쪽으로 보이는 거실 벽면이 더 길게 튀어나와 있고 TV
가 놓여 있는 벽 쪽이 신발장 넓이만큼 좁았다. 우리는 그 구조에 맞춰서 긴 벽 쪽
으로 원목 소파를 놓았다. 사실 이 소파는 집 계약 전에 만들어둔 거라 벽면보다
크진 않을지 걱정을 했는데 다행히도 마치 맞춘 것처럼 사이즈가 딱 맞았다.
어떤 사람들은 원목 소파를 보고 딱딱한데 불편하진 않느냐고 묻기도 하는데, 물
론 가죽으로 된 말캉한 소파와 비교하면 불편한 게 맞다. 하지만 우리 집 사이즈
에 꼭 맞춰서 제작이 가능하고 내가 원하는 패브릭을 이용해서 내 취향에 맞는
'세상에 하나밖에 없는 나만의 소파'를 가질 수 있다는 장점이 있다.
그리고 소파 맞은편으로는 벽걸이용 TV를 달았고 포인트가 되는 빨간색 TV 장과
원목 사다리 장식장도 함께 배치했다. 그리고 원목 가구로 꾸민 거실에 잘 어울릴
수 있도록 커튼은 차분한 색상으로 달았고 포인트가 될 수 있는 쿠션, 따뜻한 느
낌의 러그, 싱그러움을 줄 수 있는 조화 등을 이용해 좁은 공간에 활기를 불어넣
었다.
우리 집 거실을 보고 그 좁은 공간에 무슨 가구를 그렇게도 많이 넣어두었냐 생각
할 수도 있지만, 찍어낸 듯 비슷비슷한 구조의 거실을 부부의 일상생활 리듬에 맞
추어 전혀 다른 쓰임새의 공간으로 연출해 보는 것도 좋은 방법이라 생각한다. 좁
은 거실이지만 우리에겐 일을 할 수 있는 서재도 되고, 밥을 먹을 수 있는 식당이
되기도 하고, 편히 누워 영화를 볼 수 있는 영화관이 되기도 하니까.
우리는 거실에 컴퓨터 책상도 함께 배치했기에 우선은 컴퓨터를 어떤 방향으로
놓을지 부터 고민했었다. 분명 컴퓨터를 연결할 때에 나오는 전선들이 정리되지
않은 것처럼 지저분해 보일 것 같아 벽을 향해 배치할까 생각하기도 했었는데 지
금 쓰는 컴퓨터는 뒤로 빠지는 선이 하나뿐이라 생각처럼 지저분하게 보이지는
않았다. 신랑은 집에 오면 컴퓨터를 즐겨 하고 나 또한 프리랜서로 디자인 일을
하고 있기에 왠지 모르게 단절된 느낌을 줄 것 같아 컴퓨터를 집 중앙을 바라보는
위치에 놓았는데 그건 정말 탁월한 선택이었다고 생각한다.

그 외에 TV 선이나 셋탑 박스 등은 TV 장 뒤쪽으로 빼 두었고 복잡하게 엉켜 있던 선들은 잘 정리해서 케이블타이를 이용해 묶어 두었는데 견출지 등을 이용해 이름을 적어 두면 헷갈리지 않고 필요 없는 콘센트는 뽑아둘 수 있다.

3. 직접 만드는 원목 가구의 매력

공장에서 찍어 내는 기성 가구에 길들여져 있던 나는 신랑이 가구 공방을 시작하고, 우리의 가구를 만들어내기 전까지는 원목이 가진 따스함을 몸소 느끼긴 못했었다. 하지만 신랑 덕에 나무가 가진 꾸미지 않은 아름다움을 알게 되었다. 나무의 결이 주는 자연스러움과 여름엔 텁지 않고 겨울엔 차갑지 않은 느낌을 주는 원목이 좋았다. 사실 원목이라는 게 재료 값만 해도 만만치 않지만 그만큼 한 번 만들면 주인의 손때를 타면서 더 멋스러워지고 오래도록 쓸 수 있다는 장점이 있다. 그래서 우리는 오래 써도 질리지 않도록 되도록 기본에 충실한 디자인으로 가구를 만들었고 우리 부부의 취향을 반영한 가구라서 그런지 볼 때마다 뿌듯하다. 나중에 우리가 아이를 낳아도 그 아이가 커서 아빠 가구가 여전히 예쁘다고 말해 준다면 얼마나 좋을까.

직접 가구 디자인을 하고 나무를 고르고 크기에 맞춰 자르고, 샌딩하고, 색칠까지. 가구 하나를 완성하기 까지 먼지 풀풀 날리는 시간들을 견뎌내야 하지만 거친 나뭇결이 내 손에 의해 부드러워지고 내가 원하는 색으로 바뀌는 과정을 경험한 사람이라면 그런 공정 따위는 힘들다고 말하지 않을 것이다. 어쩌면 나도 그 손맛에 중독되어 가고 있는 건지도 모르니까.

거실 인테리어 정보

- 거실 TV 장, 원목 사다리, 원목 소파, 좌탁, 책장, 책상, 의자 : 더 그루 가구공방
- 거실 조명 & 집 모든 조명 : 해운대 공간조명 http://www.9s.co.kr ₩총 500,000원
- 거실 커튼 : 부산 진시장 1층 132호 커텐사랑 ₩250,000원
- 거실 러그 : 부산 진시장 지층 34, 35, 36호 금곡 카페트 ₩150,000원
- 벽걸이 TV : LG 시네마 42인치 42LA6100 ₩1,080,000원
- 문 손잡이 : 손잡이 닷컴 ₩각 13,500원
- 샌드위치 도어 사인 : 1200M ₩각 1,440원
- 레트로 벽시계 : 1200M ₩20,900원
- 아이리버 라디오 : 롯데아이몰 ₩153,000원
- 티슈커버 & 하트 액자 : 1200M 티슈커버 ₩9,000원 / 액자 ₩39,200원

빨간색 포인트 옷장으로
독특함을 더한 **침실**

거실을 가구들로 꽉꽉 채웠기 때문에 침실은 비워볼 차례라 생각했다. 집이 작다고 모든 공간을 다 꽉꽉 채워서 수납 공간 백점인 집으로 만들고 싶지는 않았다. 우리의 신혼집에는 방은 단 두 개뿐이지만 아직 아기가 없었기 때문에 아이 방은 필요하지 않았고 거실에 책상을 두었기에 서재도 필요 없었다. 그래서 나머지 방은 옷 방 겸 손님방 용도로 쓰기로 했고, 침실은 부부가 퇴근하고 돌아와 함께 편히 쉴 수 있는 아늑한 공간으로 만들고 싶었다. 그래서 침실은 딱 필요한 가구로만 채워 문을 열고 들어서면 간결하고 아늑하지만 누가 봐도 뜨거운 신혼부부가 살고 있는 분위기가 느껴지는 방이기를 바랐다.

우선, 흰색 페인트로 칠을 했지만 세월의 흔적은 잘 가려지지 않은 오래된 창틀은 우드 블라인드를 설치해 가려두었고 기존에 있던 네모 모양의 천장 등은 떼어 내고 심플하지만 독특한 디자인의 별모양 조명으로 교체했다. 그리고 TV를 보며 스르륵 잠이 드는 걸 좋아하는 신랑을 위해 침실 벽에 작은 TV를 달았고 침대 또한 직접 제작해 배치했다.

하드 우드는 가격이 비싸기 때문에 집의 모든 가구를 물푸레나무로 만들 수 없었었지만 특별히 침실에 있는 침대, 화장대 그리고 3단 수납장은 모두 물푸레나무로 만들었다. 나뭇결을 잘 살릴 수 있도록 친환경 오일로만 마감을 했고 안락한 기분을 더하기 위해 침대 해드는 시중에서 파는 침대보다 높게, 본채 부분은 일반 침대보다 낮게 제작했다. 일반적인 퀸 사이즈 침대는 1,500×2,000인데 우리 집은 엘리베이터가 없는 3층이고 배달도 우리가 직접 해야 했기 때문에 3등분(헤드, 상·하 프레임 두개)으로 나누어 제작했다. 헤드만 프레임에 고정만 시키면 침대 설치는 손쉽게 마무리가 된다.

침대 맞은편에는 화장대와 3단 수납장을 놓았고 철제 행거에는 그날 입은 옷 등 간단한 옷가지를 걸어둘 수 있도록 했다. 신랑은 우리가 쓸 가구들을 만들면서 가장 신경을 썼던 가구가 화장대라고 말했다. 신랑의 능력을 한껏 발휘해 결혼하는 아내에게 주는 최고의 선물 중 하나였지 싶다. 이것저것 물어가며 메모하던 신랑 덕분에 나는 화장대를 쓸 때마다 정말 내 편의에 꼭 맞는 가구가 어떤 것인지 몸소 체험하고 있다. 아무리 정리해도 먼지가 쌓이고 지저분해지는 화장대를 쓰던 나는 수납 백점 가구로 만들어 달라고 했었는데 신랑은 그 조건을 다 채워준 것이다. 왼쪽 서랍을 열면 위, 아래 두 칸으로 되어 있어 길쭉한 화장품들을 보관하고 오른쪽 서랍은 십자칸막이를 만들어서 자질구레한 것들을 칸칸이 수납할 수 있다. 게다가 의자도 네모박스 형태로 만들었는데 한쪽을 돌리면 수납함처럼 그 안에 쏙쏙 수납할 수 있도록 되어 있다. 거기에는 드라이기나 고데기, 스팀다리미 등을 넣어 보관 중이고 덕분에 내 화장대는 늘 깨끗하고 깔끔한 상태를 유지 중이다.

화장대 옆에는 같은 크기의 수납장을 함께 놓아 통일감을 높였다. 양말이나 속옷, 잠옷 등 쉽게 빼고 넣을 수 있는 것들을 수납하며 동선을 최소화 시켰다.

이렇게 가구만 들여놓았을 뿐인데도 나무가 주는 부드러운 느낌과 햇살이 더해져 따스하고 아늑한 침실이 되었다. 하지만 어딘가 모르게 심심하고 재미가 없었다. 우린 뜨거운 신혼인데……. 포인트가 될 만한 게 필요했다. 우리 집은 바닥 전체에 다 낡은 장판이 깔려 있었지만 거기에는 돈을 들이지 않기로 했기 때문에 그 단점을 덮을 수 있는 어떤 포인트가 필요했다. 방은 평범한 구조인데 어떤 걸로 포인트를 줄 수 있을까 생각했더니 역시 우리 부부가 제일 쉽게 할 수 있는 '손수 만든 가구'를 이용하는 것이었다.

사실 작은방을 옷 방으로 쓰려고 붙박이장을 넣어 두었지만 철마다 입을 옷들을 손쉽게 꺼내 입을 수 있는 작은 옷장도 필요한 상태였다. 그래서 다른 가구들과 잘 어울릴 수 있도록 최대한 심플한 디자인의 옷장을 하나 만들었는데 포인트가 될 만한 가구는 아니었다. 그래서 그 옷장은 과감하게 빨간색으로 칠해버렸다. 사실 빨갛게 칠하면서도 혹여나 우리 침실과 어울리지 않는 건 아닌지, 과한 선택은 아니었는지 조마조마 했던 게 사실이었다. 내 평생 이렇게 과감한 색상의 가구는 사용해 본 적도 없었기에. 하지만 막상 만들고 보니 마음에 쏙 드는 예쁜 가구가 되었다.

그런데 빨간 옷장을 완성하고 침실로 가져왔을 때 또 다른 고민이 생겼다. 일반적으로 옷장을 놓을 때는 옷장 뒷면이 벽 쪽으로 딱 붙도록 설치를 하는데, 그렇게 했더니 벽에 TV가 걸려있어서 그런지 뭔가 이 방에 어울리지 못하고 옷장만 붕 뜨는 느낌이었다. 이미 침대와 화장대, 그리고 TV가 자리 잡고 있었기 때문에 딱 그 공간에 옷장을 넣어야 했는데 옆으로 돌리고 다시 반대로 붙여보아도 옷장의 위치를 잡을 수 없었다. 어느 순간 나는 발을 동동거리며 신랑한테 억지를 부리고 있었다.

"침실에 어울리도록 잘 좀 해 봐!"

그러길 얼마나 지났을까……. 우연히 비스듬하게 놓아둔 옷장을 보며 무릎을 탁 치게 됐다.

"바로 이거야!!!!!"

우연이 만든 완벽함이라고 해야 할까? 비스듬히 놓아둔 빨간 옷장은 평범했던 침실에 특별함을 더해 주었다.

그렇게 큰 가구들을 들여놓고 나니 이번엔 휑한 벽면을 채우고 싶었다. 빨간 옷장과 잘 어울리는 그림이 뭐가 있을까 고민하며 인터넷을 뒤지다가 '이거다!' 싶은 그림 하나를 찾았다. 진품을 살 엄두는 나지 않아 직접 그려보기로 하고 화방에서 캔버스와 아크릴 물감을 사와 뜨거운 내 마음과 똑 닮은 빨간 하트를 완성했다.

그림을 그린 날, 술을 먹고 늦게 들어온 신랑은 그림을 보고는 "와! 파는 거랑 진짜 또오옥 같다!"라며 특급 칭찬을 해 주었다. 술이 취해서 한 말인지, 진짜 그림을 잘 그려서 그런 건지는 아직도 알 수는 없다. 물론 시중에 팔고 있는 것보다 퀄리티는 떨어지겠지만 내 마음에도, 신랑 마음에도 쏙 드는 액자를 만들었으니 그걸로 충분하다.

더군다나 빨간 옷장과 하트 액자는 둘이 마치 한 세트인 것처럼 잘 어울렸고 평범한 침실을 특별한 공간으로 만들어 주었다. 휑했던 침대 옆 벽면에 하트 액자를 걸어 두고 옆에는 우리의 추억이 담긴 사진들을 함께 걸어주었더니 침실은 사랑스러움이 물씬 느껴지는 공간이 되었다.

전셋집에 이 많은 액자를 걸기 위해 못질을 한다는 건 감히 상상도 못할 일이었다. 하지만 요즘엔 못이 아니더라도 자국이 거의 남지 않는 '꼭꼬핀'이 있다. 긴 바늘 5개가 있어서 걸이에 부과되는 중력을 최대한 분산시켜 액자 정도는 거뜬히 달 수 있다. 일단 위치를 정하고 벽에 45도 각도로 꾹 눌러 넣어 어느 정도 들어가면 벽에 바짝 붙여 밀어 넣으면 끝!!

집에 있는 침구들은 결혼 전, 엄마가 진시장에 가서 직접 만져보고 골라준 것들이다. 서울로 치면 동대문 같은 곳인데 그때는 엄마 취향대로 고르는 게 싫어서 투정도 부리고 내 마음에 드는 걸로 사겠다며 어리광 아닌 어리광을 부리기도 했다. 그런데 결혼을 하고 계절별로 새 이불을 꺼내어 덮을 때마다 엄마가 하나하나 골라줬던 그때의 마음이 생각나서 마냥 좋다. 결혼하고 철든다던데 요즘 철이 좀 든 것 같다.

겨울이 되면서 보일러만 틀기에는 오래된 집이 버텨주지 않아 추워서 견딜 수가 없었다. 그냥 전기장판을 살까 했었는데 주위에 나보다 조금 더 결혼생활을 한 지인이 요즘 온수매트 없는 집이 없다, 아기를 낳으면 그걸 써야 한다 등등의 얘기를 해 주어서 결국 온수매트도 하나 구입했다. 브랜드며 가격까지 천차만별이라 하나하나 비교하고 고르느라 구매까지 꽤 오랜 시간이 걸렸지만 여름에 쿨매트 없이 잠을 못 자는 신랑을 위해 조금 비싸더라도 냉온수가 같이 되는 제품을 구매했다. 그 덕분에 추위 걱정 없이 우리 둘이 함께 하는 첫 겨울을 뜨끈뜨끈하게 보냈다.

침실 인테리어 정보

- 옷장, 침대, 협탁, 화장대, 3단 수납장 : 더 그루 가구공방
- 벽걸이 TV : 하이마트. LG 시네마 32인치 32LN540B ₩650,000원
- 매트리스 : 한샘. 사일런나잇 노팅엄 스프링 매트리스 Q ₩1,399,000원
- 조명 전체 : 해운대 공간조명 ₩총 50만 원. http://www.9s.co.kr에서도 구매가 가능
- 레트로 벽시계 : 1200M ₩20,900원
- 튤립 조화 : 소소한시작. 한송이 ₩4,800원
- 침실 이불 : 부산 진시장 직접구매 ₩50만 원
- 스팀보이 온수매트 : 롯데 아이몰 ₩418,000원
- 침실 쿠션 : 1200M ₩15,900원
- 갤러리 프레임 액자 : 1200M ₩59,800원
- 레고 빨간 시계 : 롯데 아울렛 ₩33,250원
- 철제옷걸이 : 샵앤몰 ₩45,000원
- 꼭꼬핀 : 티몬 15개 ₩12,900원

용도에 맞게 바뀌는 작은방

작은방은 기능에 충실하도록 꾸민 방이다. 혹시나 우리가 전세 계약을 연장하여 이곳에서 더 살게 되고, 아이라도 가지게 된다면 그땐 아이 방으로 바뀔 수도 있겠지만 지금은 잡동사니도 숨겨 놓고 거실이나 침실에서 활용하지 못한 기능들을 채워 넣은 멀티방 이라고도 할 수 있다.

신랑은 옷에 관심이 많아 여자만큼이나 옷이 많았기에 우리 둘의 옷을 다 정리하는 것이 관건이었다. 결국 우리는 작은방 한쪽 벽에 맞춰 붙박이장을 짜 넣었다. 집에 있는 가구 중 유일하게 시중에서 산 가구가 이 붙박이장이다.

웬만한 가구는 다 만들 수 있지만 MDF 가구의 가격은 따라갈 수가 없었다. 게다가 붙박이장을 원목으로 만들었을 때 무게를 생각하면 엘리베이터 없이 3층까지 들고 올 엄두가 나지 않았다. 그래서 우리는 우리 집과 잘 어울리도록 원목 느낌이 나는 붙박이장을 골라 설치했고 그 부분은 지금도 잘한 선택이라고 생각한다.

옷장 반대편 벽에는 부족한 수납 공간을 보완하기 위해 원래 가지고 있던 파란색 빈티지 수납장을 리폼 해서 넣어 두었다. 청소기도 작은방에 보관했는데 좀 더 깔끔한 느낌을 주고 싶어서 작은 냉장고 모양의 수납함도 따로 만들었다. 청소기만 넣어 수납하기엔 아깝다는 생각이 들어 나중에 아이가 태어나면 옷장으로 쓰자며 옷 봉도 달아 두고 선반도 만들었다. 예전 같았으면 그냥 지금 필요한 것만 생각하며 물건을 만들었을 텐데, 아직 생기지도 않은 아이를 생각하며 가구를 만드는 우리를 보며 '우리 진짜 결혼을 하긴 했구나…….' 하는 생각이 들었다.

이렇게 작은방은 많은 옷들을 깔끔하게 정리하는 옷 방, 빨래 널 공간이 부족할 때는 빨래를 말리기도 하는 방, 자주는 아니지만 손님이 오실 때는 손님 방으로 변신한다.

혹시 우리가 이 집에서 좀 더 오래 살게 된다면 붙박이장은 침실으로 옮긴 후 아
기자기한 느낌의 아이 방으로 꾸밀 계획이다.

❶ 만들어야 할 가구 스케치를 한 뒤 필요한 만큼의 나무를 주문한다.

❷ 재단 된 나무의 전면을 샌딩기(기계가 다면 손사포도 가능)로 부드럽게 만들어 준 뒤, 목공본드와 타
카를 이용해 수납장의 문짝을 먼저 1차 조립한다. 목공본드를 바르면 피스만 박는 것보다 더 튼튼
하게 만들어 준다.

❸ 1차 조립된 문짝은 이중기리로 구멍을 뚫고 피스를 박아 단단히 고정시킨 뒤 다보로 구멍을 메운
다. 그 후 다시 샌딩을 하면서 모서리도 둥글게 면처리 한다.

❹ 일반 가구보다 더 둥글게 모서리를 만들고 싶다면 트리머를 이용해서 둥근면을 처리한다.

❺ 문짝을 만든 것처럼 몸통부분도 제작한다. (뒷부분은 합판, 또는 루바로 막으면 된다)

❻ 경첩 달 부분을 체크하고 홈을 판 뒤 경첩을 단다. 만약 홈을 못 팔 경우에는 밖으로 달면 된다.
(아래 위로 두 개)

❼ 원하는 페인트를 선택하고 칠을 한다.

❽ 도색이 마무리 되면 문을 닫았을 때 열리지 않게 고정시킬 빠지링을 위치 확인 후 피스로 고정시
킨다.

❾ 우리는 만든 가구에 포인트를 주기위해 CNC로 딴 글자를 주문해 색을 칠하고 타카로 고정시켰다.

❿ 마무리로 바니시를 바른 후 2000번 사포로 면을 밀어주면 마감은 끝이 난다.
바니시를 바를 때 우리는 화방에서 파는 화홍 넓은 평붓을 사용하는데, 모가 얇고 부드러운 붓이
다. 붓 끝에 바니시를 묻혀서 나뭇결 방향으로 얇게 펴 바른다는 생각으로 여러 번 올려야 한다.
한 번에 많은 양을 묻혀서 바르게 되면 뭉쳐서 잘 마르지도 않고 떡이 진다. 번개 같은 속도로 손
을 움직여 뭉치지 않게 얇게 올려주는 것이 포인트다.

작은방 인테리어 정보

• **붙박이 옷장** : 한샘 피카 붙박이장 ₩1,280,000원
• **냉장고 모양 수납함, 파란색 수납함** : 더 그루 가구공방
• **러그** : 1200M ₩33,600원

기본 리폼으로 따뜻하고
자연스러운 느낌으로 변한 욕실

우리 뿐 아니라 전셋집을 고치기로 마음 먹었을 모든 세입자들이 참 난감할 부분이 바로 욕실이라는 생각이 든다. 우리 역시 2년 전세 계약한 세입자이기 때문에 아무리 예쁘게 고친다고 해도 마음대로 할 수 없는 부분이 존재하기 때문이다. 우리 집에서 제일 손을 대기가 애매한 곳은 바로 욕실이었다. 누가 봐도 지은 지 오래 됐음을 보여주는 촌스러운 느낌의 타일, 그리고 노란빛 욕조. 하지만 낡은 아파트 치고는 꽤 깨끗한 편이었기에 고민은 더해졌다.

'과연 우리가 이 욕실을 어디까지 고칠 수 있을까?'

내 집이 아니기에 모조리 바꿀 수는 없고, 욕실에서 제일 큰 부분이 타일인데 그것까지 교체해야 하는 건지 판단이 서지 않았다. 게다가 욕실 공사는 한 번도 해본 적이 없었으니 두려움이 더 컸다.

'타일 공사를 하지 않고 전체 분위기를 바꿀 수는 없을까?'

고민을 거듭하던 우리는 기존 욕실을 최대한 건드리지 않고, 집주인이 봐도 "예쁘게 잘 꾸몄네요."라고 웃어 넘겨줄 수 있는 선에서 리폼을 하기로 했다. 욕실 거울, 선반, 욕실 장, 휴지 걸이, 수건 걸이 정도만 손봐도 밋밋한 욕실이 좀 더 따스하고 자연스러운 느낌을 품을 수 있지 않을까 하는 괜한 기대감이 생겼다.

1. 낡은 욕실 장 교체하기

낡은 욕실 장은 고민 없이 바로 뜯었다. 사진을 찍어둔 게 없어서 아쉬운데, 아마 그 욕실 장을 봤다며 누구라도 과감히 뜯었을 것이다.

❶ 원하는 사이즈에 맞도록 나무를 준비하고 조립한다.
❷ 문짝을 달 때 싱크대 경첩을 사용하였다. 인터넷이나 목재상에 나무를 주문할 때 싱크대 경첩과 싱크대 경첩이 들어갈 수 있도록 홈도 파달라고 주문을 하면 된다.
❸ 욕실에 들어가는 모든 원목 제품들은 마감처리가 제일 중요하다. 우리는 바니시로 3회 도장하여 방수가 되도록 했다.
❹ 경첩을 달고 문이 잘 닫힐 수 있도록 도어캣치(흔히 빠찌링이라고도 함)를 달면 끝.

2. 밋밋한 욕실 거울에 옷 입혀 주기

❶ 기존 욕실 벽에 달려 있던 거울은 밋밋하기 짝이 없었다. 떼지 않으면서 리폼 할 방법을 찾았고,
  제일 먼저 거울 사이즈를 쟀다.
❷ 거울 틀에 맞게끔 원목으로 테두리를 만들어 온다.
❸ 종이테이프로 1차로 고정 시키고 그 뒤 실리콘을 발라주면 끝난다.

실리콘이 굳는 데 시간이 걸리기 때문에 굳는 시간까지 고정을 시켜둬야 하는데
만약 글루건이 있다면 글루건으로 원목 테두리의 꼭짓점마다 콩만큼 바른 후 실
리콘을 발라 주면 좋다. 그런데 우리는 글루건이 없어서 임시방편으로 종이테이
프를 이용했다. 그런데 거울을 달고 며칠 동안 욕실을 사용해 보니 세면대가 너무
작아서 매일 사용해야 하는 세면 용품을 올려둘 공간이 턱없이 작았다. 타일에 구
멍을 내서 선반 대를 달 수도 없어서 거울 밑으로 작은 원목 선반을 달았다.
사이즈에 맞게끔 잘라둔 선반을 재단하고 이미 달려있는 거울 테두리 밑에 위치
를 정하고 목공용 본드를 먼저 바른 후 피스로 고정시키기만 하면 된다. 지금 우
리는 선반위에 클렌징, 오일, 비누, 스크랩제품 등 다섯 가지 정도를 올려놓고 사
용하고 있는데 나무 처짐 없이 잘 사용하고 있다.
이렇게 작지만 활용도가 높은 똑똑한 거울 형 선반이 완성됐다.

3. 휴지 걸이·수건 걸이 달기

처음엔 평범했던 스테인리스 휴지 걸이에 원목 색과 잘 맞도록 짙은 갈색 페인트를 칠했다. 하지만 볼수록 모양이 마음에 들지 않아 결국에는 나무로 만들어 달았다.

❶ 기존에 붙어 있던 휴지 걸이의 나사를 풀어서 해체시킨다.
❷ 나사를 풀어보니 칼블럭에 고정되어 있었다. 칼블럭은 매끈하게 다듬어 준다.
❸ 위치를 맞춰 먼저 이중 드릴로 구멍을 뚫어 준다. 하나로는 힘이 약하니 두 개 정도 뚫어 주었다.
❹ 나사 두 개로 완벽히 고정되지 않으니 실리콘을 나무 뒷면에 발라 준다. 실리콘은 굳으면 접착제와 같은 역할을 하기 때문에 발라두면 튼튼하게 오래 쓸 수 있다. 그렇게 실리콘이 마르면 완성. 나중에 이사 갈 때 떼어갈 수도 있다.

❺ 수건 걸이도 같은 방식으로 구멍을 내서 나사로 고정시키면 손쉽게 완성된다.

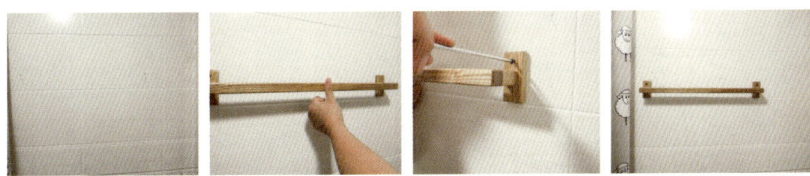

수납장과 거울, 휴지 걸이와 수건 걸이까지 원목으로 교체하고 귀여운 양이 그려진 욕실 커튼도 달았더니 귀여운 분위기의 욕실로 바뀌었다. 그런데 며칠 사용해 보니 원목으로 만든 욕실 장에 생각지 못했던 문제점이 발견됐다. 바로 수건. 바니시로 방수 처리도 했고 샤워 커튼을 달았으니 물이 튈 걱정은 없을 거라고 생각했는데 습기까지는 막을 수 없었던 모양이다. 보송보송하게 말려 차곡차곡 넣어 두었던 수건들은 어느새 욕실 습기를 머금어, 마르지 않은 수건으로 몸을 닦는 것 같은 느낌이 들 정도였다.

우리가 생각해 낸 해결 방법은 욕실 밖에 수납함을 놓는 것이었다. 사실 집들이 선물이나 사은품 등으로 받아온 욕실 용품 등이 넘쳐나고 있어 욕실 수납함으로는 부족했었기에 차라리 잘 됐다 싶었다. 빈 공간이었던 곳에 하얀색 4단 수납함을 두었더니 지금은 보송보송한 수건으로 기분 좋게 사용하고 있다.

살림 노하우 없는 초보 주부는 만들어서 쓸 줄만 알았지 관리하는 것까지는 생각하지 못했었는데 우리처럼 욕실을 원목으로 꾸미는 사람들이라면 욕실에 습기가 느껴지지 않도록 유지하는 것이 중요하다. 나무로 만든 제품들은 바니시로 꼼꼼하게 코팅해서 사용해야 하고 젖은 바닥을 매일 닦을 수는 없으니 통풍이 잘 되도록 환기를 잘 하는 것도 방법이 될 것이다.

욕실 인테리어 정보

- 칫솔 꽂이 : 롯데마트 ₩19,000원
- 양 욕실 샤워 커튼 : 롯데마트 ₩14,300원
- 발 매트 : 까사미아 ₩29,000원
- 4단 수납함 : 더 그루 공방

밋밋함을 벗고 생기를 품게 된 **현관**

제일 처음 마주한 우리 집 현관을 사람 모
습에 비유하자면 완벽한 민낯이라고 해도
과언이 아니었다. 벽도 흰색, 현관문도 흰
색, 현관을 열고 들어가자마자 보이는 신
발장도 흰색. 정말이지 화장기 하나 없는
심심하고 밋밋한 얼굴이었다.

현관은 집의 얼굴이라고도 하던데 이런 민
낯 현관을 보고 나니 계속 신경이 쓰였다.
나도 맨얼굴로는 슈퍼에도 가지 않는데 현
관이라고 그냥 둘 수가 없었다. 우리처럼
작은 집은 전부 흰색으로 꾸며야 넓고 깔
끔해 보이겠지만 확실히 재미는 떨어진다.
그래서 나는 우리 현관문에는 과감한 색을
사용해 화장발을 입혀 보기로 했다.

문을 바꿀 수 있는 가장 간단한 방법은 페인트를 칠하는 것이다. 시중에 단색으로
팔고 있는 제품을 사서 사용할 수도 있지만 원하는 색을 얻기 위해서는 직접 페인
트집에 가서 색상표를 보고 조색을 해오는 것도 좋은 방법이다. 우리도 처음에는
인터넷 사이트에서 페인트를 샀었는데 모니터마다 색이 달라질 수 있다 보니 제
품을 받은 후에는 '이 색이 아닌데…….' 했던 적이 한두 번이 아니었다. 원하는 색
감을 찾기 위해선 다리품을 팔아야 한다. 조색기와 혼합기가 있는 가게라면 색상
을 추천해 주기도 하시니 내가 원하는 정확한 색감의 페인트를 사올 수 있다.

우리 집 문은 다 흰색이라 그 중 하나에 과감한 색을 사용했다고 해서 거부감이
들거나 하지는 않는다. 사실 어둡거나 짙은 색은 과감함이 필요하기는 하지만 우
리 집처럼 낡은 집이라면 포인트를 만들어 단점을 보완해 주는 것도 좋은 방법 중
하나라는 생각이 든다. 정말 그 포인트 색으로 인해 하얗기만 했던 집에 생기가

돌고 활기찬 기분이 드는 것이 사실이니까.

그렇게 현관문에 색을 입히고 나니 이번엔 울긋불긋한 바닥 타일이 거슬렸다. 타일을 전부 교체하지 않고 분위기를 바꿀 수 있는 방법을 찾아보다가 스트롱 매트라는 제품을 알게 됐다. 실내바닥재 중 하나인데 공공기관 실내나 복도, 혹은 계단 등에 많이 사용하는 제품이다. 디자인도 깔끔하고 가격도 저렴하고, 무엇보다 혼자 시공하는 데에 어려움이 없다는 장점이 있다.

스트롱 매트를 시공할 때에는 먼저 시공할 표면을 깨끗이 청소한 뒤 습기를 완전히 제거해야 한다. 그리고 바닥에 만능 접착제를 고르게 도포한 뒤 매트를 올려서 시공하는데 우리는 전셋집이라 혹시라도 주인이 제거해달라고 요구할 경우를 생각해 접착제를 사용하지 않았다. 그래서 아쉽게도 울퉁불퉁한 곳이 생겼는데 우리 같은 경우가 아니라면 바닥 전체에 접착제를 바르고 이음부는 실리콘으로 마무리 하면 깔끔하게 완성된다.

그렇게 현관문 페인트칠을 하고 바닥 매트까지 교체하고 나니 새하얀 벽에 녹슨 두꺼비집이 눈에 들어왔다. 그걸 가려야 완벽한 현관 인테리어가 될 것 같은데 저걸 어떻게 해야 하지? 그때 눈에 띈 것이 대학시절 취미 삼아 그려두었던 캠퍼스 그림이었다. 그걸 벽에 걸 수 있도록 나무 테두리를 만들어 액자처럼 벽에 걸어두었다. 그 덕에 우리 집에 오는 손님들은 그 액자 뒤에 녹슨 두꺼비 집이 있다는 걸 눈치 채지 못했다.

그렇게 현관 셀프 인테리어가 마무리 될 즈음, 인터넷을 검색하다가 땡땡이 스티커를 발견하게 되었다. 화면상으론 벽지에 붙여도, 냉장고에 붙여도 과하지 않은 적당한 포인트가 되는 걸 보고 새하얗던 신발장 위에 붙이면 딱이겠다는 생각에 바로 구매했었다. 스티커를 붙이기 전에 마른 걸레로 붙일 면을 깨끗이 닦은 후 하나하나 붙이면 되는데 심플한 도트하나로 꽤 감각적인 공간이 된 것 같아 붙이면서도 스스로 흐뭇해했던 것 같다.

그렇게 완성된 땡땡이 신발장은 그래도 생각보다 수납 공간이 꽤 넉넉해서 신랑 신발과 내 신발을 수납하기엔 부족함이 없었다. 사실 서로 짐을 챙기면서 딱 필요한 것들로만 싸 오기로 약속하고 진짜 버리고 온 것들도 많아서 생각보다 수납 공간이 넓게 느껴졌는지도 모르겠다.

우리는 전셋집이라는 특성상 크게 손볼 수 없었던 현관엔 큰 수고와 비용을 들이지 않고도 간단하고 깔끔하게 색다른 분위기를 만들었다. 이렇게 작은 변화로 큰 효과를 누릴 수 있는 게 리폼이 가진 장점이 아닐까 싶다. 거창한 인테리어 공사를 한 것도 아닌데 예전 사진과 지금 사진을 비교해 보면 충분히 다른 집 같다는 느낌이 든다.

현관 인테리어 정보

- 스트롱 매트 : 남포동 깡통시장 ₩1m에 20,000원
- 땡땡이 스티커 : 인그리고 사이트 ₩9,900원

활용성은 높이고
싱그러움을 더한 **베란다**

우리 아파트에는 작지만 앞뒤로 베란다가 두 개 있었는데 우리 집은 집주인이 좁은 거실을 넓게 쓸 수 있도록 앞 베란다 쪽은 확장을 해 두었다. 그래서 세탁기나 지저분한 잡동사니들을 수납할 수 있는 곳은 뒷 베란다 하나뿐이었는데 거기엔 수납할 만한 장이나 선반도 없었다. 앞에 살았던 사람들은 여기를 어떻게 활용했던 걸까?

하지만 그 궁금증도 잠시, 베란다 활용법에 대해 생각하기 전에 더 큰 문제가 있음을 알게 됐다. 본격적으로 집 청소를 하면서 보니 베란다 벽에 바른 흰색 페인트들은 이미 삭아서 곳곳이 벗겨져 있었고 곰팡이들은 벽을 타고 검고 넓게 퍼져 있었다. 작은 부분이 아니었는데 왜 집을 보러 왔을 땐 눈에 띄지 않았었는지…….

'그때 무엇에 홀렸던 건가?'라고 후회해도 소용없었다. 베란다를 방치할 수는 없으니 벽에 있는 곰팡이를 없애기 위해 우선 들뜬 페인트는 긁어내고 락스를 이용해 벽을 닦아냈다. 그리고 친환경 페인트를 발랐는데 한 번으로는 어림도 없었기에 두 번이고 세 번이고 곰팡이 자국이 다 가려질 때까지 슈퍼맨 신랑은 쉴 수 없었다.

깨끗해진 베란다를 보니 다시 인테리어 욕구가 샘솟았다. 언젠가 인터넷에서 베란다를 잔디로 꾸민 집을 본 적이 있었는데 결혼 전이었는데도 불구하고 나도 결혼을 하고 신혼집을 꾸민다면 꼭 베란다에 잔디를 깔겠다고 생각했었다. 하지만 내가 마주한 우리 집 베란다 현실은 잔디를 깔기에는 폭이 너무 좁았다. '다음에 더 큰 집으로 이사를 가면 그때 해야 하나?' 고민도 됐지만 왠지 지금 하지 않으면 다음에도 하지 않을 것만 같았다. 내가 원하는 건 다 해 주는 손재주 많은 신랑이 있기에 크게 고민하지 않고 남포동 깡통시장에 가서 마음에 쏙 드는 잔디를 사 왔다.

인조 잔디는 색깔, 길이, 재질에 따라서 종류도 다양하고 그에 따라서 가격도 천차만별이다. 우선 매장 직원에게 사용할 용도를 말하면 그에 맞추어서 추천해 주는데 본인의 취향에 맞춰서 구매하면 된다.

우리는 많은 종류 중에 잔디 길이가 20mm인 제품으로 결정했고 베란다 사이즈에 맞춰 구입했다. 우리 베란다 사이즈에 딱 맞게 자르느라 고생했지만 잔디 덕분에 그렇게나 바라던 집 안 미니 정원이 생겨났다.

베란다 앞쪽에 수도가 있고 옆에는 세탁기를 놓는 공간인데 혹시나 세탁할 때 배수구로 흐르는 물이 잔디 쪽으로 넘치는 것을 방지하기 위해 턱을 만들고 그 뒤로 잔디를 깔았다. 그 부분 외에는 물이 닿을 일이 없으니 베란다에 잔디를 깔고 사용하는 것에는 문제가 없다.

그렇게 협소했던 베란다에도 푸릇푸릇 생기가 돌았다. 그때만 해도 추운 겨울이었는데 잔디 하나로 봄이 오는 것만 같은 기분이 들 정도였다. 잔디를 살 때 청소법을 물어보니 물청소도 가능하다고 하셨는데 우리는 베란다에서 많은 시간을 보내지 않기에 크게 더러워질 일이 없다. 그래서 청소기로 먼지를 빨아들이는 걸로도 충분하다. 그리고 우리는 잔디가 깔린 베란다 위를 양말을 신거나 그냥 맨발인 채로 왔다 갔다 하는데 인조잔디이기 때문에 까슬한 느낌은 당연히 있지만 그렇다고 많이 따갑거나 거슬리지 않는다.

벽과 바닥을 정리했으니 수납 공간이 필요했다. 원래 이 집에 있던 전등이나 손잡이 등 보관해야 할 것들이 꽤 있었기에 무언가가 꼭 필요한 상황이었다. 진짜 우리 집이었다면 수납장을 만들었을 텐데 전셋집이라 나중에 필요 없을 수도 있는 수납장을 굳이 짜 넣을 필요를 느끼지 못했다. 그래서 우리는 베란다 안쪽으로 가로 사이즈에 맞는 원목을 잘라 선반을 만들어 달았고 그 밑 공간에는 부피를 많이 차지하는 것들을 넣어 두었다.

그리고 지저분하게 보이는 물품들을 가릴 수 있도록 천을 달아 압정으로 고정해 주었다. 선반 위에도 물건을 올려 수납을 해야 했는데 아무리 정리를 한다고 해도 깔끔해 보이지 않아 우리 집에서 제일 보기 싫은 공간이 되었다. 그렇게 몇 달을 지내다가 작은방에 있던 파란 옷장을 리폼 했었는데 수납장 두 개가 남게 되었다. 그래서 우리는 그 수납함을 조금 더 손 봐서 베란다 정리함으로 쓰기 시작했고 지금은 지저분한 것들이 깔끔하게 정리되었다.

지금 우리는 베란다 한 쪽은 수납 공간으로, 한 쪽은 세탁 공간으로 사용하고 있다. 넓지는 않지만 작은 집에 없어서는 안 될 꼭 필요한 공간으로 알뜰하게 사용 중이다.

베란다 인테리어 정보

- 인조 잔디 : 부산 남포동 깡통시장
- 선반 가리개 천 : 진시장 ₩2매(1m X 1m) 9,000원
- 나무 선반 철물 : 8자 철물 ₩8개 640원

원목 상판으로 분위기가 바뀐 **주방**

결혼을 하고 나는 한 남자의 아내이자 주부가 되었다. 요리에 '요' 자도 모르던 내가 앞으로 한 남자의 건강과 입맛을 잘 책임질 수 있을지 생각하면 두려움과 걱정, 그리고 설렘이 교차했다. 그러면서도 내가 드디어 요리하는 여자가 된다는 것에 마음이 말랑말랑해졌더랬다. 그는 이런 내 마음을 알고 있었을까.

나는 한가하고 여유 있으면서도 늘 지글지글 무언가 끓으며 맛있는 냄새가 가득한 곳, 누가 봐도 '참 예쁜 주방이네.'라고 부러워할 만한 공간을 가지고 싶었다. 하지만 내가 이 집에서 처음 마주한 주방은 내가 꿈꿔왔던 것과 꽤나 거리가 멀었다. 아마도 오래된 16평형 대의 아파트에서 흔히 볼 수 있는 주방이 딱 이런 구조가 아닐까 싶다. 현관문을 열고 들어서서 오른쪽으로 바로 보이는 일자형 싱크대. 그저 기본에 충실하고 깨끗하기만 할 뿐 센스의 'ㅅ'도 찾을 수가 없었던 싱크대는 낡지 않았음에 감사할 뿐이었다. 빛바랜 듯한 노란색이라도 바꿔보려고 집주인에게 페인트를 칠하거나 리폼을 해도 되겠느냐 물었을 때 집주인은 단호히 "안 된다."라고 말했다.

집 전체를 원목 가구로 채울 생각이었기에 주방도 비슷한 느낌이 나도록 통일하고 싶었는데 집주인의 한마디가 모든 것을 불가능하게 만드는 것 같았다. 하지만 전셋집이어도 싱크대를 포기할 수가 없었다.

'손잡이를 바꿔볼까? 페인트 말고 시트지를 붙이고 나갈 때 떼면 안 될까?'

아무리 생각해도 좋은 아이디어가 떠오르지 않았다. '그냥 이렇게 살아야 하나……' 싶은 생각이 들자 슬퍼지기까지 했다. 그때 신랑이 싱크대 상판을 원목으로 만들어서 올리는 건 어떠냐고 제안했다. 만약 집주인이 마음에 들지 않는다고 하면 실리콘으로 붙여 놓은 것만 떼면 되니 기존 싱크대에 해가 가는 일은 없다고 했다. 원목 상판만 올려 둬도 내가 원하던 원목 싱크대 느낌이 날 거라는 말이 끝나기가 무섭게 동시에 나는 신랑에게 줄자를 건넸다.

우선 싱크대의 상판 사이즈를 재기 전, 해야 할 일이 있었다. 나는 결혼 전에 가스레인지를 한 번 켤 때마다 나오는 일산화탄소의 양은 담배 70개피와 맞먹는다, 담배를 피우지 않는 주부들이 폐암에 걸릴 수 있는 이유, 눈에 보이지 않는 무서운 일산화탄소 등에 관한 이야기를 들은 후 결혼하면 앞으로 가스레인지는 사용하지 않겠다고 생각했었다. 그래서 기존 싱크대에 이미 설치되어 있던 가스레인지를 뜯어냈고 전세 계약이 끝나면 그대로 설치해두어야 하므로 뜯어낸 레인지는 잘 보관해 두었다.

그 후 기존 싱크대 치수를 잰 뒤 바로 공방으로 달려가 제작에 들어갔다. 우리는 상판만 바꿨지만 솔직히 상판만 바꾸는 건 생각보다 쉽지 않았다. 기존에 있던 싱크볼 그대로를 사용할 계획이었기에 그 사이즈에 딱 맞도록 나무를 재단해야 했다. 공방에서 미리 틀 전체를 완벽히 만들어 와야 했기에 사이즈를 재고 또 쟀던 것 같다.

만들기 전에 치수를 정확히 재서 딱 맞게 만드는 것도 중요하지만 어떤 나무를 쓸지도 중요하다. 나무의 종류 역시 다양하기에 본인의 취향과 사용할 용도에 맞춰서 잘 선택해야 제작이 된 후 후회가 없다.

우리는 싱크대 상판으로 쓸 나무 중 가문비나무와 물푸레나무를 두고 고민했다. 싱크대를 한판으로 길게 만들 계획이라 분명 만들고 나면 물푸레나무 상판이 더 예쁠 테지만 이 집은 전셋집임을 잊어선 안됐다. 우리는 몇 년 쓰지 못하고 나가야 했었기에 많은 돈을 투자하고 싶지 않아 가문비나무로 제작했다. 만약 본인 집 싱크대 상판을 바꾼다면 하드 우드인 물푸레나무로 만들어 올리는 걸 추천해 주고 싶다. 다른 하드 우드에 비해 가격대도 적당하고 결도 아름답고 내구성이 단단하여 큰 상처 걱정 없이 오래 쓸 수 있기 때문이다.

원래 나무는 물에 약하기 때문에 가구를 만들고 마지막 마무리 작업이 중요하다. 가구에 사용하는 오일이나 페인트만으로도 어느 정도의 코팅이 된다고 하지만 물이 닿는 곳에 쓰는 경우는 이야기가 달라진다. 흔히들 수성바니시를 많이 바르는데 특히나 싱크대처럼 늘 물과 함께 있는 가구에는 더 신경을 써야한다. 우리는 싱크대 오일 작업이 끝난 후 유성 성분인 요트바니시를 3회 마감하였다. 그렇게 만든 상판은 나중에 쉽게 뗄 수 있도록 실리콘 작업만 해 두었다. 만약 진짜 우리 집이었다면 상판을 뜯어내고 우리가 만든 상판을 바로 올렸겠지만 전셋집이란 특성상 계약이 끝난 후 집주인이 상판을 원상복구 해 놓으란 어마무시한 말을 할지도 모르니 쉽게 때어낼 수 있도록 해야만 했다.

원목 상판 하나만으로도 내가 원하던 주방에 많이 가까워졌다. 차라리 하얀색이 었으면 좋았을 거라고 불평했던 빛바랜 듯한 노란색 싱크대도 원목에 발라둔 오일 색상과 잘 어울려 뿌듯하기까지 했다. 만약 우리처럼 상판만 원목으로 바꾼다면 전체 원목으로 바꾸는 것에 ¼정도의 가격이 측정될 것 같은데 우리는 신랑이 제작했기에 대략 재료비 12만 원 정도로 끝낼 수 있었다.

1. 원목 싱크대로 바꾸기

❶ 싱크대에 가스레인지가 붙어 있었는데 우리는 인덕션을 사용할 거라 제일 먼저 가스레인지를 분리했다. 우리처럼 기존 가스레인지를 분리 한다면 그 전에 도시가스에 전화해 미리 가스를 차단하는 것을 잊으면 안 된다.

❷ 싱크대 상판을 제작할 때는 사이즈 재는 게 제일 중요하다. 기존 싱크대의 크기는 물론, 싱크볼의 위치나 크기에 따라서 구멍을 내야 할 위치도 달라지기 때문이다. 조금만 틀어져도 일이 커질 수 있다.

❸ 원목으로 상판을 제작하고 재둔 사이즈에 맞게 싱크볼 들어갈 자리도 재단해서 집으로 가져간다.

❹ 다 만들었으면 원하는 색상으로 도색을 한다. 늘 물이 닿는 공간이기 때문에 방수 처리는 필수!!! 바니시로 3회 이상 도장을 해 주는 게 좋다. 바니시는 유성성분이 있는 마감제여서 물에 강하다. 성분에 따라 수성과 유성으로 나뉘며 광택에 따라 무광, 반광, 고광으로 나뉘는데 가구에는 보통 반광을 선호하는 편이다.

❺ 방수 작업까지 끝나면 실리콘으로 테두리를 둘러 물이 들어가지 않도록 마감한다.

드디어 원목 싱크대를 갖게 되었다! 원래 가스레인지가 있던 자리는 1인용짜리 인덕션 두 개를 나란히 놓아 쓰고 있다. 인덕션은 자기장으로 조리도구를 데우는 방식으로 전기레인지에 비해 전기요금이 절약되고 상판도 쉽게 뜨거워지지 않기 때문에 안전하다고 한다. 대신 철이 함유된 용기만 사용할 수 있기 때문에 냄비 등 조리도구 선택에 제약이 있다. 전기레인지는 열판을 통해 조리도구를 데우는 방식이기 때문에 다양한 용기 모두 사용이 가능하지만 뜨거운 열판과 잔열로 인해 화상을 입을 염려가 있고 그만큼 전기 낭비가 발생하기도 한다.

두 가지 모두 장단점이 분명히 있기에 본인에게 맞는 제품을 고르는 것이 좋다. 나는 인덕션을 처음 쓰면서 처음에는 가스레인지처럼 열이 확 달아오르지 않아 답답했고 쓰기 전에 예열을 해야 한다는 게 불편했지만 이산화탄소를 맡지 않아도 되고 전기세도 아낄 수 있으며 타이머 기능이 있어 외출할 때에도 안심하고 사용할 수 있다는 점 등의 장점이 더 많아 스스로는 만족하며 쓰고 있다.

싱크대 작업이 끝나고 식탁에 대해 고민해야 하는 시간이 됐다. 아무리 집이 작아도 식탁은 있어야 한다고 생각했었기 때문에 싱크대가 끝나는 부분에서 현관까지 공간에 2인용 아일랜드 식탁을 길게 제작해 공간 분리까지 할 계획이었다. 하지만 식탁을 만들기 전, 가전제품을 먼저 들여놓게 되었는데, 아뿔싸! 냉장고 둘 자리가 마땅치 않았다. 냉장고 기사님은 다용도실 문 두 개 중 한쪽을 포기하고 문 옆으로 냉장고를 두라고 하셨지만 큰 냉장고가 앞에 있단 상상만으로도 답답함이 몰려왔다. 결국 우리는 식탁 제작은 접어 두고 싱크대와 현관 사이 공간에 냉장고를 두었다. 한 덩치 하는 냉장고 덕에 입구의 폭이 조금 줄긴 했지만 주방과 거실 구분은 한 번에 해결됐다. 물론 거실에서 밥을 먹어야 하는 수고가 더해지긴 했지만.

싱크대 맞은편에는 원목으로 만들어 둔 주방 가구들을 놓았다. 처음 이 집 주방에 는 싱크대 상하부장 외엔 수납 공간이 없었기에 최대한 수납을 많이 할 수 있도록 제작했다. 거실과 침실에도 빨간 장을 넣었으니 주방에도 빨간색이 있으면 좋겠 다 싶었다. 음식을 만드는 주방에 빨간 가구라니. 빨간색이 식욕을 돋워 준다는데 이 주방에서 음식을 만들면 왠지 신랑이 더 맛있게 먹어줄 것 같다는 생각이 들어 이 가구에도 과감하게 빨간색을 발랐다.

주방가구가 다 들어왔는데도 수납 공간은 왜 이렇게 부족하기만 한 걸까? 아직 살 림살이도 많지 않다 생각했는데 이것저것 넣다 보니 수납 공간이 끝없이 부족한 느낌이 들었다. 엄마가 정리하는 주방 수납장에는 왜 그리도 물건이 가득했는지 이제 알 것만 같았다. 이제 살림을 꾸리기 시작하는 나도 이런데 엄마들은 얼마나 많은 공간이 필요할까?

부족한 수납 공간을 채우기 위해서 찬넬 선반을 설치하기로 했다. 찬넬 선반은 레 일 형태의 철물을 벽에 고정하고 홈에 날개를 끼워 넣은 후 상판을 올려 선반처럼 사용하는 것인데 이 찬넬 선반은 다른 선반과 달리 사용하면서 높낮이를 자유롭게 조절할 수도 있고, 오픈형이라 공간이 넓어 보이는 효과를 주는 장점이 있다. 우선 선반을 설치할 곳의 가로 폭 사이즈를 잰 후, 선반의 폭과 찬넬 기둥의 개수, 찬넬 받침의 개수 그리고 목재의 두께를 정한 후 사이트에서 구입해 설치하면 된다.

2. 콘크리트 벽에 찬넬 선반 설치하기

❶ 선반을 달아야 할 벽이 콘크리트 벽인지 석고보드인지 확인한 후 선반을 달 위치를 정하는데 수직을 잡기 어려울 때는 줄자를 빼서 윗부분을 잡고 줄자 덩어리를 아래로 내리면 수직이 딱딱 잘 맞는다.

❷ 콘크리트 벽에 구멍을 내야하므로 콘크리트용 드릴 날로 바꾼 후 나사를 꾹꾹 눌러서 구멍 뚫을 자리를 표시하면 된다. 그 후 표시한 자리에 수평을 맞춰서 드릴로 구멍을 내 준다.

❸ 구멍이 난 자리에는 콘크리트용 칼블럭을 꽂고 망치로 탕탕탕 넣어 준다.
[칼블럭 또는 앙카 : 콘크리트 벽면 구멍에 바로 못이나 나사를 꽂으면 그 주위의 콘크리트가 부서지면서 나사 고정이 헐겁게 되는데 칼블럭이나 앙카에 있는 플라스틱이 나사를 꽉 잡아 주는 역할을 한다.]

❹ 칼블럭에 맞춰서 나사못으로 고정한다. 이때 상판에 올라갈 물건들의 무게를 생각해 두 군데 이상은 고정 시켜 주는 것이 좋다.

❺ 날개를 끼워 준다.

❻ 미리 재단해 둔 목재판을 올려 주고 수평이 맞는지 확인하는데 수평계가 없다면 스마트폰 앱을 사용해도 된다. 수평이 맞다면 상판 아래에서 나사를 다시 박아 주면 흔들림 없이 튼튼하게 고정된다.

센스 없다 투덜거렸던 그 주방은 어디로 갔을까? 부드러운 느낌의 원목 상판을 올린 싱크대와 포인트가 되는 빨간색 주방 수납장, 그리고 좁은 공간에 똑똑한 수납력을 더해 준 원목 2단 선반과 블랙 컬러의 레일 등이 내비치는 적당한 빛이 어우러져 내가 꿈꾸던 주방 모습에 좀 더 가까워졌다. 센스 없던 주방 이야기는 처음부터 우리 집에는 없었던 이야기인 것처럼.

지금은 신랑이 날 위해 만들어준 주방에서 내가 만든 달콤한 요리와 우리의 사랑 이야기가 향긋하게 어우러져 어디 내놓아도 손색없는 주방이 되었다.

주방 인테리어 정보

- 주방가구 : 더 그루 가구공방
- 삼성 지펠 냉장고 : 하이마트. RS833GSME7TB Ⓦ1,590,000원
- 인덕션 : 암웨이 Ⓦ각 335,000원
- 드롱기 아이코나 빈티지 커피머신 : 롯데닷컴 Ⓦ483,060
- 찬넬 선반 : 손잡이닷컴
- 재활용 분리수거함 : 1200M Ⓦ32,700원
- 식기건조대통 : 한샘몰 Ⓦ18,900원
- 멀티 도마세트 : 한샘몰 Ⓦ39,800원
- 주방 발매트 : 모던하우스 Ⓦ19,900원
- 양념병 : 락앤락 Ⓦ12,700원
- 오일병 : 1200M 시노글라스 Ⓦ2개 7,730원
- 그린 린넨 커튼 : 1200M 뚜바비엥 Ⓦ60,800원

지금 우리는……

　　　　　　　　　　　우리 부부는 시간이 갈수록 이 동네가, 그
리고 이 집이 점점 좋아지고 있다.

매일 등산하는 것 같은 기분이 들게 만드는 언덕 위에 있는 집이지만, 밑의 평지
보다 하늘과 훨씬 더 가까워 퇴근길에는 핑크빛 노을로 수놓아진 하늘을 매일 볼
수 있는 것도 좋고, 집 옆으로 찻길이 나 있지 않아 창문을 닫으면 밖에 전쟁이 나
도 모를 정도로 조용한 점도, 친절한 경비 아저씨도, 늘 소소한 행복이 공존하는
이곳이 참 좋아졌다. 들고양이가 많아서 창문을 열어 두면 싸우는 소리가 자주 들
리는데 요즘은 그때마다 "왜 또 싸우니?" 하고 고개 한 번 내밀게 되고, 아침 출근
길 마다 담벼락에 쪼르륵 앉아 배웅해 주는 고양이들 숫자 세는 취미도 생겼다.

처음부터 남들이 말하는 좋은 집에서 시작하지 못해 아쉬운 마음이 전혀 없는 건
아니지만, 어떤 집에서 사느냐가 중요한 게 아니라 '어디에서 누구와 어떻게 사느
냐'가 결국 더 중요한 것 같다는 생각이 든다.

나는 낡지만 작은 이 아파트에서 10여 년을 사랑해 온 한 남자와 매일매일 새로
운 추억을 남기고 있다. 물론 우리도 이 집을 처음 만났을 땐 모든 게 서툴렀다. 먼
저 무엇을 시작해야 하는지, 무엇을 할 수 있는지 매일 고민해야 했다. 지금의 우
리 집에는 집을 뒤집을 만한 인테리어도, 헉 소리를 낼 만한 비싼 조명도, 으리으
리한 소품들도 없다. 하지만 신랑이 오직 나를 위해 만들어 준 가구들이 있고, 우
리 생활 습관에 맞도록 가구를 배치하고, 낡은 것들은 우리 손으로 직접 고쳐가
며, 우리 둘이 좋아하는 것들로 하나하나 채워 나갔더니 남부럽지 않은 우리만의
집이 되었다. 만약 새 아파트를 구했다면 새것인 게 아까워서 마음에 들지 않아도
쉽게 뜯어 바꿔볼 수도 없었을 것이고, 신랑의 손재주가 얼마만큼 뛰어난지 제대
로 알 수 없었을 것이다.

분명 남들이 볼 때 곳곳에 미흡한 부분이 있고, 트렌디한 감성이 부족하다 생각할
지도 모르겠다. 하지만 문을 열고 들어서면 이 집은 늘 언제나 우리에게 만큼은
다정하고 편안한 느낌을 준다. 지금의 우리에게 부족하지도 넘치지도 않는 딱 안

성맞춤인 집이 아닌가 싶다. 나중에 오랜 시간이 흐르고 우리의 아이가 태어나 이 책을 볼 수 있는 날이 온다면 아빠와 엄마가 결혼하고 처음 살았던 이 집에서 많이 행복했었다고 말해 주고 싶다. 앞으로 이 집에서 얼마를 더 살 지 모르지만 이 책을 쓴 덕에 평생에 잊을 수 없는 첫 집이 되었다.

철없는 우리가 아무런 준비 없이 결혼을 한다고 했을 때, 그리고 결혼 후 신랑과 함께 가구 만드는 일을 하겠다고 했을 때에도 묵묵히 늘 응원해 주시던, 우리에게 늘 힘이 되어 주시는 양가 부모님들, 평생 나의 남자가 되기로 약속해 준 사랑하는 신랑에게 이렇게나마 책을 통해 고마운 마음을 전해 본다.

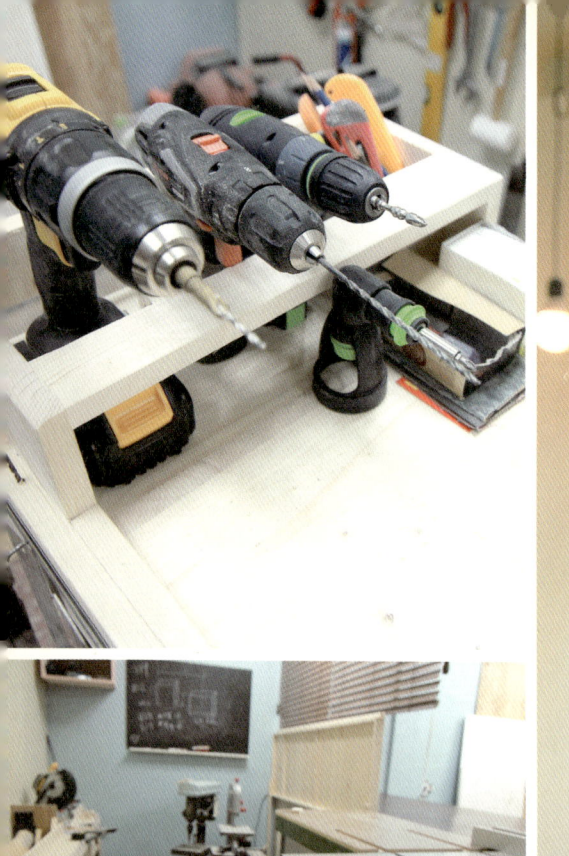

핸드메이드 주문제작 가구공방 더 그루
Handmade Furniture

made by The g:ru

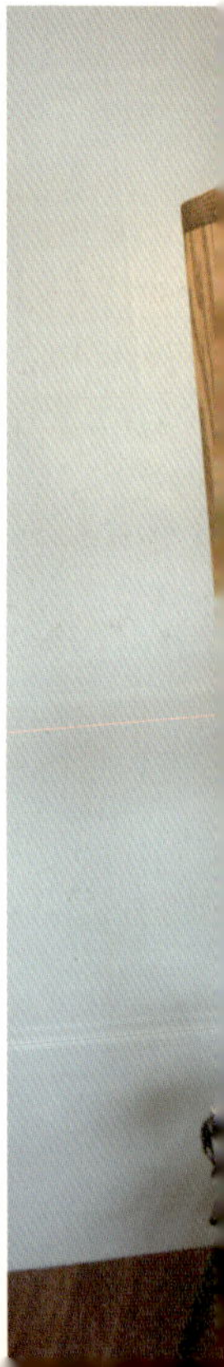

우리 부부 이야기

여자인데도 화장품보다는 피규어가, 영화 보는 것보다는 사진 찍으러 다니는 것이, 쇼핑 보다는 셀프 인테리어 하며 무언가를 만드는 게 좋은 철부지인 나는 아마도 마당에서 직접 집에서 쓰는 모든 가구를 만들던 손재주 많은 아빠의 영향을 많이 받은 것 같다.

2010년, 본가에 독립선언을 한 후 혼자 살게 되면서부터 셀프 인테리어를 시작하게 되었다. 그전부터 망치나 드릴, 톱 등을 이용한 소소한 리폼 들은 늘 해왔었는데 엄마의 잔소리 없이 내 집에서 내가 꾸미고 싶은 대로 살 수 있게 되니 그때부터 물오른 듯이 망치를 두드리며 철물점에 드나들었고 잘 입던 옷에 페인트를 묻혀 작업복으로 쓰다 버리는 일도 여러 번이었다.

공구나 기계를 갖추고 어려운 용어를 쓰면서 전문적으로 하는 게 아니어도, 동네 철물점이나 문구점에서 저렴하게 구입한 재료들을 이용해 인테리어 소품을 만들고 상처 난 가구를 내 취향대로 고쳐 보고 녹슨 문은 예쁜 색 페인트로 칠해 보겠다는 패기만 있다면 나이와 연령 상관없이 누구든 쉽게 할 수 있는 게 셀프 인테리어가 아닐까 싶다.

2013년 겨울, 나는 8년 연애 끝에 아홉수를 코앞에 두고 결혼을 하게 되었다. 사주를 본 두 군데 모두 "불과 불이 만났다!", "도시락 싸 들고 다니며 말리고 싶다!"라고 했을 정도로 자주 싸우고 안 맞는 것도 많은 듯했지만 8년 동안 변치 않았던 의리로 평생을 약속했다. 그렇게 결혼 준비는 시작됐고 지금은 경기도 남양주시에서 열심히 돈 벌며 사회인 야구에 빠져 사는 신랑과, 우리 부부의 사랑을 듬뿍 받고 있는 코카스파니엘 강아지 참치와 함께 세 가족이 알콩달콩 살아가고 있다!

공동 저자가 되어 인테리어 도서에 글을 쓴다고 했을 때, 지인이나 가족들은 만우절도 아닌데 왜 거짓부렁이냐며 콧방귀를 뀌었지만 어쨌든 이것도 좋은 놀이가 될 것 같다는 생각이 들어 제안이 오자마자 덥석 물었다!

우리의 신혼집

결혼 준비의 첫 시작이자 가장 큰 산은 신혼집 구하기였다. 지금도 그렇지만 우리가 결혼 준비를 할 때에도 전셋집 구하기는 하늘에 있는 별을 따는 것만큼 어려웠다. 결국 우리는 '비슷한 가격이라면 서울에서 원룸이나 지하에 살기 보다는 서울과 멀지 않은 경기도 쪽으로 알아보자!'라고 해서 남양주 덕소까지 오게 됐다.

내 나이와 비슷한 18평 작은 빌라. 내부, 외부 모두 낙후되어 무섭기까지 했지만 집 구조나 위치가 마음에 쏙 들었다. 방 두 개에 거실 겸 주방이 있었고 앞뒤로 베란다가 있었기에 강아지와 셋이 살기에도 딱이었다. 결혼 전부터 셀프 인테리어를 취미로 하고 있었기에 '집주인이 허락한다면 우리가 꾸며보자!'라는 용기가 생겼다.

집을 구할 때는 집주인 잘 만나는 것도 행운이라는 생각이 든다. 결혼 전 자취하던 집은 방 두 개짜리 월세였는데 집주인은 "하고 싶은 대로 마음껏 꾸며 놓고 살라."고 해 주셔서 하고 싶은 만큼 하나하나 다 고치며 살았었다. 자기 집이 아니면 못질 하나 하는 것도 허락을 받아야 하는 경우가 생기기도 하는데 우리는 신혼집도 주인을 잘 만나서 "마음껏 꾸미고 살되 복구가 되지 않을 정도만 피하면 된다!"라고 흔쾌히 허락해 주셔서 정말 마음 편히 셀프 인테리어를 할 수 있었다.

인테리어를 배운 적도 없고 그저 내 취향에 맞춰서 하나하나 발품 팔아가며 내 손으로 꾸몄기 때문에 전문가의 손길이 느껴질 만큼 퀄리티가 우수하진 않지만 큰 비용 들이지 않고도 내가 원하는 스타일의 인테리어를 할 수 있다는 것이 셀프 인테리어의 장점인 것 같다.

혼자서 이것저것 많이 고치면서 살던 내가 이제는 신랑과 함께 살 집을 고쳐야 하니 신혼집 셀프 인테리어를 하기 전에 몇 가지 기준을 세워 보았다.

우리의 신혼집을 위한 계획

❶ 가구를 선택하기 전에 우리가 살 집의 구체적인 사이즈를 재어 도안을 만든다.

마음에 든다는 이유 하나만으로 선뜻 주문했다가 사이즈가 맞지 않아 툭 튀어나오거나 생활에 불편함을 주면 안 되기 때문에 가장 먼저 신경 써야 하는 부분이다.

❷ 여기는 전셋집이다. 절대 우리 집이 아니다.

계약 기간이 끝나 다음 세입자가 들어오더라도 불만이 없을 정도까지만 공사하고 우리도 나갈 때 본전 생각 나지 않도록 최소의 비용으로 고칠 수 있도록 한다.

❸ 누가 봐도 "신혼집이구나."라는 모던함을 주기 보다는 내가 가지고 있는 소품과 매치가 잘 되는 컬러, 내가 좋아하는 컬러 위주로 꾸미도록 한다.

❹ 욕실을 셀프로 고치는 것은 거실이나 방을 작업하는 것보다 훨씬 더 고난이도의 작업이다. 전문가의 조언을 충분히 새겨 듣고 욕실 구조에 대해 공부를 한 후 시작한다.

셀프 인테리어 시작!

입주날짜를 받고 집주인 허락 하에 미리 신혼집에 드나들며 셀프 인테리어를 하기로 했다. 가장 중요한 건 각 방의 콘셉트를 어떻게 잡고 어떤 포인트를 줄 것인지, 그리고 방마다 가구 배치를 어떻게 할 것인가였다.

내가 일을 하지 않는 사람이었다면 하루 종일 신혼집에 붙어서 필요한 부자재들도 바로바로 택배로 받아 작업했을 것이다. 얼마나 편했을까. 하지만 회사를 다니고 있었기 때문에 회사가 있는 압구정에서 퇴근 후에 신혼집이 있는 덕소까지 달려가 페인트 칠을 하고 새벽이 되면 다시 광진구 자취집으로 가서 겨우 눈 조금 붙인 후 다시 압구정으로 출근하는 일정으로 한 달 가까이를 보냈다.

정말 피곤했다. 신랑이나 주변 사람들도 나만 보면 왜 그렇게 피곤하게 사냐고 했지만, 내가 하고 싶어서 하는 건데 뭐 어때? 내 스타일 대로 신혼집을 꾸밀 수 있다면 이 정도는 즐겁게 버틸 수 있었다.

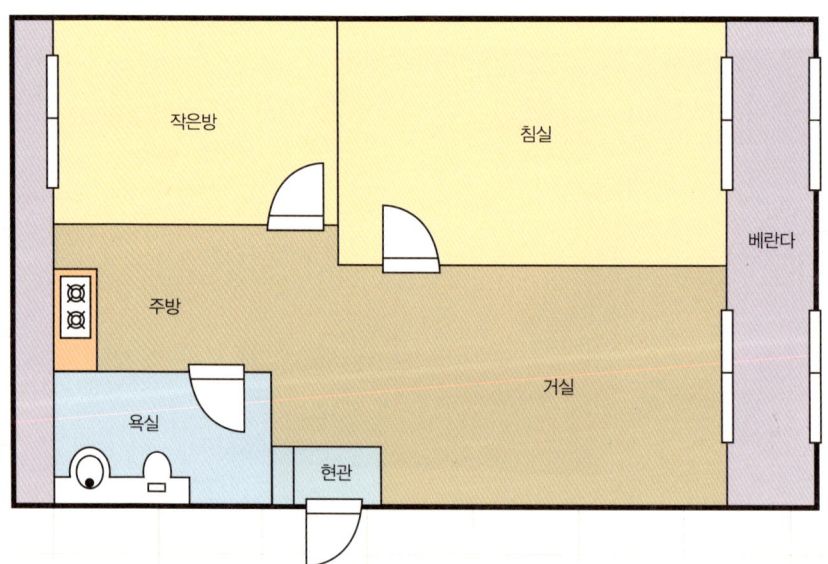

우선 나는 대략적인 집 구조를 그린 후 프린트를 했다. 워낙 오래된 집이었기 때문에 평면도가 없었으니 직접 할 수밖에. 그리고는 각 벽면, 코너, 싱크대와 방문, 창문 등 모든 사이즈를 재서 내가 알아보기 쉽게 도면에 체크를 했다.

이렇게까지 하는 이유가 있다. 침실 한쪽 벽면에 침대와 화장대를 나란히 놓고 싶은데 내가 사려는 가구가 우리 집 벽 사이즈에 딱 맞춰 나오는 게 아니기 때문에 우리 집에 맞는 가구를 알맞게 배치하려면 집의 정확한 크기를 알아야 한다. 또 셀프 인테리어 관련된 부자재들을 얼마나 주문해야 하는지도 참고할 수 있기 때문에 다소 귀찮더라도 꼭 필요한 작업이다.

나는 직접 만든 도면 수십 장을 뽑아서 몇 년 만에 써보는 샤프와 지우개를 들고 시간이 날 때마다 도면 위에 가구 배치를 했다. 침대를 세로로 놨다가 가로로 놨다, 작은방에 놨다 침실에 놨다, 머리를 꽁꽁 싸매고 상상배치를 하고 또 했다.

드디어 좁은 집에서도 가장 효율적으로 활동할 수 있는 공간까지 확보하고, 집에서 사람이 이동하는 데에 불편함이 없겠다 싶을 정도의 깔끔한 도면이 나왔다. 신랑도 나도 콜!

이제는 배치한 가구들을 찾아 하나하나 발품을 팔기 시작했다. 정말 마음에 드는 침대가 있었는데 사이즈 때문에 탈락하기도 했고, 화장대와 수납장을 같이 놓고 싶었는데 역시나 사이즈 때문에 방문 여닫는 게 걸리적거려 포기하기도 했다.

넓은 집이라면 마음에 드는 가구들을 아무렇게나 놓아도 공간이 많이 남아 사이즈보다는 디자인을 많이 보겠지만 우리는 집이 좁았기 때문에 마음에 드는 디자인에서도 선택의 폭이 좁아졌다. 예쁘다고 무조건 구매했다가 집 사이즈에 맞지 않아 반품비에 화물 배송비까지 날리지 않으려면 미리 도면을 준비하는 게 현명한 것 같다.

자, 초벌 작업이 끝났으니 이젠 노가다 실전 투입이다!

신혼집 셀프 인테리어 시작 전 간단한 순서

❶ 집의 사이즈를 잘 재서 본인이 알아볼 수 있도록 도안을 만들고 메모를 한다.
   평면도가 있다면 출력 후 잘 보이는 펜으로 체크해 둔다.

❷ 도면에 구매 예정인 가구와 가전을 하나하나 배치해 본다.

❸ 가장 효율적인 배치가 나왔다면 그 사이즈에 맞는 가구와 가전을 찾는다.
   원하는 가구 브랜드가 있다면 평면도를 보내 주고 견적을 뽑아 달라고 하면 사이즈에 맞게
   추천도 해 준다.

❹ 각각의 방에 페인팅을 할 것인지 도배를 할 것인지 등 셀프 인테리어의 범위를 정해야 한다.

❺ 어떤 포인트를 줄 것인지 생각해서 알맞은 부자재들을 준비한다.
   업체에 집 사이즈를 얘기하면 적당한 양의 도배지나 페인트 양을 추천해 주기도 한다.

❻ 페인트칠이 필요한 곳이 있다면 가전과 가구가 들어오기 전 미리 작업 하는 게 가장 좋다.
   여의치 않다면 비닐 등을 씌워 놓거나 마스킹 작업을 철저히 해야 한다.

개성이 듬뿍 묻어나는 거실

대부분 신혼집이라고 하면 모던하거나 사랑스럽게 꾸미곤 한다. 좁은 집이라면 올 화이트로 깔끔한 인테리어를 해서 넓어 보이는 효과를 주기도 하고. 하지만 나는 깔끔함 보다는 정신없고, 모던함보다는 비비드한 아기자기함을 추구하는 사람이기 때문에 신혼집 또한 흔히들 생각하는 신혼집의 특성을 쫓아가지 않고 개인 취향을 많이 쏟아 부었다. 그래서 신랑에게 조금 미안하기도 하다.

우리 집은 30년 된 오래된 집인데다 방 두 개에 거실과 주방이 복도식으로 된 구조다. 일 년 간 사람이 살지 않았고 비어 있었기 때문에 우리가 입주하기 전에 집주인은 도배와 장판을 해 주셨다. 덕분에 이대로 가구 들여놓고 살아도 깔끔하고 괜찮았을 것 같지만 나는 일 년을 살든 이 년을 살든 내가 원하는 분위기로 꾸며 놓고 살고 싶었다. 다행히 집주인이 그걸 허락해 주어서 신혼집에도 셀프 인테리어를 할 수 있었다. 하루라도 취향껏 살고 싶은 마음, 모든 셀프 인테리어인들의 꿈틀대는 의지가 아닐까?

넓지 않은 거실이지만 하고 싶은 건 참 많았다. 그래서 우리는 한쪽 벽에 상큼한 민트색 페인트를 칠하고 하단에는 우드 패널 작업을 해 주기로 했다. 그리고 아기자기함을 담당하는 피규어들을 놓기 위한 선반도 설치해야 했다.

1. 거실 한쪽 벽에 페인트칠하기

❶ 페인트 작업할 바깥쪽 라인을 따라 커버링 테이프를 잘 붙여준 다음 널찍한 페인트 붓으로 1회 칠해 준다.

❷ 벽지에서 촉촉한 느낌이 사라질 정도로 자연 건조 후 1회 더 칠해 준다.
깔끔하고 무늬가 없는 벽지나 시멘트라면 1회만 칠해도 상관없겠지만 오돌토돌한 무늬가 있거나 조금 지저분한 벽지라면 2회 이상 칠해야 깔끔해진다.

❸ 커버링 해놓은 테두리 부분은 널찍한 페인트 붓으로 칠하고 표면은 롤러로 칠하는 게 편하다. 하지만 롤러로 칠할 때에는 페인트 방울이 사방에 튈 수 있으니 조심해야 한다. 아무래도 혼자 하는 것보다 두세 명이 함께 하는 게 작업 속도도 빨라 동시에 건조되고 일도 훨씬 수월하다.

퇴근 후 페인트칠을 하느라 한 번 칠해 놓고 살던 집으로 돌아가서 자고, 다음날 퇴근 후에 또 나머지 작업을 해야 해서 속도가 느렸다. 결혼 선물로 받은 소파가 미리 도착해서 거실 중앙에 놓아두었는데 작업할 때마다 앉아 쉴 수 있으니 정말 편했다.

힘들고 더딘 작업이었지만 방 두 개짜리 자취집에 살 때 로망이었던 거실이 생기니 심장이 두근두근 뛰며 좋아 죽는 줄 알았다. 침실에서는 거의 잠을 자거나 컴퓨터를 사용하는 시간이 많겠지만 거실은 집에서 움직일 때마다 보이는 공간이기 때문에 평소 좋아하던 민트 컬러의 색상을 선택했다.

2. 페인트 벽면 하단에 우드 패널 작업하기

❶ Y형 우드 패널에 글루건을 쏴주고 바로 붙인다.
　글루건은 순식간에 말라버리기 때문에 한 명이 글루건을 칠하면 다른 한 명은 붙일 자리 앞에 대기
　하고 있다가 바로 붙여줘야 한다. 길쭉한 우드 패널 작업을 할 때에는 둘이서 하는 게 편하다.
❷ 패널 윗부분에는 마감 패널을 붙여야 하기 때문에 아래 걸레받이 라인에 잘 맞춰서 패널을 붙여
　줘야 한다. 원래 아랫부분에도 마감 패널을 붙일 수 있지만 우리 집은 소파를 둘 거라서 생략했
　다. 그렇지 않다면 아래에도 붙이는 게 더 깔끔하고 예쁠 것이다.
❸ 우드 패널을 잘못 붙여서 떼어낼 경우에는 벽지에 손상이 가니 조심해야 한다. 미리 사이즈에 맞
　게 주문한 패널이라고 해도 미리 하나하나 대어본 후 작업 하는 게 좋다.

페인팅 작업이 끝났으니 이제 우드 패널을 붙여야 했다. 넓지 않은 거실이라 신랑
과 둘이 하면 금방 끝날 줄 알았는데 그것도 아니었다. 겨우 우드 패널 열댓 개 붙
였을 뿐인데 글루건 심이 떨어지는 바람에 신랑은 철물점에 뛰어 갔다 오기도 하
고, 오래 전에 건축한 집이라서 그랬는지 거실 벽면이 평평하지 않고 약간의 굴곡
이 있어서 그거 붙이느라 글루건 칠하고 벽에 패널을 붙인 뒤 튼튼하게 붙을 때까
지 온몸의 무게를 동원해 어깨로 꾸욱 누르고 있어야만 했다.
쉬운 듯, 쉽지 않은 작업이었지만 Y형 패널은 자연스러운 홈이 있기 때문에 잘만
붙여 놓으면 쉽게 분위기 있는 인테리어를 할 수 있는 장점이 있다. 흰색 패널로
해도 깔끔하고 괜찮았을 거란 생각을 하기도 했지만 먼저 우드 패널로 붙인 후 나
중에 흰색으로 바꾸고 싶을 때에는 따로 페인트만 칠해 주면 또 다른 분위기를 연
출할 수 있으니 우리는 먼저 나무 색상으로 붙였다.

윗부분에 마감 패널을 글루건으로 붙였는데 역시나 굴곡이 있는 부분 때문에 우드 패널이 휘면서 끝부분이 붕 뜨기에 철물점에서 사온 원목 전용 타카로 한 번 쏴주었더니 튼튼하게 고정이 되었다. 15,000원 정도면 구입할 수 있는 타카는 일반 문구용품 중 스테이플러 같은 것인데 우드 관련 작업을 할 때에는 꼭 필요한 공구인 것 같다.

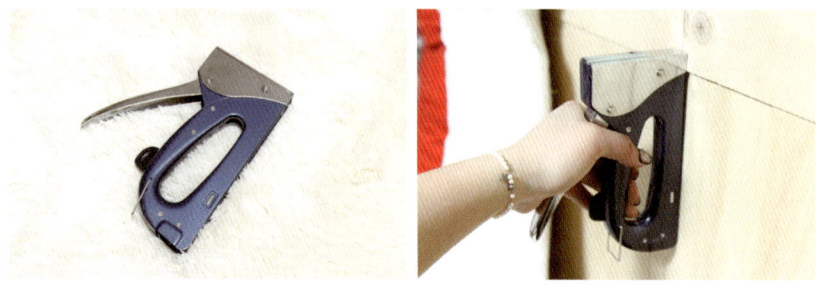

소파 쪽 거실 벽면 작업을 완성 하고 며칠이 지나 TV를 설치했다. 우드 패널로 완성한 벽면에 소파를 배치해 놓고 앉아서 가장 보기 편한 위치에 TV를 달았다. 시간이 지날수록 신혼집에는 각종 인테리어 재료들을 담은 박스와 짐으로 발 딛을 틈이 없는 지경이 됐다. 그 와중에 생각보다 빠르게 도착한 커튼을 미리 달아보았다. 엄마는 커튼을 보자마자 "네가 호랑이띠라서 먹잇감인 얼룩말이 태생적으로 좋은 거냐?"며 타박했지만 독특한 디자인에 한눈에 반해버렸기에 고민할 것도 없이 구매했던 제품이다. 다시 봐도 예쁘고, 계속 봐도 예쁘고 또 봐도 예쁘고! 내가 구매한 후에 이 모델은 전부 품절 후 재입고 안 되는 제품인 걸 알고 가진 자의 여유를 느끼며 뿌듯해 하기도 했다.

'거실이 생긴다면 TV 위에 피규어 선반을 꼭 설치해야지!'라는 생각을 늘 해왔었
다. 선반을 달려면 콘크리트용 드릴로 구멍을 뚫고 칼블럭을 꼽아야 하기 때문에
선반을 먼저 설치한 후에 TV를 달고 싶었는데 날짜에 혼선이 생겨 TV를 먼저 설
치하게 되어 약간 당황했었다. 사진은 찍어 놓지 않았지만 TV 가지고 오셨을 때
박스 안에 들어 있던 비닐을 버리지 않고 있다가 TV 위에 꼼꼼히 덮어서 드릴 작
업을 했다. 콘크리트 먼지가 많이 나오기 때문에 다른 가전제품들도 이 작업은 해
주는 게 좋다.

3. 거실 TV 벽면 선반 설치하기

❶ 콘크리트용 전동 드릴로 벽에 구멍을 뚫고 칼블럭을 넣어 고정시킨다.

❷ 칼블럭이 잘 들어가도록 망치 등으로 두들겨 준 후 남은 부분은 칼로 잘라내어 면을 다듬는다.

❸ 기둥 높낮이가 다를 경우 판넬이 기울 수 있기 때문에 달고 싶은 선반의 위치를 대충 재어 보고 청장 끝에서 몇 cm 아래에 설치할 건지 알아볼 수 있도록 체크해 줘야 한다.

❹ 수평계나 스마트폰 앱을 이용하면 더 좋다.

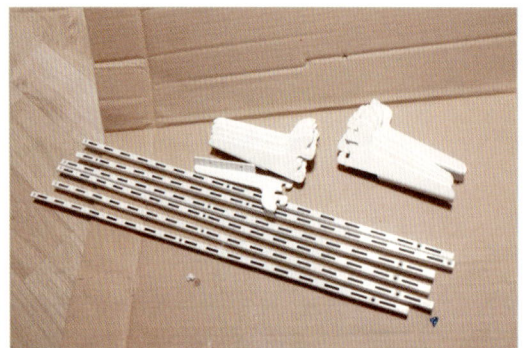

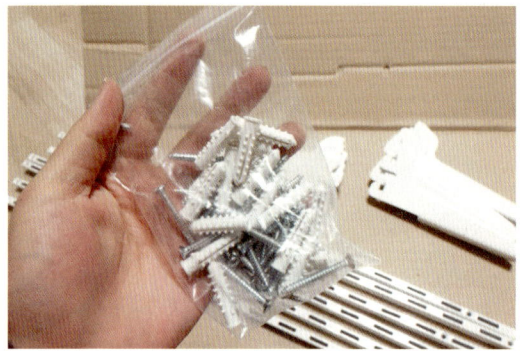

설치 완료!

찬넬 선반 설치할 때 앞집에서 시끄럽다는 항의가 들어와서 한가롭게 사진 찍으며 작업할 수 없었기에 완성사진만 남았다는 게 아쉽긴 하지만 신랑의 팔 힘 덕분에 콘크리트 벽 드릴 질은 쉽게 할 수 있었다.

셀프 인테리어 하는 사람들은 전문가들보다 미흡하기 때문에 소음도 더 많이 발생하는 경향이 있다. 이사도 하기 전에 이웃들에게 찍히기 전에, 작은 공사를 하고 있다는 인사와 함께 음료나 과자세트 정도 돌리는 것도 새신부의 센스일 것 같다. TV 아래쪽에는 TV 장을 놓을 예정이었기 때문에 선반 설치할 때에도 미리 사이즈 재 놓은 도면이 큰 도움이 됐다. 그리고 제일 위쪽 선반에는 키가 큰 피규어들이 들어갈 예정이었기 때문에 천장과의 높이를 조금 더 길게 해 주었다. 선반을 설치해놓고 나니 박스 안에 들어 있는 피규어들을 하나하나 빨리 진열하고 싶어서 미치는 줄 알았다.

선반 나무 종류는 여러 가지가 있지만 나는 삼나무를 선택했다. 특유의 나무 냄새가 좋았고 자유분방하게 파여 있는 나무옹이의 색감도 참 좋았다. 대부분의 목재들은 오일이나 바니시 작업을 하는 게 질감을 오래 유지할 수 있고 사용하기 좋지만 특유의 자연스러운 삼나무 느낌을 누리기 위해 그 과정은 생략했다. 좋지 않은 점은 먼지가 쌓여 걸레질을 할 경우 나뭇결 때문에 뻑뻑해서 잘 닦이지 않는다는 점이다. '그냥 바니시 칠을 할 걸 그랬나?'라는 생각도 잠깐 했지만 이미 많은 피규어들이 자리 잡은 상태라 엄두가 나지 않았다. 청소는 스스로 감당하는 걸로! 판단의 각자의 몫이다.

거실은 여기서 더 손을 대지 않았다. 조명도 바꿔 달고 싶고 체리색 몰딩도 하얗게 칠하고 싶었지만 전셋집이라는 점, 그리고 계약 후 이 집을 나갈 때에는 내 나이 서른인데 또 다시 전등을 갈고 이삿짐을 쌀 수 있을 체력이 될까 싶은 두려움이 밀려 왔다.

뭐 어쨌든 이렇게 거실 셀프 인테리어가 완성 되었다. 신혼집 인테리어라고 하기에는 모던함이나 포근함은 없지만 내 취향에 맞는 컬러감을 고려하고 피규어 수집이 취미인 내 스타일에 맞게 아기자기하게 꾸며졌다.

직접 나무를 재단하고 못질을 하고 페인트칠을 하는 것이 셀프 인테리어의 기본 형식이라고 할 수도 있지만 가구 하나, 소품 하나를 골라 꾸미는 것도 또 하나의 셀프 인테리어라고 할 수 있다. 평범한 방에 침구 하나만 바꿔 주어도 분위기가 확 달라지는 것처럼 셀프 인테리어는 완벽하게 공사를 했는가 아닌가를 따지기보다는 자기 취향에 맞게 꾸미고 만족하는 것이 더 중요하다고 생각한다.

거실 인테리어 정보

- **우드 패널** : 중앙데코 시트라인 Y형 미송합판 옹이패널 폭 8cm x 길이 1,200mm 두께 4.8T / 상하 마감재 두께 8mm x 길이 80mm x 두께 4.8T
- **찬넬 선반** : 손잡이 나라 삼나무 패널 길이 1200mm 폭 150mm 두께 15T
- **찬넬 기둥** : 60cm 4개 + 찬넬 받침대 좌15cm 우15cm + 칼블럭 + 콘크리스용 나사
- **소파** : 잉글랜더 마빈 3인 가죽소파 ₩499,000원
- **커튼** : 쁘리엘르 얼룩말 커튼 ₩73,800원
- **늘어나는 테이블** : 퍼니처랩 18만 원 대
- **커피 테이블** : 디노데코 ₩26만 원
- **TV 장** : 매스티지데코 마카롱 TV 장 ₩209,000원
- **서랍장** : 매스티지데코 마카롱 수납장
- **선반** : 이케아 철제 선반
- **러그** : 1200M 아름다운공간 노멀 유니온잭 러그 ₩37,050원
- **TV** : LG전자 3D TV 47LA7450 ₩1,630,000원
- **벽 액자** : 텐바이텐 판타스틱 포스터 액자 ₩36,750원

공간 활용에 성공한 침실

방 두 개에 거실이 있는 구조이다 보니 어쩔 수 없이 작은방은 옷 방으로 사용을 하고 침실에 컴퓨터 책상을 넣어야 했다. 그래서 도면을 보며 가구 배치를 할 때 엄청나게 고민했던 부분이기도 하다.

신랑은 게임을 좋아하고, 나는 포토샵, 블로그, 영화 보기 등등 컴퓨터를 쓸 일이 많아 각각 한 대씩 데스크탑을 사용했고 노트북도 하나 더 있었다. 게다가 나는 다이어리를 쓰거나 캘리그래피를 하는 등 개인적으로 문구를 사용하는 취미도 있기 때문에 컴퓨터 책상과는 따로 작업용 책상도 있었다. 여차저차 사이즈에 맞게 원하는 개구를 배치해서 완성하고 침실은 이대로 둘까 했지만, 전생에 돌쇠였는지 스스로 또 일을 만들기 시작했다.

거실은 우드 패널로 포인트를 줬으니 침실은 화이트 패널로 포인트를 주고 싶었다. 거실과 마찬가지로 같은 업체에 컬러만 다른 화이트 래핑 패널을 주문했다. 그리고 페인트칠을 하기 전에는 주문한 개수와 사이즈가 맞는지 미리 맞추어 본 후 거실과 마찬가지로 커버링 테이프를 붙여 주고 페인트칠은 2회 해 주었다. 거실이 그린 계열이었기 때문에 침실은 질리지 않고 포근한 느낌을 줄 수 있도록 옐로우 계열로 포인트를 줬다.

침실 화이트 패널

페인트가 마른 후에는 거실과 똑같이 아래에만 패널 작업을 해 주었다. 중간에 보면 패널이 약간 뜬 부분이 있긴 한데 벽에 굴곡이 있어서 어쩔 수 없었다. 타카를 사용해야 하나 잠시 고민했지만 어차피 침대로 가려질 부분이라 생략하기로 했다. 노출이 많이 되지 않아 자주 청소하지 못하는 공간은 패널로 인테리어 하는 것이 진정한 갑이 아닐까 싶다.

침대 반대쪽은 컴퓨터 책상과 개인 작업대를 놓은 공간이기 때문에 전에 살던 집에서 사용하던 원목 선반 한 개만 간단히 달아 주었다. 선반 자체가 같은 사이즈였다면 통일성 있고 좋았겠지만 신랑 컴퓨터 모니터보다 내 화이트 모니터가 좀더 크기 때문에 신랑 쪽에는 작은 선반을, 내 쪽에는 긴 선반을 달았더니 사이즈가 딱 맞아 오히려 보기 좋았다.

책상과 책상 의자 빼고는 전부 전에 살던 집에서 가지고 온 것들이다. 책상 서랍이 빨간색이었기 때문에 통일감을 위해 의자도 빨간색으로 선택했다. 예전에는 마냥 핑크색이 좋았는데 20대 후반이 되면서부터 갑자기 빨간색에 집착하고 있다. 누구는 그런 날 보고 늙어가는 증거라고 하던데, 나는 아직 열정이 남아 있는 젊음의 상징이 아닐까 하고 혼자 생각해 본다.

벽 사이즈에 맞게 책상을 찾는 것도 노동이었다. 2인용 컴퓨터 책상과 1인용 책상을 옆에 붙여야 했는데 같은 브랜드로 통일성을 주려고 해도 사이즈가 애매해서 옆 공간이 조금 남는다거나 아예 문 쪽으로 튀어나갈 정도의 사이즈뿐이라서 책상 발품, 손품 파는 것만 3일 정도 걸린 것 같다. 그러다 아주 우연히, 예쁘고 저렴한데 내가 원하는 사이즈에 딱 맞기도 한 브랜드를 발견해서 어려운 수학 문제를 푼 것처럼 기쁜 마음으로 주문을 했다.

원목 스타일을 워낙 좋아하긴 하지만 신혼집 콘셉트가 모던함이 아닌 아기자기함이었기 때문에 가구를 선택할 때도 아기자기한 원목스타일 가구를 찾느라 발품을 엄청 팔았다. 아무래도 브라운 계열의 원목 가구는 어두워 보이고 중후한 느낌이 들 것 같아서 내추럴 컬러로 선택했다.

오래된 동그란 손잡이도 국민 손잡이로 교체했다. 손잡이를 구매하면 자세한 교체 방법 설명서가 들어 있고 따라 하기도 그리 어렵지 않다. 그런데 나는 안쪽 손잡이만 달아 놓고 테스트 해본다고 문을 닫았다가 열리지 않아서 큰일날 뻔했다. 다행이 신랑이 거실과 이어진 베란다로 들어와 동그란 구멍에 뾰족한 걸 넣었더니 철컥 하고 문이 열렸다. 아무도 없을 때 혼자서 작업하다 욕실에 갇히기라도 했었다면…… 정말 상상하고 싶지도 않다. 문고리 교체할 때에는 양쪽 모두 교체한 후에 꼭 테스트하시길!

대부분의 신혼집 침실은 모던한 스타일로 꾸미고 결혼사진이 크게 걸려 있는 인테리어가 대부분이지만 나는 내 취향에 맞게 아기자기한 모습으로 꾸몄다. 우드 계열의 가구나 벽 선반, 책상 분위기에 맞게 의자와 서랍장으로 포인트를 주고 가지고 있던 피규어나 소품들로 꾸며 주었다. 침대 옆 옐로우 벽면은 너무 휑해 보이기는 하지만 길쭉한 벽면에 액자 몇 개 달아봤자 어울리지 않을 것 같아서 필름 모양의 스티커를 구입해 붙여 주었고 필름 안쪽에는 직접 출력한 우리 사진을 끼워 넣었다.

창문에는 커튼을 달 생각이 없었는데 아침에 햇살이 얼굴 정면으로 쏟아지자 알람이 울리기도 전에 눈을 뜨는 경험을 한 후 커튼을 찾아보다가 나의 로망인 에펠탑이 그려진 블라인드를 보고 또 한눈에 반해 사이즈에 맞춰 주문했다.

다른 신혼부부들 침실을 보면 샤랄라한 커튼을 달거나 아예 빛을 차단하는 암막커튼을 달거나 여러 가지 컬러로 은은하고 모던하게 포인트를 주던데, 우리 집 침실에 그런 커튼이 어울릴 리가 없기 때문에 역시나 내 취향에 쏙 맞고 레드 컬러가 한 줄 들어가 있어 의자와 서랍장처럼 레드 포인트를 주는 블라인드가 제격이었다.

가구만 들여놨을 때에는 너무 휑해 보여서 '좀 더 난잡하게 뭘 더 해야 할까?' 생각했지만 막상 내 짐을 풀어 정리를 해놓고 보니 충분히 내가 원하는 산만한 스타일이 완성 되었다.

침실 인테리어 정보

- **페인트** : 벤자민무어 네츄라 512 무광 1L ⓦ32,000원
- **우드 패널** : 중앙데코 시트라인 Y형 래핑패널 화이트 길이 12mm x 폭 80mm x 두께 6mm
  상하 마감재 두께 9mm x 폭 80mm
- **책상** : 두닷 콰트로 1608G+0806G ⓦ144,000원 + 78,000원
- **의자** : 블루밍홈 가죽 젤라아 의자 레드 ⓦ60,700원
- **벽선반** : 텐바이텐 원목 선반 400mm ⓦ24,900원 / 600mm ⓦ28,900원
- **서랍장** : ICOMPANY 이케아 5단 철제 수납장 ⓦ48,900원
- **방문 손잡이** : 손잡이 닷컴 ATL-711 옐로우 ⓦ16,300원
- **화장대** : 매스티지데코 크리스핀 시그니처 화장대세트(내츄럴) ⓦ442,550원
- **4단 서랍장** : 매스티지데코 크리스핀 4단 서랍장(내츄럴) ⓦ275,000원
- **침대** : 매스티지데코 크리스핀 Q침대(네츄럴) ⓦ438,750원
- **침대 매트리스** : 매스티지데코 필로탑 독립스프링 매트리스(퀸) ⓦ340,000원
- **침구** : 모노하우스 트라이앵글 침구 ⓦ105,000원
- **롤스크린** : 텐바이텐 일러스트롤스크린_에펠탑 125cmx185cm ⓦ37,930원
- **왼쪽 벽면 필름스티커** : 텐바이텐 DESIGNBAY 우드 필름스티커 ⓦ39,760원

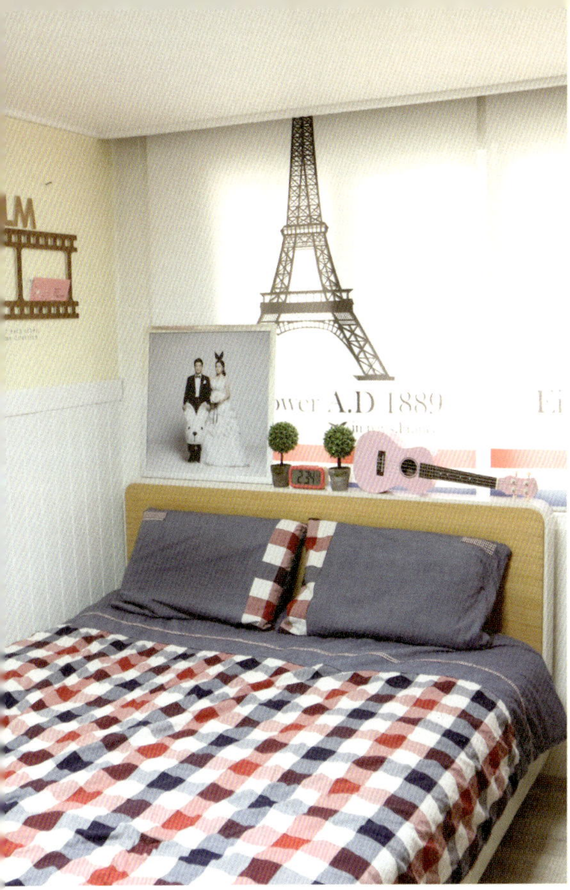
A.D 1889

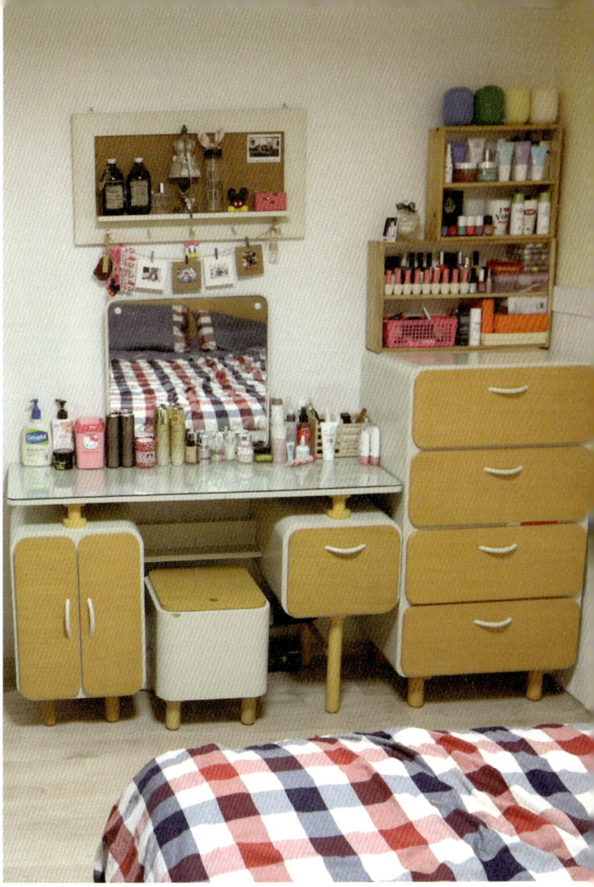

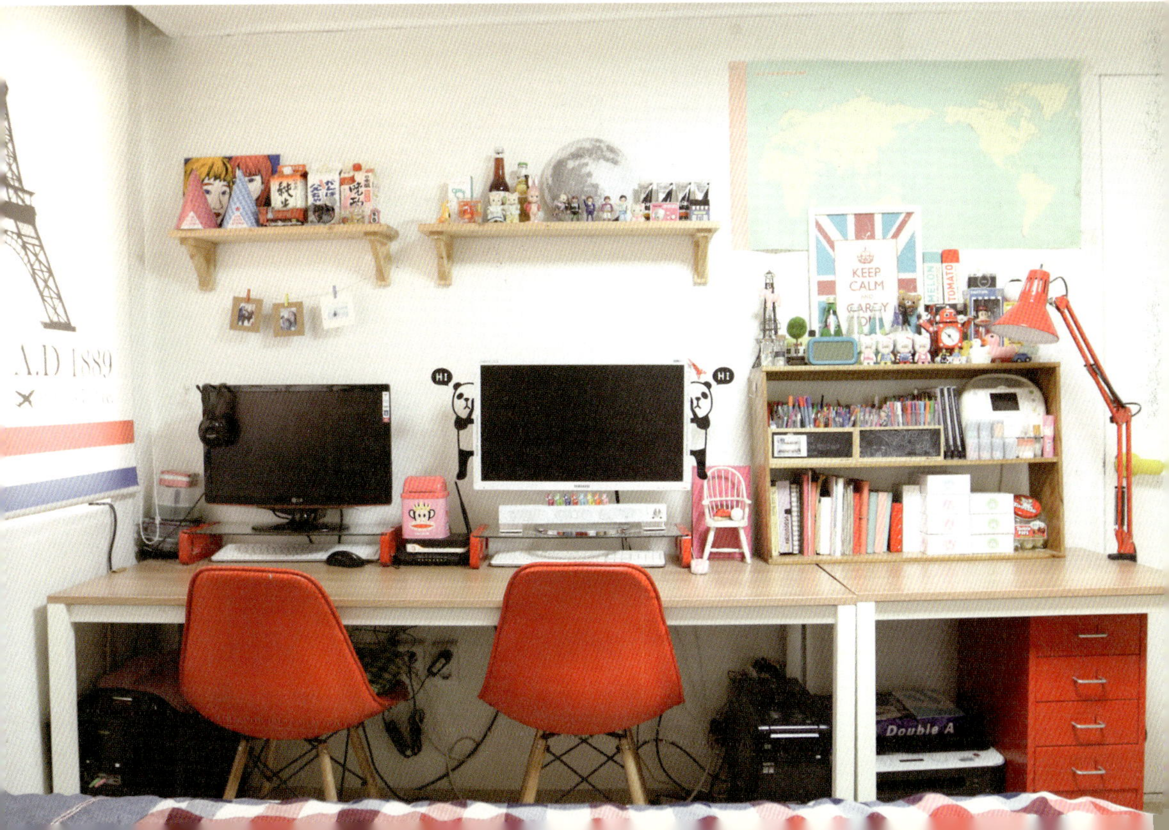
A.D 1889
HI
HI
KEEP
CALM
Double A

역알함을 긍정의 힘으로 바꾼 주방

주방은 가장 손쉽게 완성한 곳이기도 하지만 소품이나 가구만으로도 많은 관심과 질문을 받았던 곳이기도 하다. 많은 시간을 보내게 되는 거실에서 바로 눈에 보이는 곳이 주방이었기에 깔끔하면서도 아기자기함을 살리기 위해 고민이 많았던 공간인 주방.

신혼이라 하면, 신랑이 침실이나 서재에서 컴퓨터에 빠져 있을 때 몰래 주방에서 맛있는 간식을 만들어 짠! 하고 가져다 주는 로망이 있지만, 우리 집은 침실과 거실 모두 주방이 바로 보이는 구조여서 그런 로망은 로망에 불과한 채로 끝나버려 참 아쉽긴 하다. 게다가 냉장고와 전자레인지를 놓는 선반은 공간 부족 때문에 작은방에 놓아야 했기 때문에 주방 편에 출연하지 못한다. 그래도 주방 역시 내 취향대로 아기자기하게 꾸몄기 때문에 만족한다.

사실 나는 늘 생각해 왔던 주방 스타일이 있었다. 상부장 없는 주방이 그것인데, 좁은 집에서는 더 좁고 답답하게 만드는 상부장을 제거하기 위해 혼자 전동 드릴을 이용해 가장 작은 상부장을 떼어 봤다.

하…… 그런데 혼자서 이 상부장 떼다가 골로 갈 뻔했다. 생각보다 너무 무거웠고 공중에 달려 있는 걸 혼자 떼려고 용을 쓰다 보니 힘, 기술 모든 게 부족했다. 게다가 막상 상부장을 제거해 보니 눈 가리기 아웅 식으로 타일을 붙이다 말고 목재 하나에 매달아 놓은 거여서 위태로워 보였다. 결국 퇴근 후 돌아온 신랑 손을 빌려 아무 일 없던 듯 다시 제자리에 달아 놓았다.

집주인이 셀프 인테리어를 허락했던 것도 '복구 가능한 정도'였기 때문에 상부장을 제거하는 것 뿐 아니라, 뒷부분에 덧대어 작업해야 하는 것들까지 생각하면 있는 그대로 쓰는 게 낫겠다는 판단이 섰기 때문이다.

싱크대는 어디서나 볼 수 있는 흔한 디자인이었다. 차가워 보이는 은색 손잡이를 뽑고 우드 손잡이로 갈아 주었는데 이건 드라이버만 있으면 여자 혼자서도 아주 쉽게 할 수 있다. 다만 비슷하게 생긴 싱크대라도 손잡이 폭이 길거나 좁을 수 있기 때문에 구멍 사이즈를 잘 확인하고 주문해야 한다. 손잡이 교체만으로도 분위기가 많이 달라진다.

거실 등은 포기했지만 주방에는 레일 조명을 달았다. 교체하는 방법이 생각보다 어렵지는 않지만 아무래도 전기를 만지는 일이기 때문에 두꺼비집은 무조건 내리고 밝은 대낮에 작업하는 게 좋다. 게다가 레일이나 공구가 무거운 편은 아니지만 천장을 바라보며 만세를 하는 자세로 작업을 해야 하기 때문에 겨드랑이 근육이 매우 당긴다. 키가 작거나 연약한 여성이라면 키 크고 힘 좋은 남성의 도움을 받는 것이 좋을 것 같다.

원래 4구짜리 전구로 주문을 했는데 좁은 주방에 등이 4개나 달려 있으면 답답해 보일 것 같아서 한 개는 다시 박스에 넣어 보관 중이다. 3구짜리도 있던데…… 난 왜 4구짜리를 주문한 걸까?

레일 조명은 카페 인테리어 느낌을 주기 때문에 요즘 신혼부부 인테리어라고 하면 거의 다 이 조명이다. 국민조명이라고까지 불리는데 빛이 일방 형광등보다는 좀 약하긴 하지만 분위기 바꾸는 데는 최고다!

❶ 공구를 준비하고 두꺼비집의 모든 전원을 차단한다.

❷ 기존에 있던 등 해체 작업을 해야 한다. 나사 하나하나 풀어줄 때 마지막 한두 개 남은 나사는 한 손으로 받치고 해야되는데 그렇지 않으면 갑자기 훅 떨어져서 다치거나 전선이 끊어질 수가 있다.

❸ 모두 해제하면 전선 두 개가 남는다. 전선이 세 개인 집도 있을 텐데 그건 알아서… 이사 오기 전 집이랑 지금 우리 집은 전선이 늘 두 개였다.

❹ 구매한 레일 전등의 전원부 나사 두 개를 반 정도 풀어 전선 두 개를 각각 한 개씩 넣고 나사를 다시 조여 준다.

❺ 판매 중인 레일 기둥에 나사 구멍이 뚫려 있는 것도 있겠지만 안 뚫려 있는 게 있기 때문에 직접 구멍을 뚫어 줘야 한다. 설명서에는 나사로 꾹 눌러 구멍을 내라는데 절대 안 된다. 전동 드릴로 홈을 파준 후에 콘크리트 못을 대고 망치질 해 주니 이렇게 구멍이 뻥 뚫렸다. 이대로 나사 넣으면 튼튼히 잘 들어간다.

❻ 천장은 대부분 얇은 목재로 되어 있기 때문에 그냥 나사로만 박으면 시간이 지나 무게 때문에 뚝 떨어져 설거지 중인 사람의 두개골이 위험해질 수 있다. 나사로 구멍낼 부분 먼저 뚫은 후에 칼블럭을 쑤셔 넣고 레일 기둥을 고정해 주면 엄청 튼튼하게 쓸 수 있다.

주방 오른쪽에 뒷 베란다로 나가는 문이 있다 보니 냉장고를 놓을 수도 없고 전자레인지 선반이나 아일랜드 식탁은 꿈도 꾸지 못하는 애매한 구조가 된다. 하지만 주방 싱크대 상부장에 넣을 수 없는 오픈식 주방용품들을 놓아야 했기 때문에 베란다 문을 열고 닫고, 빨랫감을 들고 왔다 갔다 하는 데 지장이 없을 만한 선반을 놓으면 되겠다는 생각이 들었다.

결국 그 자리에 맞는 선반을 찾아 일주일 동안 발품을 팔았다. 작은 사이즈는 아니지만 폭이 좁은 편이기 때문에 벽으로 붙여 놓으면 주방 베란다 문으로 드나들기에 큰 지장이 없고 주방의 우드 손잡이와 느낌이 비슷한 원목 선반에 넓고 시원해 보이는 화이트 몸체를 가진 선반이라 좁은 주방이나 자투리 공간 활용에 아주 좋다.

여자 혼자 설치해도 될 정도로 조립법이 쉽고 좁은 공간에 활용하기 정말 최고다. 폭이 좁다고 해서 약하다거나 흔들거리지도 않아서 설치해 놓고 보니 마치 내가 숨은 보석 찾기의 달인이 된 기분까지 들었다.

선반을 놓고 나니 주방 베란다 문이 너무 하얗
고 휑해 보여서 모아 두었던 천 중에서 북유럽
패턴의 천을 글루건으로 붙여 주고 손잡이를 교
체해 주었더니 한결 더 아기자기한 느낌이 더해
졌다. 원래는 쿠션을 만들어 보려고 예전에 사서
가지고만 있던 천이었는데 이렇게 인테리어 소
품으로 사용할 수 있게 될 줄이야! 집 구석구석
을 잘 찾아보면 소품으로 쓸 수 있는 것들이 방
치되어 있을 수 있다!

싱크대 벽 타일도 교체하고 상판도 교체하고 싶
었지만 전셋집이라는 한계 때문에 하고 싶은 마
음은 조금 억누르고 참기로 했다. 대신 리폼을
더 할 수 없는 답답함은 소품이나 주방용품들로
꾸미며 풀기로 했다.

요리할 때 가장 많이 사용하는 조리기구는 가스
레인지 앞 공간에 걸면 편할 것 같았다. 브랜드
자체에 회전 걸이가 있었지만 싱크대가 좁아
둘 곳이 없어 조리할 때마다 불편함을 느끼던
차였기에 바로 기둥과 고리를 구입하여 타일에
글루건을 이용해 붙이고 조리기구들을 걸어 주
었다. 가스레인지 바로 앞에 있다 보니 요리를
하면서도 바로바로 뽑아 쓸 수 있어 굉장히 매
력적이다.

주방 왼쪽 벽에는 철제 선반을 달아 요리책을 꽂아 두고 빈티지함이 물씬 돈는 에펠탑 캔버스 앨범을 넣어 주었다. 밋밋할 수 있는 주방 여백에도 한 번쯤 눈길이 가는 굿 아이템이다.

주방 수납장에는 요리 초보 티를 팍팍 내 주는 소품인, 레시피를 직접 포토샵으로 작업한 것을 붙여 요리할 때 편히 보면서 할 수 있도록 했다. 하지만 아지까지 저 레시피에 나온 음식을 해 보지는 않았다.

정수기도 거실이나 주방에 따로 둘 공간이 없었는데 작은방 들어가는 방문 쪽에 약간의 공간이 있어서 가장 슬림한 정수기를 선택했다. 그리고 슬리퍼 꽂아 두는 것도 공간을 차지하기 때문에 정수기에 걸어둘 수 있는 것을 이용해 공간 활용을 최대화 하는 데 중점을 뒀다.

사실 나도 크고 좋은 정수기 놓고, 세워 놓는 슬리퍼 정리대를 사고 싶었지만 좁은 집에 더 이상 뭔가 세워 놓을 곳을 어디 있겠는가. 공간 활용이 답이었기 때문에 열심히 발품을 팔았고, 결국 이렇게 나에게 꼭 맞는 굿 아이템을 발견할 수 있었다.

가구 배치부터 소품 하나, 수저 하나까지도 내가 선택한 것들로 채워놓으니 '이게 내 주방인가? 진짜 나만의 공간인가?' 하는 뿌듯한 생각이 들었다.

셀프 인테리어는 상상이 아니라 실천에 의한 결과물이기 때문에 열심히 보고, 듣고, 만지고, 부수고, 붙이다 보면 자기만의 취향대로 꾸밀 수 있다. 물론 지금 집에 따로 더 꾸미고 싶었던 부분들도 많았지만 나중에 이사 갈 때 원상복구 해야 되는 걸 생각하면 이 정도의 주방 느낌으로도 만족한다.

'만약 이 집이 전세가 아니라 진짜 우리 집이었다면 베란다를 확장하고 싱크대를 베란다 끝으로 밀어 넣은 다음 아일랜드 식탁까지 놓았을 텐데……'라는 상상을 하면서 세입자의 서러움이 잠시 폭발했지만 언젠가는 하고 싶은 거 못 하는 제약에 대한 답답함을 마음껏 풀 수 있는 '내 집 마련'의 꿈이 더욱 굳건해지는 계기가 됐다. 어쨌든, 열악한 환경일지라도 천 한 장, 소품 하나, 조명 하나로도 멋진 인테리어를 완성할 수 있다.

주방 인테리어 정보

- **무도색 손잡이 :** 손잡이 닷컴 128mm ₩1,800원
- **스칸 모비선반 A형 단독 :** 소프시스 ₩89,000원
- **나팔레일 4등 :** 비스코 ₩48,800원
- **식기건조대 :** 창신리빙 센스맘 2단식기 건조기 핑크 ₩20,700원
- **가스레인지 :** 동양매직 GRA-C2000V 핑크 ₩265,690
- **정수기 :** 동양매직 슬림핑크 ₩3년정액 월 19,900원
- **슬리퍼걸이 :** 11번가 JG SR001 레드 ₩13,800원
- **조리기구 :** 러브모네타 키친툴세트 7종 ₩28,400원
- **조기기구 걸이 :** 이케아 FINTORP RAIL 57cm + FINTORP 후크 5PCS ₩8,400원 + 6,000원
- **주방 천 :** 천가게 30수평직컷트지 북유럽패턴 화이트 ₩6,400원

주방 가전과 옷장이 공생 중인 작은방

작은방은 실용성을 위주로 인테리어를 했기 때문에 이 집에서 내 손이 가장 덜 간 방이지만 말 그대로 실용성 하나는 끝내 준다. 좁은 집일수록 옷장을 뒀을 때는 자리를 많이 차지하기 때문에 행거를 사용하는 게 활용도가 높다. 결혼하기 전 방 두 개짜리 집에서 살 때에도 국민행거라 불리는 제품을 사용했었는데 아무래도 서랍 등이 없어 수납 공간이 부족했었기에 신혼집 가구로는 불편하겠다는 생각을 하고 있었다.

'옷장과 행거의 중간은 없을까?' 고민하던 차에 시스템옷장이라는 거를 발견했다. 보는 순간 '이거다!' 싶었지만 작은방 사이즈를 고려해 거기에 맞는 제품을 고르는 데도 한참이 걸렸다. 워낙 많은 브랜드에 시스템옷장이 있기 때문에 내가 가장 고려한 것은 저렴하면서도 튼튼하고, 인테리어를 해치지 않는 무난하지만 질리지 않는 컬러, 수납 공간과 거울 도어가 함께 있는 제품이었다. 결제를 마친 후에는 내가 원하는 날짜에 기사님이 오셔서 설치까지 다 해 주시는데 넉넉히 두 시간 정도 걸린다.

벽면 하나에 일렬로 붙여서 설치하는 것도 되지만 우리는 방이 좁은 관계로 ㄱ자 형식으로 설치했다. 그래서 꺾이는 모서리 부분에 거울이 달리게 되었는데 거울을 열면 안에 청소기나 계절 옷을 보관할 수 있는 공간이 있기 때문에 정말 실용적이고 벽면에 고정까지 해 주기 때문에 튼튼함은 말할 것도 없다. 행거처럼 자유롭게 옷을 걸 수 있으며 옷장처럼 틀이 잡혀 있지만 문이 없는 오픈형이라 옷과 잡화 등 여러 가지를 보관하는 것도 아주 좋다.

시스템옷장 덕분에 상의와 하의, 가방, 모자 등 다양한 종류의 옷과 잡화들이 깔끔하게 정리되었다. 패딩이나 정장 같은 경우는 자주 입는 옷이 아니기 때문에 먼지가 쌓이지 않도록 의류 커버를 씌워줬다. 옷을 걸 때도 옷걸이가 너무 두꺼우면 얇은 옷을 걸 때 자리를 차지하기 때문에 옷이 많은 편인 나는 옷걸이 하나도 실용성에 중점을 두어 골랐고 민소매나 레깅스처럼 어디에 뒀는지 쉽게 찾을 수 없는 얇은 종류는 옷걸이 옆에 부직포걸이를 따로 달아서 정리해 주었다. 의류 커버나 속옷 정리함도 워낙 많은 브랜드와 디자인이 있지만 아무래도 다양한 색깔의 옷을 많이 가지고 있는 나는 커버와 정리함은 블랙으로 선택했다.

여자라고 하면 드레스룸에 대한 로망이 있을 것이다. 나 역시도 신혼집으로 이사하게 되면 예쁜 옷장을 두고 화장대와 액세서리를 정리해 예쁘게 걸어 놓는 상상을 했으나, 어쩔 수 없이 작은방으로 들어와야 하는 냉장고 때문에 그런 로망은 일찍 포기했다. 나중에 넓은 집으로 이사를 가게 된다면 늘 상상만 했던 예쁜 드레스룸을 꼭 갖고 싶다.

대청소를 할 때 가끔씩 작은방 청소는 신랑에게 맡긴다. 널브러져 있는 옷을 옷걸이에 걸면 되고 가방이나 모자는 그 자리에 다시 올려놓으면 되기 때문에 남자들도 쉽게 청소를 할 수 있다. 그런데 한 날은 옷걸이에 옷을 걸면서 신랑이 한마디 했다.

"어떻게 이 넓은 옷장에 내 공간은 한 칸 뿐이지?"

다른 집은 모르겠지만 대부분은 여자 옷이 제일 많고 남자 옷은 상대적으로 여자보다 적기 때문에 옷 방이 있어도 아내의 공간과 신랑 공간이 확실히 나뉘는 것 같다. 자기 옷은 조금밖에 없는데 아내의 많은 옷 때문에 청소를 해야만 하는 신랑은 투덜투덜. 옷 한 벌 사줘야겠다.

시스템옷장 코너 부분의 거울 도어를 열면 비밀의 공간이 나와서 계절 옷을 박스에 담아 쌓아 놓고 여분의 이불도 보관할 수 있다. 또는 청소기나 자주 사용하지 않는 것들도 보관해서 창고처럼 사용할 수도 있다. 좁은 집일수록 자리를 많이 차지하는 가구 종류는 이렇게 실용적인 디자인을 활용하면 좋다.

옷 방 반대편 공간에는 주방에 놓을 수 없었던 양문형 냉장고와 전자레인지 선반을 놓았다. 주방에서 요리를 할 때 냉장고에서 바로 재료를 꺼내올 수 없다는 게 불편하기도 하지만 우리 집은 거실에서 주방이 훤히 보이는 구조이기 때문에 오히려 좁은 주방에 커다란 냉장고가 없으니 답답한 느낌이 덜하다는 장점이 있기도 하다. 처음에는 옷 방에 냉장고를 넣으면 음식 냄새가 베일까봐 걱정이었는데 일 년 가까이 지내본 결과 다행히 그런 일은 없다.

냉장고를 고를 때에도 엄청나게 고민이 많았다. 자취하면서 쓰던 냉장고는 오래되고 소음 심해서 고물상에 넘겨 버리고 용량, 에너지 등급, 그리고 제일 중요한 사이즈를 고려해 구매했다. 작은방 문을 통과하는지 제일 많이 고려해서, 마음에 꼭 드는 건 아니어도 90% 정도는 만족하는 제품을 골랐다. 가구도 마찬가지지만 가전을 고를 때에도 집에 들어올 수 있는 크기인지 사이즈를 충분히 체크해야 한다.

다행인지 우연인지 모르겠지만 옷 방에는 냉장고와 전자레인지 선반을 두고도 두 사람 정도는 잘 수 있을 정도의 공간이 확보됐다. 셀프 인테리어라고 할 것도 없이 옷 방 겸 주방 가구로 채워진 방이라 따로 신경을 쓴 부분도 많이 없지만 우리 집 작은방은 의·식·주 3종 모두를 해결할 수 있고 손님이 올 경우 커플룸으로 내

어줄 수도 있는 실용적인 만능 방이 되었다.

작은방을 보면서 참 많은 생각을 했다.

원룸 오피스텔, 그리고 방 두 개에 주방만 있는 집에서 자취하다가, 거실도 있는 신혼집으로 와서 방이 아닌 거실이라는 또 다른 공간이 있음에 환호했지만 옷 방에 냉장고를 넣는다는 게 자꾸 거슬리고 신경 쓰였다. 그래도 이 집에서 최대한 공간 활용을 하기 위해서는 지금 배치한 구조가 가장 효율적이라고 생각한다.

다음에 이사를 가게 된다면 음식을 하다가 채소가 필요해 젖은 손을 들고 작은방 문을 열어 냉장고까지 가는 일이 없도록, 냉장고를 둘 수 있는 넓은 주방이 있는 집으로 꼭 가야겠다고 다짐했다.

작은방 인테리어 정보

- **드레스룸** : 데코라인 시크드레스룸 2600세트 거울 도어포함S ⓦ387,540원
- **레인지대** : ing가구 에이미1200레인지대 ⓦ76,000원
- **냉장고** : LG 디오스 양문형냉장고(760L) R-S769MHWE 도어아이스 ⓦ959,000원
- **청소기** : LG싸이킹 진공청소기 ⓦ112,200원
- **전자오븐** : 삼성 지펠주니어오븐 HQ-Z280MW ⓦ264,000원
- **청소기** : 아너스 듀얼회전 물걸레 청소기 ⓦ167,000원
- **옷걸이** : 네이처리빙 논슬립 옷걸이
- **의류커버** : 나무에센스 윈도우행거커버
- **속옷정리함+부직포걸이** : 키친아트 속옷정리함

경악에서 환호로 바뀐 욕실

신혼집을 보러 왔을 때, 보자마자 경악했던 욕실. 오래된 집인 건 알고 있었지만 불을 끄고 들어가 있으면 3초도 되지 않아 뛰쳐나오고 싶었던 그 느낌은 지금도 잊히지 않는다.

특히나 옥색 세면대와 변기가 너무 싫었고, 건물이 지어진 30년 동안 타일 교체나 수리가 전혀 되지 않았던 곳이기에 젊은 사람들이 신혼집 욕실로 쓰기에는 너무 두려운 공간이었다.

집주인은 욕실 수리를 하면 누수나 여러 문제가 발생할 수 있어서 손을 댈 수가 없다고 하시기에 "제가 직접 리모델링을 해도 되나요?"라고 여쭈었더니 할 수 있는 한에서 한번 해 보라고 하셨다.

그렇게 탄생한 공간! 아마도 내 시간과 열정, 그리고 손때가 가장 많이 들어갔고, 지금까지 셀프 인테리어를 하면서 가장 힘들고 포기하고 싶었던 공간이 바로 이곳이다. 업자에게 맡길 수도 있었겠지만 나는 전세 계약자이고, 2년 후에 여기서 더 살게 될 지 나가게 될 지는 아무로 모르는 일이기에 업체 의뢰비용까지 들이고 싶지는 않았다. 투자 대비 최고의 효과를 누릴 수도 있다는 욕실 셀프 인테리어를 하기 위해 나는 시간과 열정, 힘, 기다림과 지루함까지 모든 걸 걸었고 결국 허리 디스크를 덤으로 얻은 공간이기도 하다.

처음에 신랑은 집주인도 포기한 욕실을 누구 좋으라고 손을 대냐며 그냥 살자고 했지만 셀프 인테리어를 하는 분들이라면 공감할 거다. 한 번 마음이 들지 않으면 계속 신경이 쓰이고 그곳을 볼 때마다 한숨이 나오고 짜증이 난다는 걸.

그래, 한번 해 보자. 집주인도 할 수 있으면 해 보라고 했으니 내 생애 첫 욕실 셀프 리모델링이다!

1.욕실 벽타일 프라이머와 페인트칠하기

호기롭게 시작했지만 사실 어디서부터 손을 대야할지 몰라서 머리를 싸매고 드러누울 뻔했다. 공구도 없는 비전문가가 타일을 부수고 작업하는 것은 무리라는 생각이 들었기에 공사 현장에 계시는 신랑 지인께 자문을 구했더니 욕실 타일 같은 경우는 최대 2회까지는 덧방이 가능하다는 중요한 정보를 주셨다.

즉시 마음에 드는 타일을 고르고 덧방 작업을 할 수 있는 접착 시멘트와 줄눈제, 그 외 부자재들을 샀다. 벽타일은 너무 오래되어 노랗게 익어버렸는데 벽에 타일을 덧방하면 좁은 욕실이 더 좁아질 것만 같아 페인트칠을 하기로 했다. 인터넷을 통해 알아보니 욕실 전용 페인트가 꽤 많이 있었다.

❶ 욕실 벽면에 곰팡이나 이물질 등을 제거하고 마른 걸레로 물기를 잘 닦아 준다.

❷ 욕실/베란다용 초강력 프라이머를 1회 칠해 준다.

　프라이머는 페인트칠을 수월하게 할 수 있도록 밑바탕을 깔아주는 건데 이때, 붓을 이용해 줄눈 라인 가로와 세로를 먼저 칠해 준 후 넓은 붓이나 롤러로 타일 표면을 발라주면 작업하기 쉽다.

　프라이머를 1회 바른 후 1시간 자연 건조 하고, 다시 한 번 더 칠한 후 3~4시간 정도 지나면 페인트칠을 할 수 있다.

　프라이머는 금방금방 마르기 때문에 최대한 빨리 작업하고, 붓자국이 남지 않도록 방향은 한쪽으로 하면서 고르게 잘 발라 준다.

❸ 넓은 붓이나 롤러를 이용해 타일용 페인트를 발라 준다. 프라이머로 밑색이 잘 감춰졌다면 페인트는 1회만 칠해도 충분하지만 그렇지 않은 경우와 좀 더 선명한 색을 원할 때에는 한 번 더 칠해 주는 것도 좋다.

❹ 페인트는 하루 정도 자연 건조 시켜주는 게 좋다. 다 마르기 전까지는 욕실 물 사용을 자제한다. 우리는 흰색으로 칠했기 때문에 벽타일 줄눈 작업은 따로 하지 않았다.

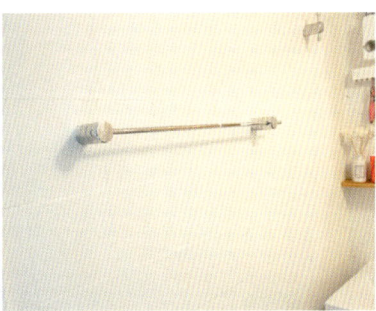

2. 욕실 바닥 타일 덧방 하기

욕실 바닥은 최대 2회까지는 덧방 작업이 가능하다. 이걸 모르고 처음에는 기존 타일을 망치로 부수고 제거한 다음에 새 타일 작업을 하려고 했으나 그럴 경우 누수문제부터 시작해서 작업이 커진다는 사실을 알게 됐다. 어차피 우리는 전문가가 아니기 때문에 쉬운 길로 가기로 했다.

사실 요즘에는 건식 욕실이라고 해서 나무 제품을 바닥에 까는 집도 많지만 우리는 커튼을 치고 샤워를 해도 이리저리 물이 많이 튀기 때문에 건식은 무리였다.

오목을 두고 싶을 정도로 작고 촘촘했던 기존 욕실 타일.

타일 작업 전에 이미 변기를 새로 갈아버렸다. 렌탈이기 때문에 설치 후 마무리까지 알아서 다 해 주셨는데 타일 작업해야 하는 걸 생각하니 이미 깔끔한 자태로 앉아 있는 변기를 보고 난감한 마음이 들기도 했다.

처음에는 블랙 그레이 계열의 타일을 고르려고 했는데 갑자기 빈티지 블루 컬러를 보고 첫눈에 반해서 결국 저 타일을 선택했다. 타일은 욕실 사이즈를 재고 타일 사이즈대로 계산해서 구입하면 된다. 줄눈 간격이라는 게 있기 때문에 실제 가로 한 줄, 세로 한 줄 정도의 타일을 직접 두고 줄눈 간격을 재본 후에 작업을 하는 게 편하다. 타일을 파는 쇼핑몰에 들어가 보면 욕실 평수나 타일 사이즈에 맞게 계산할 수도 있으니 어렵지는 않다.

하수구 있는 곳 너머까지 타일 작업을 하다가 '샤워 커튼을 쳤을 때의 공간은 다른 컬러의 타일로 하면 어떨까?' 하는 생각이 들었다. 그래서 샤워 공간에는 블루 타일 구매할 때 어디 쓸 데가 있을까 싶어 추가로 주문했던 화이트 타일을 작업했다.

사실 이런 생각을 하게 된 이유는 블루 타일을 주문할 때 사이즈를 잘못 기재했는지 타일이 약간 모자란 영향이 더 크기는 했다. 그런데 두 가지 색으로 작업하니 공간이 분리되는 효과도 있는 것 같고 흰색은 그 나름의 매력이 있어서 예뻤다.

그렇게 바닥 타일 작업을 끝냈고 타일용 접착제가 다 마를 때까지 하루 정도는 자연 건조를 시켜줬다.

퇴근 후 저녁 8시부터 시작한 타일 작업은 새벽 3시가 되어서야 끝이 났다. 좁은 욕실에 혼자 앉아서 붙여야 했기 때문에 신랑은 딱히 도와줄 수 있는 상황이 아니었지만 작업 하는 내내 "신기하다, 진짜 깔끔해진다, 예쁘다."라며 칭찬을 해줘서 힘은 들었어도 뿌듯했다.

❶ 타일 접착용 시멘트 한 포(1.5kg)에 380cc 정도의 물을 부어 걸쭉해질 때까지 충분히 섞어 준다. 물이 너무 많으면 타일이 잘 붙어 있지 않고 건조까지 오랜 시간이 걸린다.

❷ 접착용 시멘트를 바르고 헤라로 평평하게 정리해 준 다음 타일을 붙인다.

타일 줄눈 간격을 주는 플라스틱도 저렴하게 팔고 있지만 이쑤시개를 이용해도 된다.

❸ 하수구 부분이나 변기 테두리 부분은 사이즈에 맞게 타일 컷팅기를 이용해 타일을 잘라 붙이면 좋지만 공구가 없을 때에는 타일을 조각조각 부수어 채워 넣듯이 해도 되고 시멘트로 채워도 된다.

❹ 타일 덧방을 할 때에는 하수구가 있는 쪽으로 물이 흘러내려갈 수 있도록 기울기를 잘 조절해야 한다. 그렇지 않으면 물이 빠지지 않고 고여 있는 상태가 될 수도 있다.

❺ 다음날 잘 마른 것을 확인한 후에 줄눈 작업을 한다.

접착용 타일에 붙어 있는 마른 가루들은 걸레로 깨끗하게 청소해 주고 홈멘트 한 포에 물 500~600cc를 넣어 잘 섞어 준다.

대형 마트나 온라인에서도 줄눈제를 많이 팔지만 타일을 새로 붙이는 작업을 했기 때문에 좀 더 튼튼하게 하고 싶어서 홈멘트를 사용해 직접 반죽을 했다.

고무장갑을 끼고 타일과 타일 사이에 반죽을 잘 밀어 넣어 준 후 한 시간 정도 후에 젖은 걸레를 이용해 타일 표면을 깨끗이 닦아 줘야 한다. 물과 희석한 줄눈제는 한 시간 이내에 사용해야 하는데 그렇지 않으면 굳기 시작해 쓸 수 없게 된다.

욕실 벽면 페인팅과 바닥 타일 작업까지 끝냈을 때에는 이사 날짜가 코앞으로 다
가와서 퇴근 후 혼자 와 후다닥 작업하고 집에 가느라 바빴기에 과정 사진이 많이
없는 게 아쉽다. 내 손이 가장 많이 갔고, 몸살과 허리디스크를 얻고, 다리가 저린
시기가 지나면 마비가 되어 다리가 없는 느낌이 든다는 걸 처음 알게 해 준 욕실
리모델링 작업이었다. 하지만 여기서 끝이 아니다. 리모델링과 인테리어는 또 다
른 개념이니까. 자, 이제 욕실 인테리어 완결판 고고!

손님이 놀러 와도 여기가 어딘지 한눈에 알아볼 수 있도록 욕실에서 〈BATH ROOM〉 도어 사인을 붙여 준다. 모든 방문에 다 붙였는데 은근히 인테리어용으로 좋은 아이템이다.

변기는 원래 있던 옥색 변기를 업체에서 가지고 가서 보관해 주고 약정 3년이 지나면 내 것이 되는 일체형 비데를 렌탈했다. 쓸 때마다 늘 만족한다. 세면대도 인터넷에서 따로 구매해 기존에 있던 건 버리고 새로 달아 주었다. 기존 세면대 구멍에 맞춰 설치만 하면 되니 어렵진 않지만 세면대 크기나 모양에 따라 맞지 않을 수도 있으니 꼭 사이즈를 확인한 후에 교체해야 한다. 확실히 변기와 세면대가 화이트 컬러로 바뀌니 욕실이 한결 밝아졌다.

오른쪽 구석에는 아주 오래된 상부장이 달려 있었는데 그걸 제거한 후 삼나무 DIY 제품을 구매해 조립한 후 바니시만 발라 달아 주었다. 요즘은 초보자도 쉽게 만들 수 있는 반제품들도 많으니 그런 것을 잘 활용하면 된다. 대신 욕실에 나무 제품을 두면 습기 때문에 금방 상하기 쉬우니 꼭 바니시 작업을 해서 코팅을 해 주어야 한다. 또한 타일을 뚫을 때 일반 전동 드릴을 이용할 경우 타일이 부서질 수 있기 때문에 꼭 타일용 전동 드릴을 이용해 구멍을 뚫어야 한다.

나는 이 상부장을 주문하고 양쪽 문 중앙에 네모난 구멍을 낸 후 철망을 덧대어 안이 들여다보일 수 있도록 리폼 하려고 했는데 혹시나 욕실 습기로 인해 수건이 눅눅해질까 싶어 그냥 그대로 조립해 바니시 작업만 했다. 그리고는 물이 닿으면 안 되는 욕실 제품들과 습하면 눅눅해지고 냄새 나는 수건을 그곳에 보관한다.

예전에 네일 선반을 만들고 남았던 우드 패널이 있었는데 길이가 1,200mm였다. 그걸 반으로 잘라 바니시를 칠해 말려준 후 글

루건과 실리콘을 이용해 거울 밑에 붙여 주었다. 거울 테두리까지 나무를 덧대면 조금 답답해질 것 같아 선반 하나만 달아 주고 그 위에는 자주 사용하는 욕실 용품들과 욕실 냄새 귀신 같이 잡아 주는 디퓨저도 하나 올려 주었다. 글루건만으로도 타일에 잘 붙어 있지만 습기가 많은 공간이기 때문에 실리콘을 양쪽 끝 부분에 살짝 쏴 주었더니 지금도 튼튼하게 붙어 있다.

샤워 커튼을 걷으면 자그마한 욕조가 나온다. 키 172cm인 내가 들어가면 다리를 쭉 뻗기는 조금 부족해도 몸을 푹 담그고 반신욕도 할 수 있다. 사용하지 않을 때는 세로로 세워 벽에 붙여 놓으면 공간 활용도 된다.

창문에는 집에 있던 천을 사이즈에 맞게 잘라 글루건을 이용해 창문 테두리에 붙여 주었다. 주방 인테리어 할 때 문에 사용한 북유럽 천과 같은 디자인인데 색깔만 다르다.

욕실 인테리어를 하는 중간중간 '내가 이걸 왜 시작 했을까? 사람들이 괜히 돈 주고 업체에 맡기는 게 아니구나……'라는 생각에 시간을 돌리고 싶었던 적이 한두 번이 아니다. 쭈그려 앉아서 시간과의 싸움을 하면서 신랑에게 이유 없이 짜증을 내기도 했지만 어쨌든 내가 좋아서 하는 게 셀프 인테리어고, 그 힘든 과정을 겪고 난 후에는 그 어떤 것보다 큰 결과와 뿌듯함이 기다리고 있다는 걸 알기 때문에 이를 악물고 완성했다.

욕실 셀프 리모델링과 인테리어가
다 끝난 후 신혼집 근처에서 그간
의 스트레스를 한방에 날려 주는
매콤한 주꾸미 삼겹살 볶음에 소
주를 한 잔 하면서 "난 진짜 짱이
야, 이젠 뭐든 할 수 있을 것 같아!"
라며 자만도 좀 떨어 봤다.
큰돈이 들어가도 높은 퀄리티를
보장 받으며 수고를 덜고 싶다면 전문가나 업체의 힘으로 리모델링을 하는 게 답
이고, 몸살이 나더라도 저렴한 가격으로 내 손으로 직접 자기가 살 집을 꾸며 보
고 싶다면 셀프 리모델링이 답이다.

욕실 인테리어 정보

- 페인트 : 벤자민무어 스틱스 초강력프라이머 문고리 닷컴 1L ₩28,000원
- 욕실,베란다 리폼세트 : 벤자민무어 아우라바스앤스파532(무광) ₩70,500원
- 타일준눈제(메지) : 문고리닷컴 홈멘트 2kg ₩2,000원
- 도어 사인 : 11번가 퍼플샵 샌드위치 6개 세트 ₩9,600원
- 이동식웰빙반신욕조 11번가 ₩53,900원
- 창문 천 : 천가게 : 30수평직컷지 북유럽패턴 ₩6,400원
- 욕실 발판 : 롯데마트 ₩9,500원
- 욕실 상부장 : 바우엔홈 Mono_shelf05 ₩63,000원
- 샤워 커튼 : 이케아 TVINGEN ₩15,500원
- 세면대 : 11번가 현우세라믹스 HS보보-21모델 ₩155,000원
- 변기 : 대림바스 SMARTLET 일체형비데 ₩3년 약정 월 29,900원

자취방 셀프 인테리어

2010년 처음 독립해서 말도 안 되는 가격에 나온 원룸 오피스텔에서 말도 안 되는 관리비를 내며 살다가 2011년 투룸 빌라로 이사했을 때, 집주인께서 셀프 인테리어를 허락해 주셔서 정말 마음껏 꾸미고 살았었다. 몇 년이 지났는데도 2014년에 갑자기 네이버 메인에도 뜰 만큼 많은 관심을 받았지만, 셀프 인테리어는 말 그대로 개인 취향이 가장 잘 묻어나는 것이기 때문에 아기자기해서 좋다고 하는 사람들도 많았지만 피규어 때문에 너무 산만해서 싫다고 하는 사람들도 많았다.

3년 전이라 작업할 때의 사진을 찾을 수는 없지만 이사하기 전에 페인트칠을 할 때 찍어 놓은 사진이다. 독립하고 처음으로 마음껏 집을 꾸미게 된 곳이었기에 퇴근 후면 밤마다 작업하고 주말에는 친구들 소환해서 꽃무늬 벽지 다 뜯게 하고, 몰딩이며 방문, 문지방 하나하나 내 손으로 구석구석 만져서 손보고, 접착식 장판까지 한 장 한 장 잘라가면서 내 손 닿지 않은 곳이 없는 자취방이었다.

시트지 작업으로 완성한 자취방(2011)

오래된 하얀 벽지가 싫어서 클라우드블루라는 컬러를 선택했다. 일반 블루 컬러보다 한 톤 다운된 색이어서 부담스럽지 않고 은은한 파스텔 컬러의 느낌이다. 가구 배치를 할 때에는 원색 벽보다는 패널로 반 정도를 나누는 게 예쁠 것 같아서 국민 시트지라 불리우는 패널 시트지를 사다 붙여 주었다.

시트지를 붙일 때는 붙이는 곳에서 끝나는 지점까지 한 번의 실수로 높낮이가 다르게 붙여질 경우 멀리서 봤을 때 삐뚤한 게 확 보이기 때문에 시트지를 붙이기 전에는 바닥부터 붙이는 부분까지의 사이즈를 재서 살짝 표시를 해 두거나 벽의 반 이상을 시트지로 붙일 경우에는 천장에서 내려오는 곳까지의 사이즈를 재서 표시를 해 두고 작업하면 훨씬 수월하게 붙일 수 있다.

그리고 뒷면 접착용지를 모두 제거한 후에 작업하면 시트지 접착면끼리 서로 붙어서 아예 쓰지 못하는 경우가 생기므로 접착용지를 조금씩 제거하면서 작업하는 게 좋다.

사진에 보이는 화이트계열 장판은 길쭉한 것과 반 자른 것을 교차해서 붙이는 형식인데 강아지 키우는 집에는 절대 추천하지 않는다. 혼자 하기 쉽고 해 놓으면 예쁘긴 하지만 강아지가 실수로 오줌이라도 싸는 날이면 장판 사이로 흘러들어가서 닦기가 힘들다. 꼭 접착식장판을 하고 싶다면 사이사이 공간에 줄눈 작업 등을 해 주는 게 좋을 것이다.

컬러 포인트로 변화를 준 자취방(2012)

특정 컬러로 포인트를 주면 예쁘긴 한데 시간이 지나면 조금 질리는 면이 있긴 하다. 그래서 2011년에 붙였던 패널을 다 떼어 버리고 벽면은 넓어 보이고 깔끔하면서도 컬러 포인트를 제대로 줄 수 있는 화이트 페인트로 정리했다.

이때부터 갑자기 핑크에서 레드로 좋아하는 색이 바뀌면서 침구와 블라인드도 레드 컬러가 되었다. 2011년에는 재봉틀 책상이었던 철제 책상도 2012년에는 새로 리폼을 해 주었다. 개인적으로는 원목+레드+화이트의 조화를 최고로 치는 편이다. 벽 페인트 컬러나 커튼, 소품 하나에도 똑같은 방이 다른 느낌으로 변할 수 있다는 게 참 재미있고 신기한 작업이다. 요즘은 전셋집에 못질 하나 하는 것도 집주인의 동의 없이는 할 수 없는 세상이 되어 버렸지만 잘 둘러보면 여러 가지 소품으로 분위기를 바꿀 수 있는 것들이 분명히 있다.

결혼하기 전, 이 집에서 살면서 참 많은 일들이 있었다. 강아지 참치도 이 집에 들어가자마자 함께 살게 되었고, 많은 친구들이 먹거리를 사들고 와 여기를 아지트 삼아 밤새 웃고 떠들며 즐거운 시간을 보냈다.

이사하면서 차 안에서 많이 울었다. 정이 많이 들기도 했고 내 손으로 하나하나 꾸민 집에 다른 사람이 들어가 편히 살 거를 생각하니 배도 조금 아팠나 보다.

나에게 많은 가능성을 펼칠 수 있도록 해 주었고 소중한 기억을 남겨준 이곳을 잊지 못할 것 같다.

자취방 인테리어 정보

- **벽페인트** : 조광페인트 스노우화이트1L ₩14,000원
- **TV 선반장** : 에보니아 라탄서럽장 체스트62 ₩139,000원
- **침대** : 펠리스몰 단면매트리스 도트 더블사이즈(1350x2000) ₩142,000원
- **침구** : 누비지오 로즈레드 체크
- **선반** : 11번가 이케아 사다리 선반 화이트 ₩34,000원
- **패널시트지** : 11번가 시트몰이 패널시트지 화이트
- **접착식 데코타일** : SM4098-6 100cm X 100cm ₩4,400원

지금 우리는……

　　　　　　　　　　광진구 집에서 압구정으로 출근하고, 퇴근 후 남양주 덕소에 와서 작업하고 새벽에는 다시 광진구 집으로 돌아가 잠을 자고 또 출근, 또 퇴근 후 덕소. 한 달 가량을 그렇게 살면서 신혼집이 다듬어졌고, 가전과 가구가 하나씩 들어오기 시작하면서 진짜 신혼집이 완성되었다. 셀프 인테리어뿐 아니라 그 모든 것들이 과정은 너무나 힘들고 고통스럽지만 그것을 견뎠을 때의 결과는 만족스럽고 뿌듯하며 감동 그 자체인 것 같다.

강아지 참치도 뛰어놀 공간도 없던 방 두 개 자취방에서 거실이 있는 집으로 오니 처음에는 어리둥절했는지 소파에만 앉아 있다가 여기저기 뛰어다니면서 킁킁 냄새도 맡고 적응해 가기 시작했다. 그렇게 우리 셋은 신혼집에 먼저 들어와 살다가 2013년 12월 15일에 결혼식을 올렸다. 아홉수는 피하고 싶다며 28살 연말에 하게 되었는데 하필이면 결혼식 날 눈도 엄청 많이 오고 날씨도 굉장히 추웠다. 결혼식을 무사히 잘 마치고 신혼여행까지 다녀오고 나니 바로 크리스마스가 코앞이었다. 평소 자주 모여 놀던 친구들과 함께 신혼집에 모여 집들이 겸 크리스마스 파티도 했다.

거실이 그리 넓은 편이 아닌데 마법의 테이블이 한몫 해 주었다. 옆으로 쭉 당기면 숨어 있는 테이블이 하나 더 나오기 때문에 성인남녀 여덟 명이 둘러앉아 먹고 즐기기 충분하다. 맛있는 음식을 한가득 채우고 크리스마스 분위기 나라고 트리도 장식하고 감성 터지는 리본 달린 와인도 한 병 구입해 봤다.

젊은 사람들은 아기자기하고 예쁘다고 칭찬해 줬지만 신혼집에 놀러온 친정엄마는 유치원 애들 견학 가는 장난감 박물관 같다며 산만한 네 성격이 그대로 드러난다고 했다. 마지막에는 대단하다고 칭찬해 주셨지만.

아, 그리고 프러포즈도 신혼집에서 받았다! 결혼 전에 프러포즈가 따로 없어서 약간 서운한 마음이 들면서 '내가 매력 없는 여자인가⋯⋯' 싶은 마음에 혼란스럽기까지 했지만 결혼 후에 받는 프러포즈도 엄청난 감동이 있다는 걸 알게 되었다. "결혼해 줘!"라는 청혼의 프러포즈도 있지만, 퇴근하고 돌아온 나에게 사랑하는 신랑이 "결혼해 주어서 고맙고 앞으로 우리 진짜 행복하게 잘 살자!"며 해 주었던 생각지도 못했던 이벤트. 초에 하나하나 불을 붙이면서 나만을 생각했을 신랑의 노력에 더 큰 감동을 느꼈던 것 같다.

우리는 늘 재미있게 살려고 노력한다. 불만이 점점 많아지고 남을 부러워하는 마음이 하나씩 늘어갈수록 내 행복이 더 깎이는 기분이 들기 때문이다. 결혼이라는 것은, 불행할 수도 있었던 내 삶에 한 줄기 빛처럼 따뜻함을 안겨 주었고 새로운 가족을 만들어 주었다. 그래서 나는 신랑이 아침 햇살에 눈부시지 않도록 블라인드를 달고, 신랑이 목욕할 때 누리끼리한 욕실 타일을 보면서 찝찝해 하지 않도록 페인트칠을 하고, 사랑하는 보물 1호인 내 피규어들이 강아지 참치 입에서 하직하지 않도록 선반을 달고, 내가 찾는 사이즈와 컬러의 선반이 없을 때에는 직접 만들기 시작했다.

본가에 살 때는 밖에만 나갔다 오면 부서진 선반장이며 썩어가는 가구들을 주워오는 통에 엄마한테 잔소리를 들은 적도 많았다. 하지만 페인트칠을 하고 천을 덧대면서 처음 주워왔을 때의 모습은 온데간데없이 새롭게 변하는 걸 보면서 신기해 하셨던 엄마와 식구들.

신혼집을 내 손으로 하나하나 꾸미면서 힘도 들었고, "그냥 생긴 대로 살자, 우리 집도 아니고 계약 기간 끝나면 이사 가야 하는데 누구 좋으라고 몸살 나면서까지 작업을 하냐."고 잔소리도 했지만 막상 셀프 인테리어를 다 완성하고 나면 누구보다 감격하며 뿌듯해 했던 게 신랑이었다.

일 벌리기 좋아하는 아내가 귀찮고 짜증날 법도 한데, 이젠 무게감 있는 재료나 공구를 다루거나 어려운 작업들은 본인이 먼저 도와주기도 한다.

다른 사람들처럼 깔끔한 신축 빌라나 아파트에서 신혼을 시작하고 싶다는 생각도 많이 했었다. 하지만 전세대란 속에서도 따뜻한 온수가 나오는 우리 집이 있다는 것만으로도 충분히 행복하다. 평생 이 집에서 살지는 않겠지만 앞으로도 나는 남들이 보기에 예쁜 집, 누구나 다 하는 평범한 인테리어 보다 내 취향에 맞고, "누가 봐도 미쓰심 솜씨다!"라고 할 수 있는 셀프 인테리어와 DIY를 계속 할 생각이다.

1. 책상 리폼 하기

책상 사이즈 : 1200x600

독립해서 살기 전부터 사용했던 아주 오래된 철제 책상. 2011년, 자취하는 집까지 가지고 와서 사용했지만 철제책상의 가장 치명적인 단점이 겨울에는 살이 닿을 때마다 차가움에 짜증이 난다는 것.
그래서 시트지를 상판에 붙여서 사용해 봤지만 여기저기 찍히면서 흠이 나기 시작해서 리폼을 해줬다.

책상 상판 사이즈를 잰 후 목재와 재료를 주문했다.
책상 가로 길이가 1200이었기 때문에 1.5m원목을 절단 요청 해서 총 6개를 주문했다.

❶ 사포질 후 부드러워진 상판에 수성스테인을 1회 칠해 준다. 원목 같은 경우는 붓으로 하면 뭉칠수 있기 때문에 스폰지에 찍듯이 칠해 준다. 1회 칠하면 사진과 같이 연한 컬러가 나오고 마른후 한 번 더 칠해 주면 좀 더 진한 컬러가 된다.

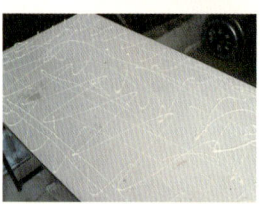

❷ 수성스테인을 칠한 원목 상판이 다 마르고 난 후 타이트 본드를 사용해 원목끼리 붙여 주고 상판 위에 본드를 적당히 짜준 후 상판을 올려 준다. 접착이 잘 되게 하려면 하루 정도는 자연 건조 시켜 주되 무게감이 느껴져야 잘 붙기 때문에 위에 무거운 물건을 올려 두거나 책상을 뒤집어서 말려 준다.

❸ 마지막으로 철제 책상 특유의 차가워 보이는 다리에도 화이트 컬러 스테인을 칠해 준다. 일반 페인트가 아니라 스테인이기 때문에 3~4회 정도 말렸다 다시 색 입히는 작업을 해야 하는데, 철제용 페인트를 사용하는 것이 좋다.

원목 책상을 따로 구입하는 게 마음 편하겠지만, 원하는 디자인, 원하는 칼라, 원하는 사이즈를 찾아 발품 파는 것보다 저렴한 재료를 구입해 직접 원하는 책상을 만드는 것도 좋은 것 같다.

지금은 신혼집으로 이사하면서 함께 데려오진 못했지만 리폼 후 많은 분들께 어디서 샀냐는 질문을 많이 받았던 책상이기도 하다.

2. 가랜드 만들기

웨딩촬영이나 돌잔치에서도 인테리어소품으로 많이 사용되는 가랜드!
집에서 쉽게 만들어 장식할 수 있다.

• 준비물 : 원하는 컬러의 천조각, 폼보드, 줄 또는 레이
스, 가위, 본드.
천이 없을 경우 색종이나 컬러 종이를 사용하거나, 폼
보드 자체에 아크릴 물감으로 색칠해 줘도 된다.

❶ 폼보드를 삼각형으로 잘 잘라 준다.

❷ 깃발 바란스 만들 천을 준비한다. 삼각에 맞는 크기로 자투리 천을 이
용하면 된다.

❸ 풀로 잘 붙여 테두리도 깔끔하게 마무리 한다.

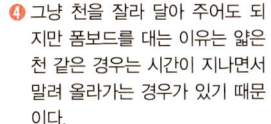

❹ 그냥 천을 잘라 달아 주어도 되지만 폼보드를 대는 이유는 얇은 천 같은 경우는 시간이 지나면서 말려 올라가는 경우가 있기 때문이다.

❺ 이렇게 색깔별로 만들어 준 후 감성적인 노끈이나 토숀레이스에 달아 주면 된다.

❻ 귀여움을 한층 더 돋보이게 해 주는 토숀레이스에 본드를 사용해 붙여 준다.

밋밋할 수 있는 벽에 포인트가 되기도 하고 귀여운 아이방에 달아 주면 좋아할 만한 장난감도 되고, 여러 모양, 여러 색깔로 마음껏 만들어 포인트를 줄 수 있는 가장 저렴한 인테리어 소품인 것 같다.

3. 폼보드 수납장 만들기

책상은 좁은데 더 이상 올려 놓을 곳은 없고, 빈 공간에 놓을 수납장을 찾아도 맞는 사이즈가 없을 때! 망치와 못이 없어도 원하는 사이즈의 수납장을 만들어 놓을 수 있다. 폼보드는 튼튼함을 위해 10T로 선택했다.

❶ 원하는 사이즈를 적어 도안을 만든다.

❷ 1cm라도 어긋나면 안 맞기 때문에 잘 계산해서 신중히 잘라 준다.

❸ 폼보드용 본드와 시침핀을 준비한다.

❹ 붙임 면에 폼보드용 본드를 바르고 12~20초 정도 말린 후 붙인다. 바로 붙이면 미끌거려 자국이 남으니 주의한다.

❺ 본드를 발라 준 후에는 좀 더 튼튼하게 고정하기 위해서 시침핀을 박아 준다.

❻ 먼저 이렇게 틀을 잡는다.

❼ 중앙에 들어갈 받침은 (틀-보드 굵기) 계산을 해
서 약간 작게 만들어야 안쪽에 고정할 수 있다.

❽ 이렇게 중앙 받침까지 만들어 준다.

❾ 칸을 나눌 것도 크기 대로 재단한다.

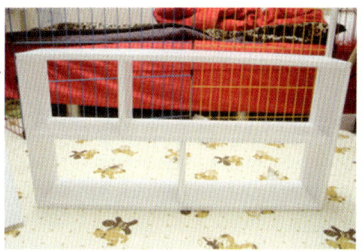

❿ 자신이 원하는 대로 칸을 나눌 수 있으니 원하
는 위치에 잘 붙여 준다.

폼보드,폼보드 접착제 등 재료는 문구점에서 쉽게 구할 수 있다. 이렇게 애매한 사이즈의
공간에 폼보드 수납장이 쏙 들어 간다. 귀여운 느낌을 주기 위해 접착식 레이스 테이프도
붙여 준다. 책상 위에서 굴러다니던 문구용품들도 정리가 되고, 서랍 속에 넣고 쓰면 잊어
버리기 쉬운 작은 아이템들 까지도 정리가 한 번에 해결되었다.
무게감이 심하게 나가는 물건이 아닌 이상은 튼튼하게 사용할 수 있다.

4. 네일 선반 만들기

여자라면 누구나 하나쯤 가지고 있는 게 매니큐어가 아닌가 싶다.

나도 셀프 네일아트에 빠져 여러 네일 용품 들을 샀었는데, 한 번은 버건디 컬러의 네일을 찾다가 앞에 있던 다른 네일 들을 와르르르 쏟아서 엄지발가락에 피를 본 적이 있다.

그래서 만들게 된 네일 선반!

자신이 가지고 있는 네일 컬러의 크기, 개수가 모두 다르기 때문에 대략적인 사이즈를 먼저 재야 한다.

❶ 재단한 목재의 틀을 만들어 사이즈가 맞는지 먼저 테스트해 본다.

❷ 목공용 적착제를 붙여줄 목재 표면에 발라 주고 10초 정도 건조시킨 후에 붙여 준다.
  (TIP : 목공용 접착제는 본드처럼 빠르게 굳지 않기 때문에 붙여준 후에도 틀이 무너지지 않게 고정
  시킨 상태에서 붙여 준다.)

❸ 틀을 모두 잡아 접착이 완료된 선반은 칸칸이가 세로로 되게 눕혀 무거운 책을 올려 놓고 말려 준
  다.

❹ 조금 더 튼튼하게 하기 위해서는 목재용 타카를 이용해도 되지만 없을 경우에는 다이소에서 판매하
  는 목재용 못 중 가장 작은 사이즈로 선반 칸칸이 마다 하나씩 망치질해 준다.

❺ 원하는 곳에 달아 준다. 위에 고리를 따로 달아도 되지만 벽면에 못질 했던 구멍이 두 개 있어서 따로 고리를 달지 않고 튀어나온 못 위에 걸치듯이 걸어 주었다. 앞으로 쏠릴 일이 없기 때문에 따로 고리를 하지 않아도 불안하지 않다.

원하는 컬러를 찾으려 뒤적이지 않아도 되고, 매니큐어가 한눈에 보여서 아주 편하다.
아래쪽은 네일 재료들을 놓기 위해서 높이를 좀 더 높게 만들어 아세톤이나 부자재 들을 놓을 수 있게 만들었다.

우리 부부 이야기

스무 살 풋풋한 우정으로 시작된 우리 관계는 20대 끝자락이 되어 웨딩마치를 울리며 결실을 맺었다. 학과는 달랐지만 동아리 활동을 하며 자연스럽게 친밀해진 우리는 성향도, 성격도, 좋아하는 것도 비슷해서 쿵짝이 잘 맞는 친구였다.

친구에서 연인이 된 우리가 꿈꾸는 '결혼'과 '가정'이라는 미래는 늘 같은 그림이었기에 연인이 된 순간부터 결혼을 생각했고 졸업 후 남자친구가 장교 복무를 위해 강원도로 떠나면서 장거리연애가 시작됐을 때 결혼에 대한 마음은 더 커졌다.

영화를 보거나 쇼핑을 하는 데이트가 아닌 공원에 돗자리를 펴고 도시락을 먹거나 예쁜 커피숍에 앉아 오랫동안 이야기하는 걸 즐겼던 우리는 하루 종일 못다 한 이야기를 하고 다가오지 않은 미래에 대한 이야기를 하고는 했다.

"우리 나중에 결혼하면 햇살이 많이 들어오는 집에서 나는 샌드위치를 만들어 예쁜 그릇에 세팅하고 너는 커피를 내리고…… 친구들이 놀러 오면 같이 야구도 보면서 수다도 떨고 그러면 얼마나 좋을까?"

그것은 흡사 누구든 편히 놀러 와서 쉬다 갈 수 있는 '카페 같은 집'이었다. 그때는 뜬구름 잡는 이야기들이었지만 작은 로망에서 시작한 상상들이 지금 우리 집의 밑그림이 되어 주었다.

우리의 신혼집

　　　　　　　　　　　　그동안 상상만 하던 신혼집을 만들려면 집이 있어야 했다. 하지만 현실은 꿈처럼 쉬운 게 아니었다. 누구나 원할 법한 깨끗하고 깔끔하며 햇살도 많이 들어오는 집은 우리가 감당할 수 없을 만큼 비쌌다. 우리가 결혼을 생각하던 그 즈음에는 전셋값이 최고치로 오르면서 정부에선 대책을 세운다며 내집마련대출이라는 상품도 나왔지만 신혼부터 집을 살 수는 없는 노릇이었다. 서울이 직장인 신랑을 위해선 서울에 집을 얻는 게 좋았겠지만 아주 변두리여도 서울이라는 글자 하나만으로 전셋값은 두세 배로 뛰었기에 우리는 서울을 벗어나면서도 출퇴근은 한 시간 정도에 할 수 있는 인천 서구 검단에 자리를 잡기로 했다.

시세보다 훨씬 저렴하게 나온 그 아파트는 방 두 개에 계단식이었다. 하지만 지은 지 15년이나 되었기에 싱크대나 욕실이 너무 낡아서 도저히 그냥 쓸 수가 없었다. 시세보다 워낙 저렴하게 내놓으셨던 집이기에 싱크대를 바꿔 달라, 욕실을 고쳐 달라고 요청하기 어려웠던 우리는 고민을 시작했다.

'어떻게 여기에 카페 같은 집을 만들어? 저 싱크대를 아예 교체해야 하나?'

하지만 여기는 전셋집이었다. 그렇다면 어떻게 해야 할까? 고민에 고민을 거듭하다가 과감히 셀프 리폼을 하기로 결정했고 우리는 낡아서 뜯어진 방문이며 더러운 욕실까지 우리 힘으로 싹 다 바꾸기로 의기투합하였다.

많은 사람들이 우리와 같은 결정을 하고도 실천으로 옮기지 못하는 이유 중에 하나가 집주인의 허락을 받지 못한다는 데 있다. 하지만 우리는 마음 좋은 집주인을 만나게 되어 집을 예쁘게 만드는 거라면 마음껏 하라는 허락을 얻고 셀프 인테리어를 시작하게 되었다. 집을 싸게 구한 것도 감사한데 마음껏 고쳐 써도 된다니……. 이런 감사한 일 들이 계속 이어지자 정말 행복했다. 몇 년간 우리가 그려 왔던 우리의 신혼, 그리고 신혼집의 모습이 눈앞에 다가왔기에. 지금도 가끔 그때의 감정이 떠오르곤 하는데 아마 결혼식을 올렸던 날보다 그날이 더 행복했던 것 같다.

본격적인 셀프 인테리어를 시작하다

우리는 본격적으로 인테리어 회의를 시작했다. 서점에서 인테리어 책을 구입하고 카페에 앉아 머리를 맞대었다. '집'이라는 것의 의미, 우리가 만들고자 하는 공간의 용도부터 색깔과 콘셉트, 전체적인 느낌을 구상했다.

25평, 넓지도 좁지도 않은 평수라 생각한 우리는 최대한 짐을 많이 놓지 않기로 했다. 친정 부모님이 가전은 무조건 좋은 것으로 하되, 가구는 아이가 태어나면 바꾸게 되니 그리 비싸지 않은 것을 사도 괜찮다고 조언해 주셨기 때문에 가구는 무겁지 않고 심플한 느낌으로 고르기로 했다.

그렇다고 너무 심플하면 특색 없는 집이 될까 봐 포인트 색은 하나로 통일하고 채도에 변화를 주기로 하고 결정한 색은 노란색이었다. 평소에도 노란색을 좋아했었는데, 신혼인 우리에게 딱 어울리는 봄 같은 색이기도 하니까 얼마나 좋을지. 게다가 우리 집은 동향이기 때문에 햇빛이 적게 들어오는데 햇살처럼 밝은 색상이 있으면 더 좋을 것 같았다.

그렇게 행복한 상상을 하며 전 세입자가 이사 나간 집에 들어가 보았다. 짐이 싹 빠진 집은 우리가 생각했던 것보다 상태가 좀 더 심각했고 우리가 구상한 느낌과도 약간 차이가 느껴졌다. 처음에 우리가 계획했던 셀프 인테리어 범위는 싱크대 리폼, 욕실 코팅, 방문 페인팅 정도였다. 하지만 현실은 나를 절망하게 했다. 싱크대 상부에 달려 있는 후드는 생각보다 매우 낡았고 그릇 진열대는 유리로 되어 있었는데 그마저 찌든 때가 잔뜩 껴 있었으며 장판 색깔은 매우 어둡고 지저분했다. 처음에 집을 보러 갔을 때에는 가구와 짐이 있었기 때문인지 장판이 그다지 눈에 띄지 않았었는데 짐이 다 나간 후에 보니 암울한 느낌이 들 정도였다.

비용을 들여 고치는 것도 부담이고 그대로 쓰는 것도 싫었기에 인터넷 검색을 시작했다. 그러다 '접착식 데코타일'이라는 제품을 발견했는데 장판 위에 붙이는 것으로 무늬목으로 되어 있어 색상도 선택할 수 있고 한 장 한 장 떼어 붙이면 되는 쉬운 제품이었다.

리폼 정도면 깨끗해 질 거라고 생각했던 싱크대도 생각보다 리폼 하기 어려워 보였다. 아마 지금 같았으면 거뜬한 일이었겠지만 당시에는 아무 것도 모르는 초보였기에 더 두려운 마음이 컸던 것 같다.

어쨌거나 작은 집에 비해 크고 답답한 싱크대 상부장은 아무리 개조해도 카페 같
은 느낌은 나지 않을 것 같았다. 인터넷 검색으로 주방 인테리어를 검색해 봐도
상부장+하부장, 기역자 주방 같은 어디서 찍어낸 듯한 똑같은 구조의 주방만 나왔
다. 그래서 해외 사이트까지 뒤져 검색해 보았더니 거기엔 하나의 공통점이 있었
다. 바로 '상부장 없는 주방'이 그거였다!

"이거다!"

우리 부부는 결국 상부장을 떼어 내고 선반을 달기로 했고 그렇게 처음 계획과는
달리 일은 점점 커져만 갔다. 하지만 어쩌겠는가? 이미 벌어진 일. 우리는 하나씩
차근차근 해 보기로 했다. 전쟁에 나가려 해도 총이 있어야 한다는데, 셀프 인테리
어를 하려니 필요한 게 한두 가지가 아니었다. 인터넷을 뒤지고 관련 책들을 탐독
하며 우리는 드디어 셀프 인테리어 세계에 발을 담갔다.

1. 페인트 고르기

어디를 어떻게 손볼지 결정했다면 이제 재료를 준비해야 한다. 우리는 거의 모든 재료를 인터넷으로 주문했지만 페인트만큼은 그렇지 않았다. 아무 지식도 없는 상태에서 인터넷 주문만으로 덜컥 일을 저지를 순 없었기에 직접 전문가를 만나 우리가 정한 콘셉트와 계획을 점검 받고 조언도 구하고 싶었다. 그래서 친환경 페인트로 유명한 국내 브랜드샵을 찾아갔다. 인터넷으로 보던 것과는 달리 신세계였다. 공간별 추천 색을 나열한 샘플들을 보니 정말 예뻐서 '색을 더 추가해야 하나?' 하며 흔들리는 마음을 자제해야 했다.

욕실 샘플을 보면서 고민만 하고 결정하지 못했던 색상도 결정했고 실장님과 상담하면서 색을 고르고 조언도 얻으며 많이 배우는 기회도 됐다. 페인트칠하는 기본적인 방법을 배우고 필요한 도구까지 싹 다 주문한 후 집으로 배송되기를 기다리면 되었다. 이런 이유들로 나는 주변에서 셀프 인테리어를 하겠다는 사람이 있으면 페인트 만큼은 꼭 직접 매장을 방문해 상담을 받으라고 권한다.

2. 데코타일 주문하기

데코타일은 3.3 평방미터 단위로 주문할 수 있었는데 주문서에 상세하게 나와 있어 설명을 보면서 각 공간의 길이를 재고 평수를 재서 주문을 했다. 그런데 내가 계산을 잘못했었는지 타일이 현저하게 모자라서 다시 주문하기를 반복했다.

데코타일은 자투리가 많이 나오기 때문에 정말 여유 있게 준비해야 한다. 쓰고 남은 자투리를 이어 붙일 수는 없기에 우리처럼 전체 공간을 시공하려면 1.5배 정도 주문하는 것을 추천하지만 아마 방 하나 정도 시공할 때는 그 정도로 많이 여유를 두지 않아도 될 것이다.

기본 인테리어 정보

- 데코타일 : 하나리빙데코(스칸디노르딕 색상) ⓦ30만 원 내외 (거실, 침실, 주방)
- Y형 홈패널 화이트 마감재 : ⓦ5만 원 내외 (거실, 침실, 주방)
- 페인트 : 욕실용 BATH & SPA 등 ⓦ36만 원

코팅으로 반짝반짝 변한 욕실

우리 부부가 제일 먼저 인테리어를 시작한 곳은 바로 욕실이었다. 정식 입주를 하게 되면 욕실 인테리어 하기가 쉽지 않을 것 같았기에 집이 비어 있을 때 가장 까다로운 욕실부터 해결하기로 했다. 일단 욕실에 있는 모든 쓰레기들과 더러운 것들을 싹 다 치우고 욕실에 있던 오래된 선반장도 떼 버렸다. 그렇게 본격적인 욕실 인테리어가 시작됐다.

욕실이 깨끗하기만 해도 어찌어찌 참았을지도 모른다. 그런데 너무 오래되어 색이 변해 버린 욕조와 세면대, 그리고 타일과 욕조에 있는 핑크색 띠는 정말이지 참을 수 없을 만큼 더럽고 촌스러웠다. 우선 물이 계속 닿아야 하는 욕조와 세면대에 코팅을 해야 했다.. 페인트칠을 할 수도 있지만 아무래도 코팅제가 덜 벗겨질 테니 우리는 코팅 제품을 사왔다.

❶ 욕조와 세면대에 코팅제가 잘 스며들 수 있도록 열심히 사포질을 한다.

❷ 코팅제가 다른 곳에 묻지 않도록 마스킹 테이프를 이용해 꼼꼼히 덮어 주고 물이 떨어지지 않도록 수전도 다 막아 준다.

❸ 중화제와 코팅제를 2:1 비율로 섞어 코팅액을 만든 후 붓과 롤러 등을 이용해 칠을 해 준다.

❹ 상태에 따라 2~3회 덧칠하면 된다.

참기 힘들었던 건 냄새였다. 생각보다 굉장히 독했기에 마스크로 중무장을 하고
작업해야 했다. 게다가 한 번 칠하는 걸로 끝나는 게 아니라 두세 번 덧칠해야 하
는데 살짝 덜 마른 상태에서 2회칠을 해야 한다. 그게 한 시간 반에서 두 시간 정
도 기다리면 다시 칠할 수 있는 상태가 된다.

처음에는 이게 될까 싶었는데 덧칠까지 끝나고 나니 새하얗게 변한 욕조와 세면대
를 만날 수 있었다. 고생만큼 흡족한 마음이 들어서 신랑과 함께 손을 잡고 콩콩 뛰
며 좋아했다. 우리 손으로 만든 첫 번째 결과였기에 작은 변화에도 굉장히 기뻤다.
3회 칠로 마무리까지 하고 나니 완전 새것처럼 변한 모습이 신기할 정도였다.

다음은 욕실 벽에 페인팅을 했다. 욕실에 페인트를 칠할 때는 페인트 선택을 잘
해야 하는데 프라이머도 초강력으로, 페인트는 욕실용을 사용해야 한다. 아무래도
물이 많이 닿고 습한 환경이니 욕실 전용으로 나온 제품을 선택하는 게 가장 좋을
것이다.

본격적으로 테이핑을 하고 욕실 벽과 바닥까지 초강력 프라이머를 발랐다. 코팅을 할 때는 붓만 사용했는데 벽에는 롤러도 사용했다. 굴곡지고 섬세함이 필요한 곳에는 붓으로 페인팅을 하고 넓고 평평한 곳에는 롤러를 사용하니 훨씬 효과적이고 좋았다. 붓으로 페인트칠을 할 때에는 붓자국도 남았지만 롤러는 균일하게 칠해지니 훨씬 깔끔하기도 했다. 줄눈 사이까지 꼼꼼히 페인트칠을 하니 욕실이 변하고 있는 게 눈에 보였다.

페인트가 다 마른 후 여기저기 붙여 놓았던 마스킹 테이프를 떼면서 욕실 인테리어가 끝이 났다. 열흘 동안 매달린 결과물이다!

그렇게 욕실이 완성되어 내부 구성을 시작했다. 건식 욕실을 만들기 위한 장치들이 필요했는데 일단 모던한 색을 방해하지 않는 깔끔한 아이보리 색깔의 샤워 커튼을 설치하고 원목 발판을 크기별로 맞춰 구입했다. 변기 앞에 놓는 발판도 구입하고 긴 것 작은 것을 사서 욕실 동선을 고려해 발이 닿는 곳에 깔아 놓았다. 원목 발판을 깔아 놓으니 욕실 거울 테두리에도 원목을 둘러 주고 싶고 원목 선반장도 달고 싶었지만 전셋집이기에 그렇게까지 하는 것은 낭비인 것 같아 과감히 포기했다. 지금 이대로도 전보다는 많이 변하고 우리가 원하는 느낌의 욕실이 나왔기에 만족한다.

수건과 물건 수납을 위해 코너에는 스테인리스 선반을 달아 주고 물이 닿지 않는 변기 뒤쪽에는 라탄 수납 바구니를 놓아 주니 예쁜 건식 욕실이 되었다. 사실 지금도 욕실을 보면 부족한 부분이 느껴져 더 꾸미고 싶은 욕심이 들 때가 있지만 조금 참고 있는 중이다. 지금은 우리가 만든 욕실에서 거품을 풀고 반식욕을 즐기고 있을 정도에 만족하고 있으니까.

욕실 인테리어 정보

- **욕조코팅제** : 솔리스톤 ⓦ약 20만 원
- **샤워 커튼** : 이케아 샤워 커튼, 샤워 커튼봉 ⓦ2만 원
- **라탄 바구니** : 모던하우스 ⓦ약 2만 원
- **원목 발판** : 이마트 ⓦ6~7만 원

북 까페에 온 듯한 느낌을 주는 거실

　　　　　　　우리의 거실 인테리어는 공간 정리와 배치
로 나눌 수 있다. 제일 먼저 우리는 공간 정리를 위해 바닥 작업을 시작했는데 이
미 침실에서 데코타일 작업을 한 후라 거실 작업은 쉽게 할 수 있었고 내침 김에
주방까지 끝내버렸다. 우리는 접착식 데코타일을 선택했는데 전용 본드를 바르는
시간도 절약되고 그냥 잘 맞춰 붙이기만 하면 되니 힘들이지 않고 할 수 있었다.
데코타일 붙일 때 가장 중요한 것이 바로 온도다. 17~21도가 가장 적당하다고 해
보일러를 틀고 온도를 맞추어 시공했는데 마무리 후에 만져도 보고 밟아도 보니
무늬목으로 된 바닥이 마치 마루를 시공한 것 같은 느낌도 들었다. 기존에 있던
그저 그런 장판과는 정말 현저히 달랐고 색깔뿐만이 아니라 질감도 아주 만족스
러웠다. 깨끗하게 변한 바닥을 보고 나니 역시 하길 잘 했다는 생각이 들었다. 고
생한 만큼 돌아오는 걸까? 만약 업체에 맡겨버렸다면 느낄 수 없는 기쁨이었을 것
이다. 역시 직접 해 봐야 알 수 있는 경험들이 있게 마련인가 보다.
다음은 페인트칠하기! 욕실에서 이미 경험한 것이었기에 어려움은 없었다. 게다
가 흰 벽지 위에 칠하는 것이었기 때문에 프라이머도 칠하지 않고 바로 노란 페인
트를 롤러에 묻혀 쫙쫙 팬히 글씨도 한 번씩 써 가면서 거침없이 칠해 주었다. 벽
지 위에 하는 것이라 확실히 힘도 많이 들지 않았고 1회만 칠해도 우리가 원하던
밝은 노란색이 나와 주었다.

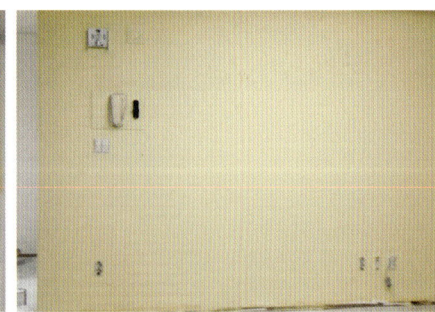

페인트는 어디에 칠하느냐에 따라 같은 색도 다르게 느껴진다. 처음에 채도에 변화를 주려고 거실·주방·현관 용으로 세 가지 노란색을 사려고 했었다가 페인트가게 사장님의 권유로 한 색깔로만 칠한 거였는데 역시 전문가의 조언을 듣기를 잘한 것 같다. 노란벽 덕분에 우리 집의 첫인상이 매우 밝고 따뜻해져서 좋았다.

벽을 다 칠하고 나서 아쉬운 점 하나는 떡하니 한자리 하고 있는 낡은 인터폰이었다. 저걸 어떻게 해야 하나 고민하다가 신랑이 페인트로 노랗게 칠해버렸다. 전보다는 나아졌지만 그래도 너무 눈에 걸리고 신경이 쓰여 인터넷 검색을 시작했다. 역시나 인터넷에는 모든 것이 있었다. 바로 인터폰 박스! 나중에 이사 갈 때도 떼어 갈 수 있으니 전셋집을 위한 완벽한 소품 같았다. 당장 구매해 못생긴 인터폰을 가려 주었더니 인테리어 효과도 엄청났다. 인터폰 박스 하나만으로도 우리 집이 블로그에서나 보던 예쁜 집이 된 것 같아 신기했고 이렇게 하나하나 거실이 완성되어 가는 모습을 보니 마음이 한결 편해졌다.

바닥과 벽을 마무리했지만 마감재가 문제였다. 이 집은 장판을 접어올린 것으로 마감을 해 놓았었는데 걸레받이, 혹은 굽도리라고 불리는 이 마감재를 어떻게 하느냐에 따라서 느낌도 많이 달라지기에 고민이 됐다. 아무래도 전체적으로 화이트 콘셉트이고 천장 몰딩 역시 화이트였기에 바닥 마감재도 화이트로 결정했다. 그런데 굽도리를 주문하려고 보니 화이트가 없기에 가장 밝은 색으로 주문했는데 막상 받아 보니 회색빛이었다. 그걸 둘러놓고 보니 그동안 벽과 바닥 공사한 보람이 사라지는 것처럼 느낌이 영 이상해서 마음에 들지 않았다.

'페인트를 칠하면 좀 나아지지 않을까?' 싶어서 페인트를 칠해 보기도 했는데 내가 원하는 느낌은 나오지 않았다. 그때 만난 '홈패널 마감재'는 신세계였다. 허리 몰딩으로도 사용할 수 있는 제품이었는데 신랑은 배송이 되자마자 신혼집에 가서 마감재를 싹 다 붙여 놓았다. 설레는 마음으로 집에 들어서니 마감 작업 하나만으로 공사장 같던 집이 사람이 살 수 있는 집으로 변해있었다.

화이트의 깔끔함. 몰딩도 원목소재여서 마감재끼리 통일감도 느껴지고 아주 깔끔했다. 속상해 하던 나를 위해 엄청난 검색속도와 추진력으로 마감재 문제를 해결해 준 신랑에게 많이 고마웠다.

함께 우리의 공간을 꾸미면서 얻게 되는 것은 예뻐진 집뿐이 아니었다. 초보이기에 겪을 수밖에 없는 여러 우여곡절들이 모여 서로를 위하는 마음도 얻게 된 것 같다. 새 가정을 꾸리는 예비 신혼부부에게 셀프 인테리어가 주는 것이 얼마나 많은지! 이때가 아니면 경험할 수 없는 것들을 우리는 함께 하고 있었다.

기본 작업이 끝났고 이제는 제일 재미있는 일이 시작됐다. 거실 공간을 구성하고 가구를 골라 배치하는 작업. 집의 첫인상을 결정하고 부부가 가장 오랜 시간 머무는 곳이기에 자료 검색을 굉장히 많이 했는데 인테리어에도 유행이 있어 보면 볼수록 짜놓은 듯한 똑같은 인테리어만 만날 수 있었다.

지루함을 벗고 조금 더 재미있고 독특한 공간을 만들어 보고 싶은 마음에 우리는 누구나 다 할 것 같은 가구는 사지 않기로 했다. 그때 신랑이 한 가지 제안을 했다. 거실에 TV를 놓지 말자는 것이었다. 아무래도 TV가 있으면 틀게 되고 결국 대화가 줄 것이라는 게 신랑의 주장이었다. 하지만 나는 TV가 없으면 적적할 것이고 보고 싶은 건 다운받아야 하는데 번거로울 것이라고 생각했다.

사실 TV를 놓게 되면 거실 한 면을 다 차지하게 되어 식상한 구조가 나올 수밖에 없다. 그래서 우리는 거실장+TV+소파를 놓는 일반적인 구조를 피해서 컴퓨터도 할 수 있으면서 TV도 볼 수 있는 모니터 TV를 올려놓을 작은 테이블을 놓기로 했다.

두 번째 중요한 결정은 소파였다. 우리는 북 카페 스타일의 거실을 만들기로 했기에 거실에는 큰 테이블과 책장을 놓기로 했었다. 그렇다면 소파를 놓아야 하는가 말아야 하는가 고민에 빠졌다. 거실이 그리 넓지 않기 때문에 소파를 놓지 말까 싶기도 했는데 덩치 큰 소파 때문에 카페 느낌의 거실을 꾸미기 힘들 것 같았기 때문이다.

하지만 내 로망은 책이 많은 곳에 테이블을 놓고 커피를 마시고, 소파에 앉아서 책을 읽으며 뒤에서 비추는 햇살에 꾸벅꾸벅 졸 수 있는 거실을 만드는 것이었다. 결국 우리는 손님들을 여럿 초대해도 함께 음식을 먹으며 대화를 나눌 수 있을 6인용 식탁을 구입했고 디자인이 흔하지 않은 작고 귀여운 패브릭 소파를 들여놨다. 거실에 6인용 식탁을 놓으니 한 면이 꽉 찼지만 의자가 아니라 벤치를 놓았기 때문에 답답한 느낌은 없었고 텅 빈 거실이 채워진 듯한 안정감이 느껴졌다. 게다가 베란다를 등지고 소파를 놓았더니 독특한 구조가 만들어지면서 작은 크기의 소파가 테이블과 조화를 이루었다. 덕분에 등 뒤에서 비추는 햇살을 맞으며 책을 읽겠다는 로망을 실현할 수 있게 되었다.

현관과 거실 사이에 중문도 없고 벽도 없다 보니 6인용 식탁 바로 옆이 현관과 붙어 있게 되는 문제는 3단 선반을 두어 현관과 거실을 분리해 주었더니 제법 내가 원하던 북 카페 형식의 거실 모습이 됐다.

노란 페인트를 칠한 거실 메인 벽면에는 원목으로 된 입식 테이블을 놓고 모니터 TV를 올려놓았고 우리 집의 개성을 살릴 수 있는 독특한 모양의 책장을 주문해서 옆에 놓아주었다. 지그재그로 되어 있고 직접 조립하는 것이라 2단이고 3단이고 몇 개씩 만들 수 있는 제품인데 우리 집의 분위기와 가구들의 높이를 고려해 만들었다. 그렇게 가구 배치가 끝나고 북유럽 느낌의 암막 커튼까지 달아주니 거실에 달콤하고 따뜻한 느낌이 퍼졌다.

하지만 뭔가 좀 허전한 느낌이 들었다. 조명이 문제였다. 인테리어의 마침표는 조명이라고 생각하는데 센스 있는 조명 하나만 있어도 공간의 분위기가 완전히 바뀐다는 것을 아는 우리 부부는 조명 교체는 필수라고 생각하고 있었다. 물론 거실에 어떤 조명을 달아야 할지 전부터 봐오던 것도 있었다. 동그란 모양 전구가 일곱 개 달린 조명이었는데 우리 거실 전등은 형광등 네 개가 사각형으로 된 형식이라 우리가 사려던 조명을 달기 매우 애매했다.

우리가 조명을 달고 싶은 위치에는 콘센트가 있어서 조명 선을 어디에서 따와야 할지, 기존에 있던 사각 형광등 조명을 없애야 할지 그냥 두어야 할지도 몰랐기에 검색도 해 보았지만 초보자가 잘못 건드렸다가 낭패만 볼 가능성이 큰 작업이었기 때문에 우리는 조명 기사님을 모셔서 작업을 부탁 드렸다. 다행히 가운데 콘센트와 거실 스위치가 연결되어 있어 아주 쉽게 마칠 수 있었고 기사님이 오신 김에 다른 곳까지 같이 부탁드렸다.

지금 생각해도 조명을 전문가에게 맡긴 것은 굉장히 잘한 일이라고 생각한다. 셀프로 할 수 있는 부분이기도 하겠지만 자신이 없거나 구조가 조금 복잡하다면 괜히 일을 크게 벌이는 것보다 전문가의 손을 빌리는 게 현명하다는 생각이 들었다. 이렇게 조명 작업까지 끝나자 우리가 생각했던 거실 인테리어가 완성됐다. 이곳에 손님들을 초대해 함께 오순도순 이야기도 나누며 음식을 먹고, 밤에는 은은한 조명을 켜 놓고 분위기 있게 와인도 마시며 시간을 보냈다. 거의 모든 생활의 중심이 될 공간이기에 더욱 더 애정이 가고 손이 많이 갔던 곳이다.

거실 인테리어 정보

- 소파 : 메인퍼니쳐 데니쉬 3인용 ₩239,000원
- 6인용 테이블 : 모던하우스 에리카 1700 ₩159,000원
- 벤치 체어 : 모던하우스 에리카 ₩각 99,000원 x 2
- 지그재그 북선반 ₩각 8만 원 x 2
- 서랍장 : 이케아 ₩39,000원
- 큐브 장식 : 3단책장 블루밍홈 ₩42,900원
- 인터폰 박스 : 코지니아 ₩19,500원
- 우드 이니셜 : 1300k ₩개당 1,000원 가량
- 거실 등 : 비츠조명 라인 7등 화이트 ₩89,000원
- 암막 커튼 : 쁘리엘리 스칸디 ₩12만 원 내외

과감하게 상부장을 없앤 주방

　　　　　　　　　우리가 신혼집에서 가장 많은 고민을 했던 곳이 바로 주방이다. 하지만 셀프 인테리어 후 가장 드라마틱하게 변하고 예뻐진 공간이어서 우리 스스로가 자랑스러워졌던 곳이기도 하다.

이 집의 주방은 총체적난국처럼 여겨졌다고나 할까? 과연 여기를 셀프 인테리어로 우리가 고칠 수 있을까? 하는 두려움이 들었던 곳이다. 사실 답답한 상부장을 떼고 외국처럼 선반을 설치하는 방식은 셀프로는 잘 하지 않는 방식이었다. 이것은 마치 판도라의 상자를 여는 것과 같았는데 상부장이 있을 때는 주방이 너무 답답해 보여서 떼고만 싶었고, 떼어내면 과연 어떤 일이 벌어질지 전혀 예측할 수 없었기 때문에 두려운 마음이 들었다. 하지만 우리에게는 '초보자의 패기'가 있었기에 아무도 하지 않는 일을 감행할 수 있었다. 지금 생각하면 '그걸 왜 하자고 했지?' 싶기도 하지만 당시에는 카페 같은 집을 만들고 싶다는 내 로망을 실현하려면 이것 말고는 다른 방법이 없어 보였다.

상부장을 떼어 내는 작업은 어렵지 않았다. 다만 굉장히 무겁기 때문에 떼어 낸 후에 바닥으로 옮기는 과정이 힘들기 때문에 혼자서는 할 수 없고 두세 사람이 같이 하는 것이 좋다. 상부장은 4~5개 정도로 나뉘어져 있는데 가장 먼저 A 상부장과 B 상부장의 연결 나사를 빼준 후에 A 상부장과 벽의 연결 나사를 빼주면 된다. 이때 옆에서 보조로 상부장을 받쳐주어야 안전하게 뗄 수 있다. 하나씩 순서대로 상부장을 뗄 때마다 하이파이브를 하며 기뻐했다. 그리고 마지막에 꺾여진 상부장까지 다 떼어낸 후 휑해진 우리 주방을 만날 수 있었다. '아이고 속 시원하다!'라는 마음도 있었지만 '이제 어떡하지?' 하는 두려움도 몰려왔다. 다시 붙일 수는 없으니 이제 우리는 되돌아갈 수 없는 강을 건넌 부부 공작단이었다.

상부장을 떼고 까다로운 작업들이 시작됐다. 바로 벽에 붙어 있는 남은 타일과 상부장 받침대를 떼는 일이었는데 힘으로도 잘 떼어지지 않는 곳은 드라이버와 망치를 이용해 제거해야 했다. 시간이 굉장히 오래 걸렸고 소음 때문에 이웃들에게 아주 죄송했다. 게다가 천장 가까이에 붙어 있는 상부장 받침대는 강력한 못으로 박혀 있어서 전문가가 필요한 상황이었다. 우리끼리 어떻게 해 보자 하고 도전했는데 못은 빼지 못하고 나무만 제거했다. 제거하지 못한 못이 옥에 티가 될까 걱정하기도 했는데 지금은 유용하게 쓰고 있으니 뭐든 다 자기 필요에 맞게 활용하면 되겠다는 생각도 든다.

그렇게 15년 동안 주방에 붙어 있던 모든 녀석들을 제거하는 데 2주의 시간이 흘렀다. 지옥 같은 시간이었다. 이제 예쁘게 변신시켜 주는 일만 남았다. 주방 벽이 완벽한 콘크리트였지만 타일을 떼어낸 곳은 타일을 붙일 때 사용한 시멘트 자국이 선명히 남아 있어서 매우 보기가 싫었다. 그 위에 페인트칠을 바로 할 수 없었기 때문에 핸디코트 작업을 했다. 요즘 셀프 인테리어나 카페 인테리어 하는 분들이 독특한 질감의 벽을 만들기 위해 핸디코트를 많이들 바르는데 우리는 시멘트 사이사이를 메우기 위해서 시공했다.

핸디코르를 편하게 바르기 위해서는 먼저 손으로 열심히 저어 주는 과정이 필요하다. 10분 정도 저어 주니 팔뚝에 근육이 팽팽하게 솟은 것처럼 팔이 아팠다. 예비 신부들은 드레스를 입어야 하니 이런 작업은 예비 신랑들이 해 주면 좋을 것 같다.

신랑이 핸디코트로 벽면을 정리하는 동안 나는 하부장에서 떼어낸 문짝과 서랍에 프라이머를 바르고 페인트칠을 했더니 어느새 누렇고 낡은 싱크대가 하얀 새 제품으로 변했다. 아직 주방 쪽은 바닥 데코타일 작업을 하기 전이었기 때문에 페인트가 흐르는 것도 상관하지 않고 마구마구 페인트칠을 했고 잘 마른 하부장을 다시 하나하나 조립해 주니 정말 깨끗한 싱크대가 완성됐다!

신랑도 열심히 핸디코트 작업을 해 준 덕분에 공사장을 방불케 하던 상부장의 콘 크리트와 시멘트벽도 새하얘졌다. '이제 정말 어려운 공사는 끝이다!'라는 생각에 바닥 작업도 순식간에 해냈고 새하얀 주방을 만들어 냈다.

결혼 전 마지막 크리스마스 오후, 다른 커플들은 예쁜 카페와 공연장으로 발걸음 을 옮길 때 우리는 아직 채 완성되지 않은 신혼집으로 향했다. 예쁜 옷도 필요 없 었다. 우리는 작업복을 입고 붓과 롤러를 들고 주방에 노란 페인트칠을 했다. 힘든 작업들이 다 끝났다는 기쁨 속에 먼지더미 속에 앉아 치킨을 먹는 것조차 행복했 다. 캐롤을 틀어 놓고 수다도 떨면서 여유롭게 페인트칠을 끝낼 수 있었다. 핸디코 트 작업을 하지 않은 측면 벽과 타일 위는 조금 더 신경 써서 페인팅을 해야 했지 만 결과적으로 페인트 색도 예쁘게 잘 나왔고 우리 집의 대표 컬러인 노란색이 주 방에도 장착되었다.
상부장을 떼면서 제거하지 못했던 못 네 개에는 엄마가 그려준 그림을 걸었다. 덕 분에 우리 주방은 갤러리 느낌도 갖게 됐다.

우리는 상부장이 없기에 수납력이 떨어질 수밖에 없다. 그래서 선반장을 제일 먼저 구입했다. 거실에 놓은 테이블과 비슷한 스타일의 화이트였고 냄비와 프라이 팬들을 수납할 원목 느낌의 선반장이었다. 주방 다용도실 창 쪽에 놓으니 크기도 딱 맞고 옆에 공간이 남아 휴지통도 놓을 수 있어 안성맞춤이었다.

두 번째로 후드를 주문했다. 전셋집이기에 전에 있던 지저분한 후드는 떼어서 따로 보관하고 이탈리아 레스토랑에서 볼법한 예쁜 후드를 주문했다. 기사님이 직접 오셔서 달아 주셨는데 한결 요리할 맛이 나는 주방이 완성됐고 성냥갑처럼 똑같이 만들어 놓은 아파트에 반항하는 듯한 독특함도 확보하게 됐다.

마지막으로 선반을 달았다. 이미 주방 천장에 그림이 걸려 있었기 때문에 선반을 달아놓을 자리는 한계가 있었다. 벽 끝에서부터 끝까지 두 줄로 달고 싶었지만 공간의 제약 때문에 짧은 선반 두 개를 높이만 다르게 하여 달기로 했고 얇고 가벼운 선반은 왼쪽 끝에 달아서 가벼운 소품 들을 올려놓기로 했다.

그런데 선반 작업을 하면서 어마무시한 실수를 저지르고 말았다. 시멘트벽이었기 때문에 헤머 드릴로 못을 박을 자리를 뚫어야 했는데 그만 수도관을 잘못 건드리는 바람에 구멍에서 물이 쏟아지기 시작했다. 아주 작은 구멍이었는데 물이 솟아

나오는 걸 보니 무서운 생각이 들 정도였다. 당황한 신랑은 손으로 물을 막아보았지만 역부족이었고 내가 얼른 뛰어가 수도관을 잠그고 나서야 물은 멈췄다. 우리 힘으로 할 수 있는 영역이 아니기에 기사님께 부탁해 수습을 해야 했다. 사실 왜 이런 일이 벌어진 지도 모르고 있었는데 기사님이 오시고 나서야 수도관을 건드렸다는 사실을 알 수 있었다. 불행 중 다행으로 수도관 중간을 뚫은 것은 아니고 불필요하게 올라와 있는 수도관을 건드린 것이어서 시멘트벽을 뚫고 수도관을 잘라내면 된다고 하셨다. 식은땀 흘리며 고생한 신랑과 설 연휴임에도 불구하고 와 주신 기사님께 정말 감사한 마음이 들었다. 연휴였기 때문에 빈집들이 많아서 다행이기도 했고, 집에 계신 세대에는 음료수를 사 들고 가서 양해를 구했더니 기꺼이 이해해 주셔서 공사를 빠르게 마칠 수 있었다.

기사님께서 시멘트로 메워주신 곳 위에 노란 페인트를 칠했다. 이제 마음껏 드릴질을 해도 된다고 하셨지만 아무래도 쉽게 드릴을 들 수가 없었다. 결국 조금씩 미루고 미루다가 친정 아빠가 올라오셨을 때 부탁을 드렸다.

열정이 넘쳤던 나머지 실수했던 부분들로 인해 주변에 죄송한 일들을 많이 했지만 감사하게도 이해하고 도와주신 분들이 계셔서 이제는 무엇을 하든 꼼꼼히 살피고 조심히 작업하는 습관을 들이게 됐다. 수도관을 뚫고 당황해하던 신랑의 목소리도 이제는 추억이 되어 생각할 때마다 피식 피식 웃게 된다.

그렇게 조금씩 마무리가 되는 주방 마지막 작업도 조명이었다. '주방에는 꼭 레일 조명을 달아야지!'라고 생각했었다. 싱크대와 아일랜드 식탁이 기역자 형태로 된 주방이기에 조명도 기역자 형태로 달고 싶어서 싱크대 천장에는 일반적인 레일 조명을, 아일랜드 식탁 위에는 펜던트 형식으로 길게 내려오는 레일 조명을 구입했다.

일단 기존 조명은 잘 떼어 창고에 보관해 두고 인테리어 책에서 본 대로 똑같이 따라하며 조명을 교체했다. 불은 들어왔기에 성공처럼 보였지만 선정리가 지저분하게 되었고 아일랜드 식탁 위 조명은 어떻게 해야 할지 모르는 상황에 부딪친 우리는 다시 기사님께 의뢰했다. 역시 전문가답게 아주 손쉽게 조명을 달아 주셨고 그렇게 우리 주방이 완성됐다.

그렇게 6개월 정도 지난 후 우리 주방은 많은 모습이 변했다. 선반에 물건들을 올려놓고 쓰다 보니 주방이 정신없게 느껴졌기에 어떻게 해야 하나 고민하다가 스테인이라는 마감재를 알게 되었다. 페인트와는 다르게 나무에 스며들어 나무의 결은 살려 주고 색에 변화를 주는 방식인데 나는 약간 어두운 계열의 호두나무색을 선택해서 사포질을 한 삼나무 선반에 칠을 해 주었다. 기존 선반의 색을 조금 더 어둡게 해 주면서 전체 선반의 색을 통일하고 무광 바니시를 칠해 고급스러운 느낌을 더해 주었다. 색만 정리해 주었는데도 훨씬 깔끔한 느낌이 들었다.

선반장에 가리개도 달아 주었다. 수납 부분이 뚫려 있어서 안에 있는 냄비나 프라이팬이 다 보여 더 지저분해 보였었는데 자주 가는 카페에 걸려 있는 커피 자루를 보고는 이거다! 싶었다. 우리가 좋아하는 브라질 원두커피 자루를 인터넷으로 주문하고 크기에 맞춰 달아 주었더니 카페 같은 주방이라는 콘셉트에 더욱 어울리는 가리개가 되었다.

인테리어라는 것이 결국 기성품의 조합으로 이루어지는 것 같다. 하지만 무엇을 어떻게 배치하느냐에 따라서 많은 차이가 생기는 건데 직접 이것저것 설치하고 움직여 보면서 이렇게 저렇게 시도하던 것들이 딱 맞아 들어갈 때의 쾌감이란! 보던 것에 사로잡히지 않고 유연한 사고를 가지고 우연한 기회로 얻는 아이디어는 나만의 노하우를 만들어 주고 초보에서 한 단계 나아갈 수 있는 발판이 되어 준다.

주방 인테리어 정보

- **광파오븐 아일랜드식탁** : 리센트 파스타 ₩159,000
- **3단 선반장** : 앨비스 소프트 ₩157,000
- **후드** : 하츠 ₩18만 원 내외
- **주방 선반** : 이마트 약 5만 원 내외
- **모던 휴지통** : ₩17,000원
- **주방 스툴** : ₩2만 원 내외 x 2
- **조명** : 비앤비라이팅 레일주방 2m 4구(나팔화이트) ₩134,000원
  레일주방핸드벨 1m3구 ₩121,000원
  삼파장 전구 7개 ₩3만 원 내외

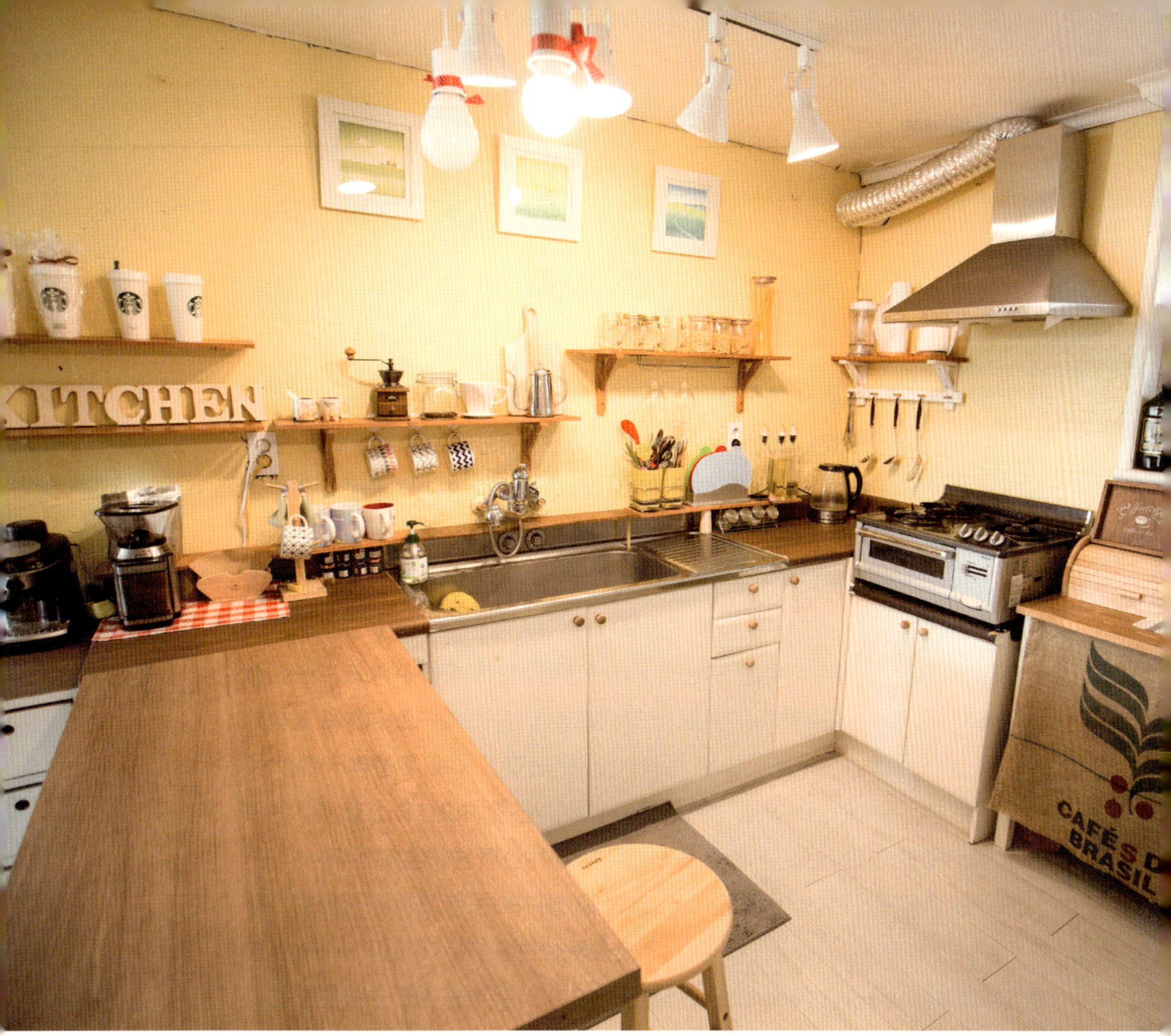
KITCHEN

CAFÉS DO
BRASIL

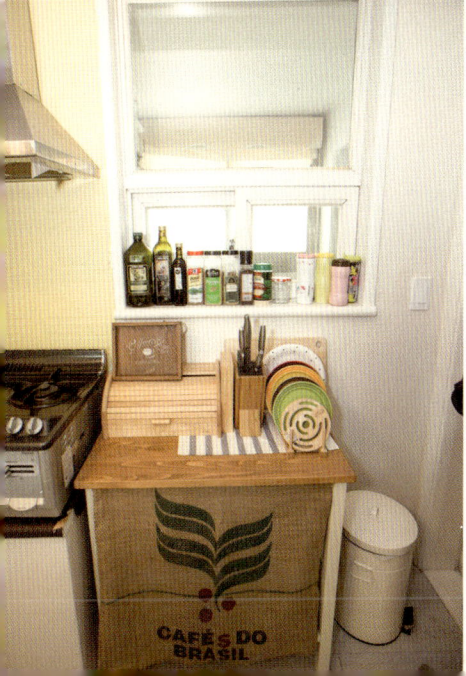

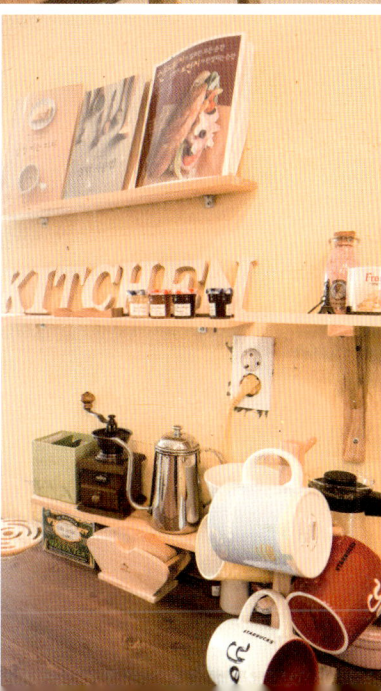

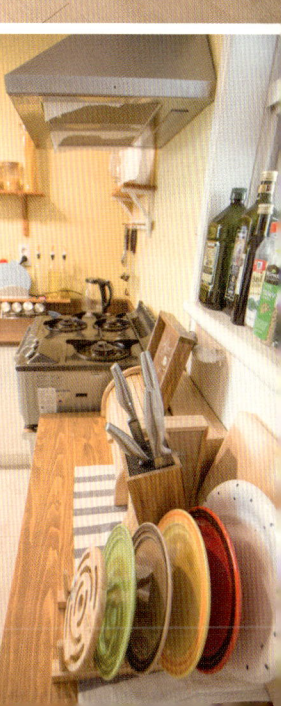

포인트 색으로 산뜻해진 침실

침실은 벽지가 오래되지 않았고 컬러도 마음에 들었기에 큰 공사 없이 가구 배치와 소품만으로 인테리어를 하기로 했다. 그래서 지저분한 장판만 걷어내고 데코타일을 깐 후 원목 톤을 맞춘 침대와 화장대를 들여 놓았다. 큰 사이즈 침대를 구매해서 조금 걱정하긴 했는데 다행히 좋은 위치에 잘 들어갔다. 오래된 아파트였지만 드레스룸이 따로 있어서 장롱을 놓지 않아도 되었기에 침실이 한결 산뜻했다. 장롱은 큰 덩치 때문에 공간을 많이 차지해 답답해 보이기 때문에 개인적으로 장롱을 좋아하지 않는데 다행이다 싶었다.

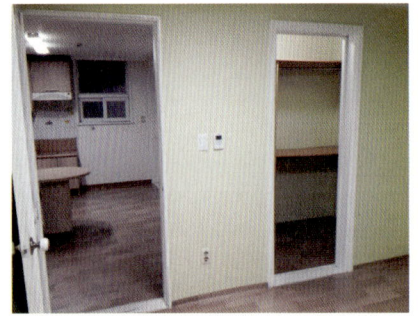

침대 좌측에는 블라인드를 설치했다. 베란다를 향해 난 창에 패턴이 들어간 커튼을 달면 모던함이 깨질 것 같고 무늬 없는 커튼을 달기엔 계절별로 바꿔줘야 하는 부담감이 있어 블라인드 설치를 했다. 침대와 화장대 색과 비슷한 우드 블라인드를 설치했더니 침실에 모던한 느낌이 더해졌고 조금 심심한 느낌은 침대 머리맡에 인형과 우드 이니셜을 놓아 빈 공간을 채워주었다. 침실 포인트로는 침대 헤드 부분 벽면에 폼패브릭으로 만든 나비를 크기별로 붙여 주었더니 하늘로 날아가듯이 아기자기하면서도 귀여운 느낌을 더해 주었고 연둣빛의 밝은 벽지가 신혼의 느낌을 더해 주는 것 같아 아주 만족스럽다.

침실 방문에는 기존에 칠했던 색보다 조금 더 강한 빛이 나는 옐로우 골드를 발라
주었다.

사실 페인트 작업은 꼼꼼하게 해야 한다. 페인트는 한 번 바르면 되돌리기 어렵기
때문이다. 그런데 이때 신랑과 약간 다툼이 있었다. 신랑이 작업에 필요한 부자재
들과 신발장 주문하는 일을 맡았었는데 집 주소를 잘못 입력하여 택배가 다른 곳
에 가 있었고 내가 원하던 색상과 다른 것을 주문해버린 것을 알았기 때문이다.
분노에 찬 나는 붓과 롤러를 마구마구 놀리게 되었고 결국 페인트 방울은 이리 튀
고 저리 튀고 입고 있던 바지에도, 옆에 깔아 두었던 이불에도 노란 페인트가 묻
었다. 페인트칠이 끝나기 전에 화해를 하긴 했지만 지금도 침실 바닥에는 페인트
자국들이 선명하게 남아 있다.

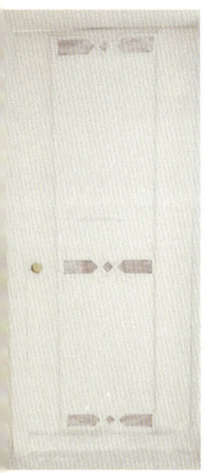

지금도 청소하면서 그 자국들을 볼 때면 그때 생각이 나면서 피식피식 웃음이 난
다. 별것도 아닌 일로 예민해지기도 하고 쉽게 화해도 했던 우리. 신혼집을 꾸미는
과정에서 생긴 우리의 에피소드들이 이 집에 고스란히 자국처럼 남은 걸 보면서
앞으로도 이렇게 남겨질 우리의 추억이 기대가 된다.

사연 많은 침실 방문 페인팅이 끝나고 드레스룸에 서랍장도 넣고 옷도 차곡차곡
정리한 후 전부터 찜해 두었던 침구까지 깔아놓으니 침실 인테리어가 완성됐다.

6~7개월 뒤 가을이 되었다. 봄여름을 지낸 침실이 조금 지겨워질 때 쯤 침실 분위기를 바꿔보고 싶어졌다. 인테리어 책을 보다가 연두색과 매치가 잘 되는 컬러로 갈색 계열을 추천한 것을 보게 되었는데 우리 침실 한 면에 발라보면 좋겠다는 생각이 들어 얼른 페인트를 주문하고는 침대 헤드 쪽 벽면에 페인팅을 했다.

한동안 잘 붙어 있던 나비도 떼고 침대를 민 후 작업을 했는데 차분한 느낌으로 안락함을 더해 주었고 가을 느낌도 나면서 색다른 분위기가 연출되는 걸 보니 선택을 잘 했다는 생각이 들었다. 이렇게 색 변화 하나만으로도 다른 느낌이 나는 것을 보면서 조금씩 다른 눈으로 보는 방법을 배운 것 같다.

침실 인테리어 정보

- **침대 & 화장대** : 메르디앙가구 스토리2 ⓦ약 1,500,000원
- **원목 블라인드** : 코디하임 ⓦ10만 원 내외
- **아뜰리에 나비 셋트** : 라온 A ⓦ35,000원
- **침구** : 데코뷰 모스호텔 극세사 Q ⓦ12만 원 내외
  바자르 누빔 매트 커버 ⓦ3만 원 내외

아이들이 더 좋아하는 아기자기한 작은방

작은방의 다른 이름은 '피아노 방'이었다. 딱히 용도를 정한 것도 아니었고 피아노 두 대와 악기 들을 수납하고 이곳에서 피아노 수업도 진행해야 했기 때문에 그렇게 됐다. 사실 이곳은 바닥 작업도 하지 않았다. 우리 부부의 주된 생활공간이 아니었기도 했지만 다른 곳을 작업하다보니 여기까지 작업할 힘이 나지 않아 나중에 하기로 하고 미뤄두다가 시간이 흘러버린 탓이다.

사실 이미 발라져 있던 하늘색 벽지도 마음에 들었고 상태도 깨끗했기에 벽 작업도 하지 않고 가구 배치로만 완성하기로 했다. 지친 우리 부부가 마냥 미뤄두고 있던 작은방이었는데 결혼 전 친정 부모님이 한 번 방문하셨다가 열정을 내 주시면서 함께 이리저리 가구를 옮기게 되었다. 마음에 안 드는 구성이 나왔을 때에는 갸우뚱하며 서로 머리를 맞대고 고민한 결과 엄마와 함께 신이 나서 박수를 치며 완성한 공간이다.

작은방에 딸려 있는 베란다는 모자란 수납을 해결하기 위해 창고로 쓰기로 했었기 때문에 녹색 계열의 체크무늬 커튼과 가렌더를 함께 달아 주었더니 지저분한 베란다는 가려지고 아이들과 어울리는 느낌의 방이 되었다.

피아노를 둔 벽 옆에 생긴 자투리 공간에는 기타와 바이올린 같은 악기들을 두고 피아노 책과 거실에 다 수납하지 못했던 책들을 놓기 위해 원목 사다리 선반장 두 개를 놓었더니 인테리어 효과도 좋아지고 수납도 해결되었다.

어떤 시공도 하지 않았는데도 소품과 가구 배치만으로도 좋은 인테리어가 나왔다는 게 기분이 참 좋아서 아침에 홀로 피아노를 칠 때면 정말 행복한 기분이 들곤 했다. 인테리어라고 해서 꼭 거창한 공사가 필요한 것이 아니라는 사실을 깨달은 것도 큰 수확이었다.

그렇게 봄여름을 지내고 가을이 되니 햇빛이 잘 들지 않는 작은방이 계속 마음에
걸렸다. 바닥 작업을 하지 않았기에 어두운 장판이 그냥 깔려 있었는데 그게 방을
더 어둡게 만드는 주범이기도 했다. 하늘색 벽지가 햇빛을 받지 못하니 더 어두워
보인다고 생각한 나는 천장에 있는 하늘색 벽지와 어울리면서도 밝은 상아색을
발라 이질감 없이 햇빛을 머금은 듯한 느낌을 주었다.

페인트칠을 할 벽면 색상이 새로 구입한 페인트보다 어두웠기 때문에 젯소 칠을
꼼꼼하게 해 주었다. 이렇게 하면 페인트를 두세 번 씩 칠해야 하는 번거로움을
피할 수 있고 젯소가 페인트보다 저렴하기 때문에 조금 더 경제적이기도 하다.

페인트칠을 끝낸 후 스타일링도 새로 해 주었다. 얇은 면 커튼은 떼어내고 암막커튼과 천으로 만든 가렌더를 달아 주었고 바닥에는 퍼 러그를 깔았더니 조금 더 훈훈하고 안정적인 느낌이 들면서 마치 아기 방 같은 분위기도 풍겼다. 거실에 있던 작은 테이블도 들고 와 비어 있는 벽에 놓고 그 위에 재봉틀을 놓아두었더니 피아노와 소잉 테이블이 함께 있는 나름의 플레이룸이 완성되었다.

빛이 잘 들어오지 않는 방인데도 이전보다 훨씬 따뜻하고 밝은 느낌이 났고 피아노 수업을 받으러 오는 학생들의 반응도 매우 좋아 고생한 보람이 느껴지는 공간이다. 페인팅만으로도 방 분위기를 바꿔줄 수 있다는 것이 재미있다.

작은방 인테리어 정보

- **원목수납선반** : 이케아 케이알 ₩86,000원
- **체크 커튼** : 1300k ₩4만 원 내외
- **펠트 가랜드** : Dhome ₩5천 원 내외
- **대나무 원목 행거** : 베스트리빙 ₩2만 원
- **페인트** : 삼화페인트 더클래시 아토프리 S 0510-Y
- **구름 러그** : 리니의 올포홈 ₩45,000원
- **가랜드** : 홈라떼 ₩19,000원

실수가 플러스 작용을 해 준 현관

이 아파트는 15년 된 아파트였다. 현관 역시 15년 전 모습 그대로였는데 그나마 주방 싱크대보다는 깨끗한 모습이었지만 전체적으로 손을 보며 꾸며 놓은 우리 집에서는 신발장 등이 조금 튀는 것 같았다. 그래서 우리는 과감하게 신발장도 떼어버렸다. 떼어버린 신발장은 수납장으로 사용하고 신발장은 새로 구입하기로 했다.

신발장 떼는 일은 주방 상부장 떼는 것만큼 힘들지는 않았지만 벽 한 면을 꽉 채울 만큼 키가 컸기에 옮길 때에 힘이 많이 들었다. 다행히 창고로 쓰게 된 작은방 베란다에 옮겨 놓으니 사이즈가 딱 맞아 안성맞춤으로 쓰고 있다.

그리고 전부터 봐 두었던 작은 사이즈의 신발장이 있었는데 신발 수납 방식도 독특하고 자리도 많이 차지하지 않기에 마음에 들어 구매하기로 했는데 주문을 맡았던 신랑이 실수로 검정색을 주문하는 문제가 생기고 말았다. 이때 어쩌나 화가 났던지…… 집 전체가 화이트에 원목으로 꾸며져 있기에 원목색을 원했던 건데 검정색이라니!

조금 투닥거리던 우리는 결국 검정색 신발장은 그대로 두고 벽에는 노란색을 칠해서 현관을 조금 더 특색 있게 만들어 보자고 합의를 봤다. 그랬더니 오히려 노란 벽에 검정 신발장을 놓은 게 흰색 벽에 원목신발장을 놓는 것보다 더 예쁘고 개성이 넘치는 공간이 되었다. 스티커로 만드는 DIY 시계를 붙여 주고 신발장 위에는 웨딩 슈즈와 소품들로 장식을 했고 친정 엄마가 그렸던 벚꽃 그림을 가져와 신발장 옆에 낡은 이젤 위에 올려놓았더니 마치 갤러리를 품은 듯한 우리만의 스타일로 채운 현관이 완성됐다.

딸은 다 도둑이라고 하던데 나도 엄마 전시회 때 찜해 두었던 그림으로 이렇게 장식도 하는 걸 보면 그 말이 맞는 것 같다. 엄마에게 감사하고 죄송하기도 하지만 나는 앞으로도 엄마의 예쁜 그림들을 계속 탐낼 것만 같다.

결혼 전부터 무척 하고 싶었던 현관문 페인팅 로망을 실현할 때가 됐다. 현관문은 오래되어 색이 바랬기 때문에 페인트칠은 필수였기도 했지만 블로그 검색을 하다가 우연히 본 칠판페인트라는 제품을 꼭 발라보고 싶었다. 페인트 매장에 가서 검정 색상의 칠판 페인트를 구입했다. 놀라운 사실은 칠판 페인트도 모든 색으로 제조가 가능하다는 것이었다. 나중에 아이가 생기면 아이 방은 칠판 페인트로 꾸며주고 싶다는 생각이 들 정도로 나는 칠판 페인트의 매력에 푹 빠졌다.

아직 아이는 없으니 우리는 검정색 신발장과 맞도록 칠판 페인트도 검정으로 골랐고 낡은 현관문은 느낌 있는 문으로 변신했다. 거기에 현관 바닥에는 현관용 접착식 타일까지 붙여 주었고 화룡점정이라 할 수 있는 조명 작업을 시작했다. 철제 갓처럼 장식된 조명을 주문해서 달아 주고 나니 처음 마주했던 그 낡은 현관은 사라지고 어느새 개성 가득한 현관이 완성됐다.

몇 개월 후 가을이 되자 현관이 자꾸 눈에 밟혔다. 인테리어 초보 시절에 작업했
던 거라 깔끔하게 마감처리를 하지 못했던 벽이 자꾸 눈에 들어왔고 노란 벽이 가
을과 맞지 않게 느껴져서 그랬던 것 같다. 날씨가 쌀쌀해지니 추운 북유럽에서 유
행하는 인테리어가 자꾸 눈에 들어와 우리도 북유럽 스타일의 현관을 만들어 보
기로 하고 노란 벽을 흰색으로 바꾸기로 했다.

신발장을 치우고 나니 미처 정리하지 못했던 부분들이 더 적나라하게 보였다. 얼른
젯소 칠을 하고 흰색 페인트를 두 번 칠해 주었다. 기초 공사를 끝내고 신발장 위에
북유럽 스타일의 포스터도 붙이고 각종 소품들을 신발장 위에 놓아주었다. 마지막
포인트로 다 쓴 전구 세 개를 노끈으로 이어 걸어 주니 독특한 느낌을 주었다.
다 쓰고 버릴 전구들이었는데 모양이 예뻐서 어딘가 쓸 데가 있을지도 모르겠다
싶어서 놔뒀던 것들인데 이렇게 귀하게 쓰일 줄이야! 역시 한 번 더 생각하면 집
안에 있는 모든 것이 소품이 되어 인테리어에 한층 힘을 실어 준다.

현관 인테리어 정보

- 신발장 : 이케아 ⓦ40,000원 내외 x 2
- 조명 : 비츠 조명 엘로이 현관 센서등 ⓦ2만 원 내외
- DIY시계 : Dhome ⓦ10,000원 내외

계절마다 다른 시도를 한 베란다

다른 곳에는 평소 생각해 두었던 콘셉트가 있었는데 사실 베란다에는 그런 게 딱히 없었다. 그저 '텃밭을 가꾸어 볼까……' 정도의 마음뿐이었다.

거실과 침실로 쭈욱 이어진 베란다는 둘로 나뉘어서 침실 부분은 빨래를 너는 곳이었고 거실 부분은 장판이 깔려 있어서 잘 활용하면 아주 실용적으로 쓸 수 있을 것 같았다. 일단 텃밭을 먼저 만들어 보기로 하고 쿠션도 깔아 주었고 처음에는 그게 베란다 인테리어의 전부였다.

우리 집은 아침에 햇살이 제일 잘 들어오는 동향집인데 아침에 일어나 텃밭에 물을 주고 쿠션에 엎드려 커피도 마시고 책을 읽으면 그렇게 행복할 수가 없었다. 신랑과 함께 할 수 있는 주말 아침에는 베란다에 앉아 주말 계획도 세우며 시간을 보내곤 했다.

그렇게 봄을 보내고 여름이 왔을 때 베란다 창문에 붙여 두었던 단열재를 떼고 베란다 문을 열고 생활하다 보니 어딘가 아쉬운 느낌이 들었다. 텃밭에 키우던 식물들도 내 관리 소홀로 인해 운명을 다하기도 했기에 베란다를 다시 한 번 손보기로 했다.

베란다 바닥은 장판으로 되어 있었고 벽에는 시트지가 붙어 있어서 베란다 같은 느낌이 덜했기에 하나의 작은 방처럼 사용해 보고 싶은 마음이 생겼다.

우리 집은 저층이기에 밖에서 잘 보일 수밖에 없는데 겨울에는 단열재 덕분에 어느 정도 가려졌지만 날이 풀리면서 단열재를 떼고 나니 밖에서 보는 시선들에 신경이 많이 쓰였다. 그래서 작은 방에 두었던 원목 사다리 선반과 원목 행거를 베란다로 가지고 나왔더니 꽤 잘 어울렸다. 그래도 뭔가 허전한 느낌을 지울 수가 없었다. 우리 베란다는 반원으로 되어 있어서 생각보다 꽤 넓은 편이었기에 마침 재봉틀을 구입했던 나는 그걸 올려놓을 테이블을 하나 놓으면 좋겠다고 생각했다. 따로 구입하지는 않고 캠핑할 때만 쓰고 평소에는 접어 두는 캠핑 테이블을 펴서 방수천으로 테이블보를 만들어 덮어 주었다.

테이블 위에 재봉틀을 올려놓고 다리미와 다리미판도 옆에 놓아두니 영락없는 작업실 같은 분위기가 만들어져서 기분이 좋았다. 너무 더울 때는 베란다에 앉아있기조차 힘들었지만 선선한 저녁이 되면 거실 조명을 베란다고 비춰놓고 식사 후에 신랑과 함께 맥주 한 잔 하기 딱 좋은 공간이 됐다. 그렇게 우리 베란다는 내가 재봉틀도 돌리고 화초도 가꾸며 신랑과 수다도 떠는 멀티형 베란다로 변신했다.

침실 쪽 베란다는 빨래를 너는 곳이었기에 천을 구입해 직접 가리개를 만들어 달아 주었고 여름이 지나고 가을이 되었을 때에는 그레이 계열의 벽으로 변신 시킨 후 허전해 보이는 벽에는 노끈 사진 가렌더를 붙이고 스타치스도 갖다 놓아 계절에 어울리는 베란다 인테리어를 완성했다.

베란다 인테리어 정보

- **선반** : 이케아 ladderk 선반 ⓦ37,900원
- **의자** : 시드니 가구
- **행거** : 베스트리빙 원목 1단 행거 ⓦ16,600원
- **매트** : 메르디앙 가구
- **쿠션** : 메르디앙 가구

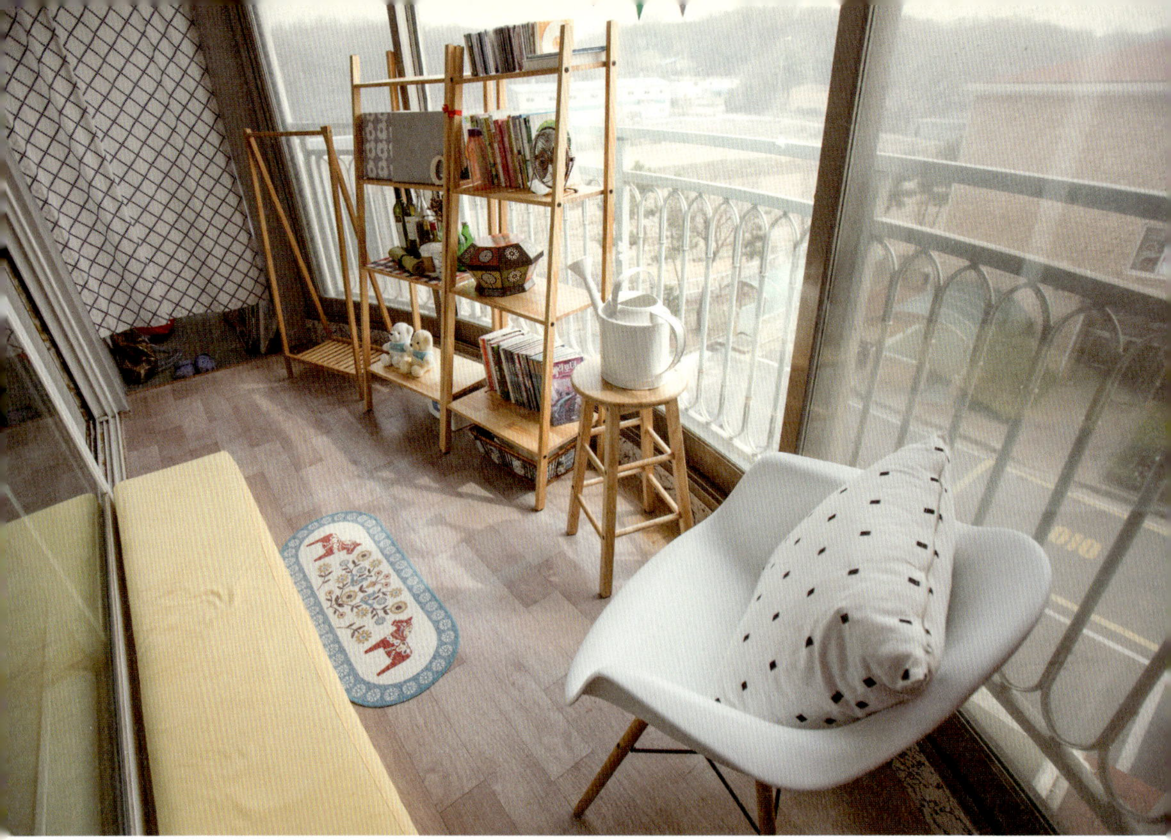
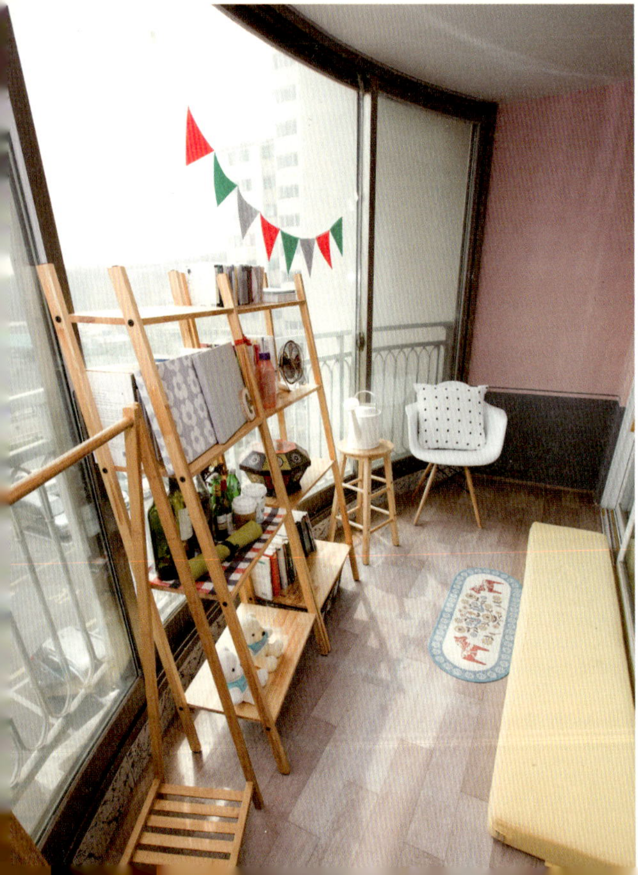
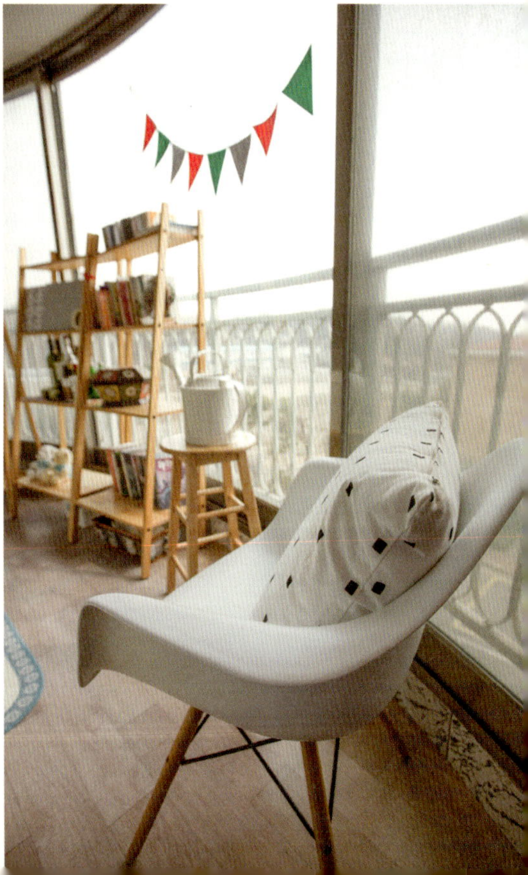

지금 우리는……

결혼한 지 1년이 다 되어 가는 우리 집은 아직도 변화 중이다. 철이 바뀔 때마다, 혹은 예쁜 가구나 아이템이 생길 때마다 작은 변화에 맞추어 조화롭게 맞춰 나가다 보니 인테리어는 조금씩 계속 바뀌고 있다.

처음엔 정말 떨리고 어려웠던 페인트칠을 비롯해 인테리어와 관련한 모든 부분들이 지금은 많이 익숙해져서 힘들게 느껴지지 않고 오히려 조금의 투자로 우리가 머무는 공간이 변하니 이렇게 좋은 것도 없다는 생각이 들 정도이다. 카페나 호텔 혹은 펜션에 가더라도 벽 하나하나를 눈여겨보게 되고 조명도 그냥 지나치지 않는다.

셀프 인테리어를 한 번 하고 나니 초보자에서 한 단계 건너뛴 중급자가 된 기분이다. 우리 집 셀프 인테리어를 블로그에 올리고 많은 사람들이 좋아해 주셨고 방송 촬영을 하기도 했다. 우리의 작은 경험들이 모여서 이제는 다른 사람들에게 도움을 줄 수 있게 된 것이다.

그저 우리가 머무는 공간이 좀 더 예쁘고 편해지면 좋겠다는 생각에 시작한 셀프 인테리어였는데 우리 집에 오시는 손님들마다 예쁘다고 칭찬해 주시며 우리의 노력과 감각을 인정해 주시니 그 또한 기쁘고 행복하다. 만약 우리가 셀프 인테리어를 하지 않았다면, 이 과정들을 사진으로 남겨 놓지 않았다면 지금 우리는 어떤 모습으로 살고 있을까?

집을 꾸미면서 우리가 느낀 행복한 마음과 서로를 돕고 위하면서 경험한 에피소드들도 추억이 되었는데 만약 그것이 지금 존재하지 않는 것이라고 생각하면 아찔하기까지 하다.

셀프 인테리어를 시작할 때 우리에게 많은 조언들이 들려왔다. 전셋집에 인테리어 해 봤자 너희 손해이다, 남의 집을 꾸미면서 뭐하냐는 등의 말은 사실 어느 정도 일리는 있다. 하지만 우리는 한 번뿐인 신혼을 보내야 했고 우리가 원하는 인테리어, 그리고 그것을 넘어서 '집'이라는 공간이 주는 특별한 의미를 만들어 내고 싶었다.

그래서 우리 부부는 무리였을지 모르는 셀프 인테리어를 시작했고 그 결과 예상치도 못한 곳에 와 있으며 그동안 경험한 일들이 무척 감사하다. 앞으로도 우리는 셀프 인테리어를 할 것이고 다음 집은 지금보다 더, 또 그 다음 집은 그 전보다 더 나아질 거라고 믿는다.

처음 겪었던 시행착오 들은 더 이상 경험하지 않고 조금씩 전문가에 가깝게 나아가지 않을까? 우리에게 아이가 생기고 그 아이들이 우리가 만들고 꾸민 집에서 뛰노는 모습을 보며 그에 맞춰서 계속 변화해 갈 것이다.

결국 집이라는 공간은 단순히 우리가 먹고 자는 것을 넘어 삶을 만드는 곳이고 한 가정이 세워지며 영혼을 튼튼하게 만들어 준다고 생각한다. 그런 공간을 부부가 함께 꾸미고 가꾼다는 것은 얼마나 큰 의미가 있는지!

신혼부부 들에게 셀프 인테리어를 강력 추천하는 이유가 바로 거기에 있다. 우리처럼 뭔가를 부수고 다시 만들어 세우는 작업 들이 아니더라도 결혼 전에 첫 집을 꾸밀 때에 각자가 생각하는 '집'이라는 공간에 대해 진지하게 의견을 나누기를 바란다. 그것이 바로 부부가 한 가정을 이루는 출발이라고 생각하기 때문이다.

우리 부부 이야기

누나 동생으로 만났던 우리는 어느새 연상연하 커플이 증가했다는 뉴스 그래프에 한 점을 찍고 길지도 짧지도 않은 연애를 마친 후 결혼이라는 걸 하게 됐다. 연애할 때는 그저 커피숍에 앉아 지나는 사람들 구경하며 수다 떨어도 그렇게 재미있고 시간 가는 줄도 모르겠다며 평생 연애만 하면 좋겠다는 헛된 망상(?)을 꿈꾸기도 했는데, 막상 결혼을 하고 같이 사는 부부가 되니 그때와는 또 다른 재미가 있다며 아직도 연애하듯 신혼을 즐기고 있는 결혼 2년 차가 되었다.

기분이 좋을 때는 "자기야."라고 부르다가도 조금만 토라지면 "너!" 소리가 먼저 나오는 아내는 요리하는 것을 좋아해 늘 이것저것 만들어 준다. 그러다보니 옷이나 가방보다 주방용품에 더 눈길을 많이 주고 있고 인터넷신문 연예기사를 보는 대신 새로운 레시피가 올라오는 블로그를 정독하고 마트에 가서 신선한 재료를 고르는 주부로 변신 중이다.

아내가 해 주는 밥을 가장 맛있게 먹는 나는 평소에는 회사에서 평범한 직장인으로 살다가 집에 돌아오면 핸드폰 게임으로 스트레스를 풀고 아내가 밥 하는 동안 TV를 보며 빨래를 개는 아저씨가 되었다.

그렇게 빨래를 개다 문득 고개를 들어 보면, 어느새 이 집에 자연스럽게 녹아 있는 우리를 보며 신기한 생각이 들 때가 있다. 연인에서 부부가 되는 과정을 만나기까지 오랜 시간 기다려야 했고 서로를 알아보고 다시 확신을 얻기까지의 시간도 필요했지만 이제는 이렇게 우리만의 공간을 만들고 가꿔가는 중이다.

우리의 신혼집

여러 상황들이 겹치면서 우리 예상보다 조금 빨리 결혼식을 올리게 되는 바람에 신혼집 정리를 시작하기도 전에 우리는 부부가 되었다. 대한민국 대부분의 신혼부부가 그렇겠지만 우리도 작은 아파트에서 신혼을 시작했다. 결혼 전부터 내가 혼자 살던 집이었는데 그때는 방 하나만 써도 될 정도로 집이 휑해 보인다 싶었던 공간이었기에 둘이 살기에 충분하다 싶었다. 그런데 사람만 두 배가 됐을 뿐, 살림살이라든지 옷가지 들이 늘어나는 속도를 보면 조만간 집이 터질 것만 같았다.

침실에는 처음부터 설치되어 있던 붙박이장이 있어서 활용할 수 있는 공간이 크지 않고, 작은방은 그동안 내 책상과 컴퓨터, 침대와 책꽂이 등을 놓아두고 학생방처럼 사용했었다. 베란다는 전혀 신경 쓰지 못하고 살았었기 때문에 겨울철 습기와 여름철 들이치는 비로 인해 깔아 두었던 마루는 썩기 시작한 지 오래였으며 주방에는 어머니가 챙겨다 놓으신 살림살이들이 한가득이어서 4인 가족쯤이 몸만 들어와 살아도 문제가 없을 것 같은 집이었지만 가스레인지며 식기들도 다 낡고 오래되어 신혼집에서 쓰기에는 힘든 상황이었다.

남자 혼자 살던 집에 새사람을 들이려고 하니 막상 어디서부터 손을 대야 할지 전혀 감이 잡히지 않았다. 인터넷을 뒤져 우리 아파트 어느 집을 공사했다는 업체에 전화를 걸어 견적을 물어봤더니 그 집처럼 고치려면 1,800만 원에서 2,000만 원까지는 생각해야 한다고 했다. 게다가 공사 기간은 2주인데 그 사이에 모든 짐을 다 빼서 보관센터에 맡기는 비용은 별도라고. 고민이 시작됐다. 어차피 우리는 전세는 아니지만 그렇다고 좁은 집에서 오래 살 계획은 없다. 어떻게 하는 게 좋을까? 사랑하는 사람과 함께 살게 되는 공간을 하나부터 열까지 전부 다 새것으로 바꾸어 주고 싶었지만 시간과 상황이 허락하지 않아 속상한 날들이 이어졌다.

깨끗한 도화지 같은 집에 자기 취향대로 새 가구와 가전들을 들이고 신혼 생활을 시작할 거라고 생각했을 아내는 별다른 불평도 없이 내 수면바지를 입고 까만 가죽 소파에 누워 TV를 보다가 낡은 냉장고에서 반찬을 꺼내 작고 좁은 2인용 식탁에 밥을 차리고, 슬리퍼를 신고 찬 바람이 살을 에는 베란다에 나가 낡고 작은 세탁기에서 빨래를 꺼내 탁탁 털어 건조대에 거는 주부 생활에 금세 적응했다.

그 와중에도 아내는 블로그와 인테리어 도서 들을 탐닉하면서 우리 집을 어떤 식으로 고치고 꾸미고 싶은지 머릿속에 그림을 그려 나가는 것 같았다. '이 집을 어떻게 해야 하나' 고민만 하던 내게 아내의 '제안'이라 쓰고 '해야 한다'로 읽는 계획안이 나타났다.

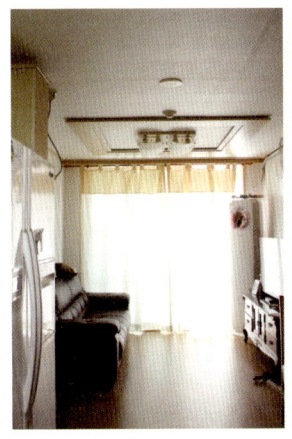 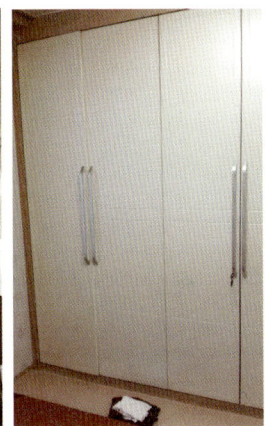 

우리의 신혼집을 위한 계획

❶ 좁은 집이기에 기본 색은 흰색으로 통일해서 넓어 보일 수 있도록 한다.

❷ 좁은 집일수록 물건을 많이 꺼내놓으면 답답하고 더 좁아 보인다. 수납에 힘을 쓰자.

❸ 포인트를 주고 싶다면 소품을 이용해서 언제든 쉽게 치우고 바꿀 수 있도록 하자.

❹ 아낄 수 있는 곳에서는 최대한 아끼지만 쓸 때는 확실히 쓰자.

❺ 셀프로 할 수 있는 것과 없는 것은 확실히 구분해서 필요한 곳은 전문가에게 의뢰한다.

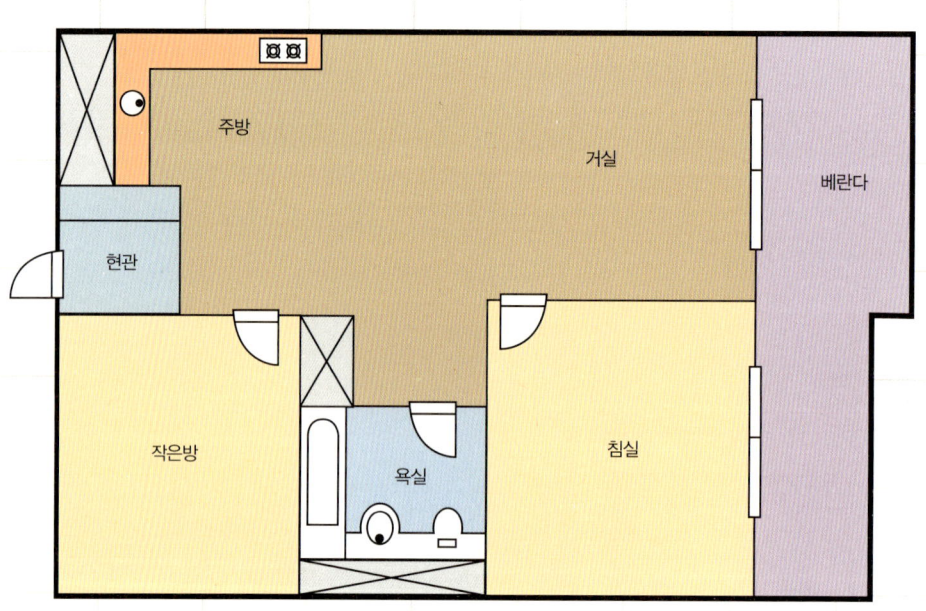

셀프 인테리어를 하려면
기초 준비를 확실하게!

"인테리어 업체에 맡기면 돈도 돈이지만 그 기간 동안 우리가 가 있을 데가 어디 있어? 친정은 너무 멀고. 요즘엔 셀프 인테리어 하는 사람들도 많대. 우리가 조금씩 고쳐 보면 어떨까? 지금 아니면 언제 그걸 또 해 보겠어? 나중에 아기라도 생겨 봐. 꿈도 못 꿀걸?"

아내의 말에도 일리가 있었지만 이미 몇 년 전에 작은방 한번 바꿔 보겠다며 페인트칠을 해 봤던 나는 선뜻 대답할 수가 없었다.

"그게 얼마나 힘든 일이지 알아? 페인트 냄새도 그렇고, 벽은 그렇다 쳐도 천장은 진짜 힘들어."

마음속으로 '힘들어! 힘들어! 힘들다고!'를 수십 번 외친 것 같다. 하지만 아내는 이미 마음을 굳힌 듯했다. 며칠 뒤, 집으로 어마어마한 양의 페인트가 도착했다. 페인트만 있어선 칠을 할 수 없으니 붓과 롤러 등 각종 부자재도 넘쳐났다.

'그래, 이왕 이렇게 된 거 최선을 다해서 한번 해 보자. 우리가 같이 살 집이니 우리 손으로 고치고 꾸미는 것도 의미가 있겠지.'

인테리어에 대해서 아무 것도 모르는 우리였기에 시작도 하기 전에 쓰나미 같은 불안감이 엄습하기는 했지만 나도 심기일전 하고 아내의 진두지휘 아래 가장 충성스런 부하가 되어 일사불란하게 움직이려고 노력했다. 그럼에도 어디선가 날아오는 아내의 지적과 잔소리에는 늘 큰 목소리로 복명복창하며 아내가 스트레스 한계치에 다다를 때마다 비위를 맞춰주려 노력했다.

그래도 우리는 전문가가 아니었기에 늘 여기저기서 생각하지 못한 문제들이 튀어나와 우리를 당황시켰고 그때마다 '내가 이걸 왜 한다고 했을까……'를 되뇌어 봐도 이젠 판이 너무 커져 요단강을 건넌 것처럼 돌이킬 수 없는 현실이 원망스러웠다. 뭐 어쩔 수 있나. 그래도 고비고비 넘길 때마다 "역시 우리가 셀프로 하길 정말 잘했다, 그치!"하며 어깨도 주물러 주고 내가 세상에서 아내 다음으로 사랑하는 치킨에 차갑게 식힌 맥주 한 캔 따서 건네주는 아내가 있으니 늘어난 티셔츠를 입고 페인트 묻은 얼굴을 하고도 서로를 보며 웃을 수 있었다.

이미 말했듯이 우리는 여느 신혼부부들처럼 비어 있는 집에 새 살림살이를 들인 게 아니라 이미 살고 있던 집에 아내가 들어와 함께 살다가 집을 고치게 된 경우다. 작업 순서라는 것도 없었고, 계획을 세운다 한들 그대로 지켜지지 않는 게 다반사였다. 주중에는 일하느라 회사에 가 있어야 하고, 퇴근 후에 한두 시간 잠깐씩 작업하는 것 외에는 주말밖에 시간이 없는데 그것도 개인적인 행사들이 겹치면 또 한 주가 그냥 날아가는 거였다.

게다가 한군데 작업이 끝나면 다시 짐을 다 옮긴 후 다른 곳 작업을 시작하는 형식이었기 때문에 전등이나 스위치 하나 교체하는 것도 한 번에 끝나지 않아 기존 짐과 새로 사들이는 물건들이 뒤섞여 굉장히 정신없는 나날을 보내야 했다.

셀프 인테리어를 시작하며 제일 먼저 한 일은 '버리기'였다. 아내가 시키는 대로 쓸모없는 짐은 다 정리를 했다. 버릴 건 버리고 다시 쓸 것들은 거실이나 베란다로 빼 두었다. 우리가 버린 것을 다른 집에서 다시 가져가기도 하고 아파트 분리함에 우리 집에서 나온 것들이 엄청나게 쌓여만 갔는데도 짐은 그대로인 것처럼 보였다. 장판도 바꿔야 하니 따로 보호 작업은 하지 않고 그 위에서 페인트칠하는 것부터 시작했다. 아내가 가장 먼저 고치고 싶어 했던 주방 싱크대 문을 다 떼서 침실로 옮겼고 붙박이장 문짝도 다 떼어내 칠하기 쉽게 배치했다. 아내가 이미 싱크대와 침실 붙박이장 필름지는 다 벗겨 놓았기 때문에 칠만 하면 됐다.

큰마음 먹고 여름에 시작했던 공사는 해를 넘겨서야 겨우 마무리가 되었다. 지금부터 우리가 살고 있던 집을 어떻게 고쳤는지, 어느 포인트에서 목소리를 높이며 페인트 붓을 내던졌는지, 가장 만족했던 셀프 시공은 무엇이었는지 등에 관해 이야기를 해 보려 한다.

흰 바탕에 침구로
포인트를 준 침실

우리 집은 실크벽지가 발라져 있었다. 그 동안 도배를 두 번 정도 하긴 했었는데 아무래도 시간이 지나다 보면 사람 손때도 묻고 세월의 흔적이 느껴질 정도로 색이 변하기는 한다. 게다가 침실 벽지에는 대한민국 어느 침실에나 있을 것 같은 무늬가 새겨져 있었다.

"그냥 도배하는 집에 말해서 거실이랑 침실, 작은방은 흰색 벽지로 도배 하자."

업체에 맡기지 않고 우리가 집을 고치고 꾸미기로 결정했을 때 나는 벽만큼은 전문가에게 맡기고 싶었다. 하지만 아내는 단호했다.

"돈 주고 맡기면 그게 무슨 셀프야. 그럴 거면 차라리 다 전문가한테 맡기는 게 낫지. 나, 정말로 페인트칠 해 보고 싶었단 말이야."

에휴, 내가 선택한 여자이니 어쩌겠나. 하고 싶다는 대로 해 줘야지. 침실 짐을 다 치운 후 거기서 싱크대 문짝과 침실 붙박이장 문짝을 다 칠했다.

벽과 천장을 칠하는 날, 이미 작은방 페인트칠을 해봤던 나는 이게 얼마나 힘든 일인지 알고 있었기에 한동네에 사는 친구들을 불렀다.

"이건 정말 힘든 거니까 그냥 우리가 할게."

한 친구는 이런 일일 줄 예상도 못했다며 입고 온 청바지 걱정을 하기에 남겨 뒀던 반바지 트레이닝복을 하나 내 주었다. 아, 저 옷도 오늘로 안녕이구나.

무념무상이라는 말은 이럴 때 쓰는 걸까? 처음에는 재미있다며 끝없이 수다를 떨던 친구들도 점점 말이 없어졌다. 특히 천장을 칠하며 '내가 지금 왜 여기서 이러고 있는 거지?'라는 생각이 들기 시작할 때쯤 조금씩 누리끼리한 색깔이 하얗게 변하기 시작했다. 한 번 칠하고 페인트가 마르는 동안 짜장면과 탕수육이 찾아왔다. 이 정도 보충을 해 주지 않으면 도저히 힘을 낼 수 없다.

"탄탄한 느낌의 흰색 벽을 갖고 싶어."

도대체 탄탄한 느낌의 흰색이 뭔지 모르겠지만 그저 하얗고 하얀 벽을 말하는 것이겠거니…… 싶어서 페인트칠만 총 3회를 했다. 칠하고 말리고, 칠하고 말리고, 또 칠하고 말렸다. 천장을 칠할 때는 진짜 힘들었지만 그 외에는 생각보다 무난히 끝났다.

아내는 페인트를 고를 때 세 가지를 봤다고 했다. 1) 친환경일 것, 2) 가격이 터무니없이 비싸지 않을 것, 3) 상품평이 좋을 것. 비록 몇 년 전이었는데도 방 하나 칠하는 게 얼마나 고되고 힘들었는지 모른다. 힘이 드는 것도 문제지만 바르고 나서 냄새가 빠지지 않아 며칠 동안 환기 시키느라 고생했던 기억 때문에 우리 집 고칠 때에도 페인트는 피하고 싶었던 건데 신기하게도 아내가 사온 페인트들은 냄새가 나지 않았다. 나중에 태어날 아기까지 생각해서 아토피 방지 페인트를 샀다고 하던데 역시 여자 말은 잘 들을 필요가 있다고 느낀 순간이다. 우리 같은 신혼부부라면 저렴한 제품 사서 고생하지 말고 꼭 전문 페인트를 쓰라고 권하고 싶다.

고생해 준 친구들이 페인트 묻은 옷을 입고 캄캄해진 거리를 걸어 집으로 돌아가니 주말도 끝이 났다. 일주일 뒤, 낡아빠진 치맛자락처럼 촌스럽던 등을 제거한 자리에는 짐 속에 파묻혀 있던 새 등을 꺼내 설치해 주었다. 아내가 고른 등은 역시나 흰색. 남들은 이정도 크기의 등은 거실에도 달던데 우리는 밝고 환한 느낌을 좋아해서 침실 조명에도 힘을 썼다. 도시여자처럼 시크한 디자인의 LED 등으로 교체한 후 불을 켜니 눈부심 하나 없이 쨍한 느낌이 들어서 만족스러웠다.

작은방에 걸려 있던 벽걸이 에어컨도 침실로 옮겨왔다. 에어컨 탈거와 설치는 전문 기사님께 맡겨야 하는데 사실 그 비용도 만만치 않아 그냥 작은방에 둘까 싶었지만 이제는 이곳을 부부침실로 사용할 거라 그 정도 비용은 투자하기로 했다. 주말에 기사님이 오셔서 작업했는데 콘크리트 벽을 뚫느라 소음이 굉장했고 벽에서 나오는 먼지가 어마어마했다. 바닥 작업하기 전에 끝내 놓은 게 다행이었다.

이제 기본은 다 됐으니 바닥을 손볼 차례였다. 우리 집에는 전부 장판이 깔려 있었는데 찢어진 곳은 없었지만 아무래도 그냥 쓰기에는 아쉬운 감이 있어서 장판도 새로 깔기로 했다. 인터넷 검색을 해 보니 이것도 전문가에게 맡기면 인건비가 꽤 드는 모양이었다. 결국 우리는 동네 장판 가게에 가서 견적을 뽑고 필요한 만큼의 장판을 사 왔다. 사장님께서도 이 정도는 혼자서도 깔 수 있다고 해 주셔서 큰 고민 없던 결정이었다. 장판도 종류가 여러 가지였다. 국내 1위라고 광고하는 제품도 마음에 들기는 했지만 가격이 만만치 않았기에 우리는 너무 얇지 않으면서도 가격에 거품이 없는 것을 추천해 달라고 했다. 사장님께서 추천해 주신 장판은 색깔도 무난했고 생활 소음을 어느 정도는 막아줄 수 있을 것 같은 두께였는데도 비싸지 않았다. 오히려 저렴하다는 생각도 들었다.

거실에는 강화마루를 깔 생각이었기 때문에 제일 밝은 색으로 골랐고 침실과 작은방에 깔 장판과 베란다에 깔 장판타일도 모두 같은 브랜드 제품으로 골랐다. 인터넷에서 대충 뽑아 봤던 견적보다 싸게 나와서 만족했다. 하지만 장판을 깔기까지 마음의 준비가 필요했다. 내가 과연 할 수 있을까? 인터넷 검색을 해 보면 '할 수 있으니 해 보라'는 사람과 '웬만하면 그냥 돈 주고 맡겨라'는 사람으로 나뉘는 분위기였기에 확신이 서지 않았다. 배달된 제품들을 현관에 쌓아 놓고 바쁘다는 핑계로 시간만 보내다가 결국 아내의 성화에 못 이겨 장판 묶음 하나를 들고 침실로 들어갔다.

'아… 뭐부터 해야 하지?'

내가 제일 먼저 한 것은 스마트폰으로 검색하는 일이었다. 도대체 다른 사람들은 혼자서 장판을 어떻게 깔았다는 건지. 그동안 여러 번 검색했고 나도 할 수 있겠다는 생각으로 덤볐던 건데도 막상 시작하려 하니 뭔지 모를 두려움이 몰려왔다.

'아, 이래서 사람들이 그냥 돈 주고 전문가한테 맡기는 거라니까!'

❶ 먼저 장판을 걷어낸 후 바닥은 청소기로 한 번 깨끗이 밀어 준다. 그리고 새 장판을 깔아 본다. 전문가가 아니기 때문에 한 번 실수하면 장판을 버리게 되므로 이 과정은 꼭 필요하다.

❷ 우리는 방 크기에 딱 맞춰서 시공할 생각이었기 때문에 여분 없이 딱 맞게 잘랐지만 벽 쪽으로 장판을 꺾어 올리려는 사람들은 그 길이도 고려해야 한다. 장판을 자를 때에는 잘 드는 컷터칼로 한 번에 힘주어 자르면 좋다.

❸ 바닥에 친환경 온돌 본드를 얇게 발라 준다. 일종의 접착제 역할을 하는 건데 너무 많이 바르면 바닥이 울퉁불퉁해질 수도 있고 빨리 마르지 않기도 하다. 뭐든지 과유불급을 주의할 것!

❹ 장판 까는 것 자체는 어렵지 않지만 장판끼리 맞물리는 가운데 부분을 맞추는 것이 굉장히 중요하다. 나는 기술이 없으니 무조건 꼼꼼함으로 승부했는데 하다 보면 요령이 생긴다.

❺ 장판이 본드와 잘 붙을 수 있도록 온몸을 이용해 꾹꾹 눌러준 후 벽과 맞닿는 부분은 실리콘을 쏴 주면 가장자리가 뜰 위험을 방지할 수 있다.

장판을 다 깐 후 아내를 불러 보여 주었더니 눈이 동그래지며 깜짝 놀라던 게 생각난다. 이렇게 깔끔하게 잘 해줄 줄은 몰랐다고 했는데 사실 자세히 보면 실리콘 쏜 부분도 울퉁불퉁하고 전문가가 해 놓은 것에 비하면 볼품없다. 하지만 최소한의 비용을 들여 깨끗해진 침실을 보니 뿌듯한 기분이 드는 것도 사실이었다.

하지만 그 기분도 잠시, 깨끗해진 침실에 다시 짐들이 들어왔다. 둘이 잘 공간만 남겨 두고 컴퓨터와 TV를 비롯해 주방용품들도 들어왔다 나갔고 다시 전쟁이 시작된 것 같았다.

'아, 빨리 시간이 지나갔으면⋯⋯.'

이제 기본적인 것은 다 끝났으니 빨리 가구만 알아보면 된다. 그런데 침실에 붙박이장이 설치되어 있다 보니 남는 공간이 많지 않았기에 침대 하나 놓으면 다른 가구 놓을 자리는 찾기 힘들 게 뻔했다.

'둘이 가지고 있는 옷만 하더라도 침실에 다 놓기는 부족할 텐데 어쩌지?'

고민만 하고 있던 내게 아내가 '수납침대'를 놓자고 했다. 침대 프레임에 서랍이 달린 것들을 말하는 것이었는데 아무리 검색을 해도 퀸 사이즈 침대에는 그런 프레임을 찾기 힘들었다. 게다가 나는 잠자리만큼은 돈을 들여서라도 편안하길 바라던 참이었는데 내가 원하는 침대 브랜드에서는 그런 프레임은 만들지 않는다고 했다.

"그냥 옷장 하나 더 사고 침대는 일반적인 걸로 사자."

하지만 수납을 강조하는 아내는 여기저기 수소문 하더니 결국 '튼튼한 프레임'을 찾아내고야 말았다. 공방에서 원목으로 맞춤가구를 만들면 그 위에 매트리스를 놓고 사용할 수 있다는 얘기였다. 당시 우리가 다니던 교회가 새 성전을 짓고 이사를 했는데 사모님을 통해 교회 강대상과 의자 등을 제작한 업체를 소개받을 수 있었다.

아내와 함께 업체 실장님을 만나 미팅을 거듭한 결과, 우리는 서랍과 보관함이 있는 수납침대를 제작하기로 했고 침대는 2주 정도의 제작기간을 거쳐 우리 집으로 배송됐다. 생각보다 높은 침대에 헉 하고 놀랐지만 수납력 하나는 정말 끝내 준다며 아내는 굉장히 만족해했다. 신혼여행 다녀온 후에는 각자의 캐리어에 여름옷을 가득 담아 뒤주 안에 넣어 두었고 계절 옷과 속옷 등은 침대 서랍 안에 차곡차곡 보관했다.

그리고 매트리스 얘기를 빼놓을 수 없다. 다른 건 다 양보해도 매트리스만큼은 좋은 걸 쓰겠다는 내 생각은 변함이 없었다. 마침 내가 골라 놓은 브랜드가 있었기에 매장에 가서 누워도 보고 설명도 들은 후 제품을 골랐다. 아내는 침대도 높은데 이렇게 두꺼운 매트리스를 어떻게 놓냐고 했지만 매트리스에 누웠을 때 느끼는 그 편안함을 어떻게 설명할 수 있을까! 결국 내가 원하던 매트리스를 구입했고 그걸 우리 침대 위에 올려놓는 순간 우리는 어색한 웃음을 지을 수밖에 없었다.

"서로가 만족하는 거 하나씩 채운 셈이니까 이 정도는 그냥 넘어가자."

처음 이 침대에서 잠들었던 날이 기억난다. 지금은 적응되어 폴짝폴짝 잘 뛰어 올라오지만 키가 작은 아내는 처음에는 침대에 기어서 올라와야 했다.

"자다가 떨어지면 끝나는 거야. 벽에 꼭 붙어!"

우리 침대 높이는 4,500mm, 매트리스 높이는 850mm다!

그렇게 침대를 들이고 나니 더 이상 침실에 무언가 놓는 것은 꿈도 꿀 수 없었다. 다행히 아내는 화장을 잘 하지 않아 화장대는 필요 없다고 해서 그 부담은 줄었는데 하얗기만 한 방에 침대만 덩그러니 있는 것 같아 뭔가 부자연스러웠다.

아내는 그 부분을 침구와 소품으로 채웠다. 나는 그동안 어머니가 사다 주시는 이불도 불평 없이 잘 썼었는데 이제 결혼도 했으니 좋은 침구를 써보고 싶다고 말했고 빛이 있으면 잠을 깊게 못 자는 체질이라 커튼도 좋은 걸 사달라고 했다. 백화점도 가 보고 인터넷 후기도 많이 읽어보고 몇 날을 고민하던 아내는 별모양 무늬가 있는 암막 커튼과 오리털 순면 침구를 샀다. 낮에도 커튼을 치면 햇빛이 차단되는데 무늬 사이로 빛이 들어오는 게 정말 예뻐서 자꾸만 커튼을 치게 되는 단점 아닌 단점이 있다. 오리털 이불은 어렸을 때 써보고 오랜만에 다시 쓰게 됐는데 털도 많이 안 빠지고 굉장히 푹신한데 가볍고 보온성도 좋아 전기장판을 깔지 않아도 된다. 아내는 추위를 많이 타서 결혼 전에는 늘 전기장판을 끼고 살았다는데 나는 이제 전자파 때문에 쓰고 싶지 않았기에 좋은 이불을 덮자고 말했던 건데 전기장판 못지않은 보온 효과를 보고 있다. 게다가 침대 나무가 좋아서인지 보일러를 틀면 온기를 고스란히 전달해 준다. 아침에 일어나 속옷을 꺼낼 때마다 서랍 속 온기를 느낄 때면 깜짝깜짝 놀랄 정도다.

침실 인테리어 정보

- **장판** : 진양화학 www.chinyang.co.kr 참숯골드 1.8mm
- **페인트** : 삼화페인트 www.spi.co.kr THE CLASSY ATO FREE 벽지용 크림색
- **핸디코트** : 손잡이닷컴 라이트 핸디코트 대-4kg ₩7,500원
- **락카** : 손잡이닷컴 홈스타락카스프레이 검정무광 ₩2,800원
- **조명** : 프로라이팅 www.prolighting.co.kr 꼬깔 6등 방등 ₩215,000원
- **아트큐브 인테리어 스탠드** ₩43,500원
- **침대** : 화평성구사 www.sungku.com 퀸사이즈 소나무 천연백색오일마감 ₩110만 원
- **커튼** : 몽비쥬 www.mymonbijou.com 린넨 텍스쳐 〈조엘〉 암막커튼 아이보리+그레이 혼합 세트 ₩180,000원
- **침구** : 몽비쥬 헤미쉬 명품라인 〈파벨〉 침구세트 / 매트+베개커버+사계절용 이불커버+오리털 포함 ₩50만 원 대
- **에어컨** : 엘지
- **침구** : 몽비쥬 블랜모드 침구세트 (솜 포함) ₩21만 원
- **커튼** : 몽비쥬 블랜모드 화이트 ₩84,000원

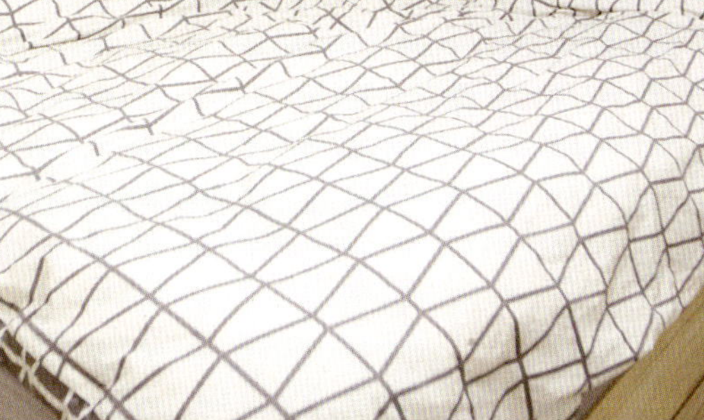

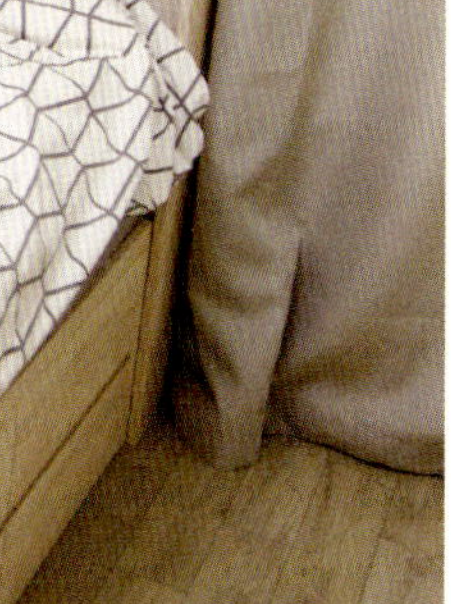

번잡함을 벗어버리고
다시 태어난 **주방**

　　　　　　좁은 평수에 비하면 주방 싱크대는 큰 편인 것 같다. 그런데 우리 집 싱크대는 어머니가 챙겨 주신 건강식이며 잡다한 주방기구들까지 가득했기 때문에 싱크대가 터질 지경이었다. 게다가 싱크대 문에는 갈색 필름이 붙어 있었는데 아파트가 나이를 먹을수록 싱크대도 점점 낡아지기 시작하면서 여기저기 모서리마다 필름이 벗겨지고 있었다. 혼자 살 때에는 내가 주방에서 뭘 해먹는 일도 없었기에 별로 신경 쓰지 않던 것들이지만 새사람을 맞이할 생각을 하니 이대로 쓸 수 없다는 생각이 들었다.

요즘에는 상부장을 떼고 선반 같은 것들을 달아서 마치 카페처럼 인테리어를 하는 사람들도 많던데 아내는 어차피 본인이 가지고 있는 주방 용품이 많기 때문에 개방감을 포기하는 대신 수납력을 확보하겠다고 했다. 대신 하얗고 깨끗한 싱크대를 갖고 싶다는 바람 하나는 들어 달라고 했다.

싱크대 업체를 통해 하나 새로 맞출까 싶었는데 아내가 보더니 필름 끄트머리가 조금 벗겨지는 것과 색깔이 촌스러운 것 말고는 크게 낡고 망가진 곳이 없으니 대신 리폼을 하자고 했다. 검색을 해 보니 싱크대를 리폼 하는 방법으로는 시트지를 붙이는 방법과 페인트를 칠하는 방법이 대세인 것 같았다. 어차피 우리는 방문과 벽지도 페인트칠을 하기로 했으니 고민 없이 주방도 페인트칠을 하기로 결정했고 역시나 흰색으로 통일했다.

사실 이때만 해도 셀프 인테리어를 하기로 결심하고 처음 하는 작업이었기 때문에 의욕에 불타던 때였다. 주말에 문짝을 다 떼서 칠해줄 테니 조금만 기다리라고 했는데 평일 저녁에 나보다 먼저 퇴근한 아내는 손수 문짝을 다 떼어 침실로 옮겨다 놓고 칠을 하고 있었다.

성격 급하고 키가 작은 아내가 윗부분 문짝은 떼지 못하고 아래만 먼저 작업해 놓는 바람에 한동안 윗부분은 문짝 없는 기괴한 모습의 싱크대를 놓고 살아야 했다.

1. 싱크대에 페인트칠하기

❶ 드라이버나 전동 드릴을 이용해 경첩 부분을 풀러 준다. 나사와 경첩이 많이 녹슬었을 경우에는 새로 사서 달아도 되지만 그렇지 않을 경우에는 다시 사용해야 하니 꼭 잘 챙겨두어야 한다.

❷ 필름지 위에 그냥 칠해도 되고 벗겨도 된다. 그냥 칠했을 경우는 편하기도 하고, 나중에 페인트가 벗겨졌을 때 필름지만 제거하면 된다는 장점이 있지만 필름지가 오래될수록 부서지고 벗겨지는 것은 감수해야 한다.

❸ 필름지를 다 벗겨낸 후 미처 정리가 안 된 곳은 칼이나 사포로 매끈하게 다듬어 준다.

❹ 젯소를 칠해 준다. 한 번만 칠해도 되는 것들도 있지만 밑색이 강한 것들은 두세 번 칠해 줘야 한다. 젯소는 금방 마르기 때문에 손으로 만져 보아 묻어나지 않을 때 다시 칠하면 된다.

❺ 페인트를 칠해 준다. 모서리 부분은 먼저 붓을 이용해 칠해 주고 평평한 면은 스펀지 롤러로 발라주는 것이 좋다. 페인트 방울이 많이 튀기 때문에 꼭 작업복을 입고 해야 옷을 버리지 않는다.

❻ 페인트만 세 번 정도 칠을 해 주었다.

❼ 손잡이는 따로 사서 달아도 되지만 우리는 검정색 락카를 뿌려 있는 것을 활용했다.

개수가 많은 것은 아니었지만 퇴근 후 남는 시간에 조금씩 작업하다 보니 속도가 굉장히 느렸다. 젯소 한 번 칠하고 잠들었다가 다음 날 저녁에 다시 젯소 한 번 더 칠하면 또 하루가 가는 식이었다. 전문가에게 맡겼다면 이런 시간들을 벌 수 있었을 텐데…… 그런데 아내는 뭐가 좋은지 페인트칠을 할 때에는 늘 설레는 표정을 감추지 못했다. 평생 펜만 잡던 손에 페인트를 잔뜩 묻히고도 "씻으면 다 벗겨져." 라며 씩 웃는 걸 보면 웃기기도 하고 미안하기도 했다.

몸통을 하얗게 칠해 놓으니 주방 타일이 거슬렸다. 원래는 흰색이었을 타일이 어느새 아이보리색이 되어 있었고 처음에는 화사한 꽃무늬였을 텐데 지금은 다 시들어져버린 화병 속 꽃처럼 초라한 꽃들이 고개를 떨구고 있었다. 검색해 보니 욕실이나 주방 타일은 두세 번 정도는 덧방이 가능하다고 했다. 행동력 하나는 끝내주게 빠른 아내는 인터넷을 통해 육각모양의 타일을 주문했다.
'아, 작업 순서를 좀 정했으면 좋겠는데 이렇게 무작정 타일을 주문했네.'
타일을 붙이기 위해서 타일 전용 본드와 뿔헤라 등의 도구도 필요한데 아내가 주문한 사이트에서는 주문한 타일만큼의 부재료들을 함께 보내주었다. 타일에도 여러 종류가 있는데 크기가 큰 것들은 마무리 작업할 때 타일을 잘라야 하는 경우가 생긴다. 하지만 그것은 타일 컷터기가 따로 필요한 작업이고 공구상 같은 곳에서 대여를 해 준다고 하기는 하는데 우리는 그 정도 열의는 없었기에 작은 모자이크 타일을 구매했다. 한 번에 붙여도 되고 필요한 만큼 잘라서 쓸 수 있기 때문에 셀프 인테리어 하는 사람들이 많이 애용한다.

2. 주방 벽면에 모자이크 타일 붙이기

❶ 주방 타일에는 기름때와 먼지가 함께 묻어 있었기에 주방세제를 이용해 타일 벽을 깨끗이 닦아 준다.

❷ 물기를 다 말리고 난 후에 뿔헤라를 이용해 타일 본드를 발라 준다. 손으로 타일 본드를 묻힌 후 뿔헤라로 긁어주면 된다. 본드 양이 너무 적으면 타일이 잘 붙지 않을 거고 본드 양이 많으면 타일 사이사이로 본드가 새어 나오거나 타일이 밑으로 처지기도 하니 적당량을 잘 지켜주어야 한다.

❸ 타일 위치를 잘 잡고 한 장씩 붙여나간다. 온도나 습도에 따라 타일 본드가 금방 말라 버릴 수 있기 때문에 본드는 조금씩 자주 바르면서 작업하는 게 좋다.

❹ 남는 공간들은 타일을 조금씩 잘라서 채워주면 된다.

❺ 타일이 잘 붙어 있을 수 있도록 하루 정도 말려 준다.

❻ 공포의 줄눈 작업이 시작된다. 백시멘트를 물에 잘 개어서 치약 농도로 만들어 준 후에 타일 사이사이에 넣어 준다.

❼ 줄눈이 어느 정도 말랐다 싶으면 타일에 묻은 시멘트들을 닦아내야 한다. 닦아도 닦아도 계속 나오고 어제 발라 놓았던 타일 본드도 딱딱하게 굳어 있어서 그것까지 떼어내는 데 힘이 많이 든다.

❽ 무념무상의 경지를 지나서 어느 정도 닦였다 싶을 때쯤 주방세제를 묻혀서 한 번 더 닦아 준다. 아무래도 시멘트가루가 묻어 있어서 마르고 나면 또 가루가 나오기 때문에 이 작업은 꼭 해 주는 게 좋은 것 같다. 다만 이것도 물을 뿌려가며 닦아낼 수 있는 게 아니다 보니 젖은 걸레나 행주를 이용해서 여러 번 반복해야 하는 단순노동이다.

정말 고생스러운 작업이 끝이 났다. 사이즈를 잘못 쟀던 건지 중간에 타일이 모자라는 사태가 발생하는 바람에 추가로 타일을 구매해야 했고 그 시간만큼 작업이 멈춰 있느라 발라 놓았던 본드가 다 굳어버려 다시 긁어내고 작업해야 하는 일도 있었다. 아마추어도 아닌 그냥 일반인이 글로 배워 처음 도전한 작품이기에 중간에 간격이 맞지 않는 곳도 있긴 하지만 깨끗해진 주방 벽을 보고 있으니 시들시들하던 꽃무늬가 어떻게 생겼었던 것인지 생각도 나지 않았다. 타일 작업 때문에 그동안 쓰던 낡은 가스레인지도 너무 더러워져서 벨브를 잠궈 놓은 채 미니전기레인지를 꺼내 놓고 쓰고 있었는데 그런 고생들도 다 잊혀졌다.

그런데 주방을 보고 있으려니 마음이 쏙 든다기 보다 뭔가 아쉬운 기분이 자꾸 들었다.

"뭘까? 뭐가 문제지?"

그때 아내가 말했다.

"수도꼭지랑 상판이 너무 낡아서 쓰기 싫어졌어."

아, 그게 문제였구나! 다른 곳들은 나름대로 손을 봐서 새로운 모습이 되었는데 상판은 예전 모습 그대로 있으니 마치 미용실 가서 메이크업만 새로 받고 머리는 하지 않은 듯한 모습이라고나 할까?

우리는 검색을 통해 다른 사람들은 어떻게 작업했는지를 알아보았다. 요즘은 자연스러운 인테리어를 하는 경향이라 그런지 싱크대 상판을 원목으로 만들어 바니시로 마감하여 사용하는 집들이 꽤 되었다. 블로그에 나온 글들을 보면 몇 줄로 간단히 정리되는 작업 같지만 막상 그걸 내가 한다고 생각을 하니 또 한 번 아득함이 몰려왔다. 산 하나 겨우 넘었는데 그 앞에 더 큰 산이 있다니!

아내는 이미 원목 싱크대 상판에 마음이 온통 뺏겨 있었다. 블로그도 뒤져 보고 나무를 재단해 주는 사이트에도 가입하고 난리도 아니었다.

그때 우리는 베란다 기본 작업을 끝낸 후 붙박이장을 설치하려고 동네 인테리어 업체에서 견적을 뽑던 참이었다. 실측을 하느라 사장님께서 집에 오셨을 때 넌지시 여쭤봤다.

"사장님, 혹시 싱크대 상판도 작업 하시나요?"

"물론이죠. 싱크대 바꾸시게요? 이건 직접 하신 것 같은데? 잘 하셨네요. 와, 이렇게 직접 하기 쉽지 않을 텐데 고생 많이 하셨겠어요."

친절한 사장님께 원목 싱크대 상판에 대해 여쭤봤더니 고개를 절레절레 저으셨다.

"그거, 관리하기 쉽지 않아요. 아무리 바니시 칠해도 물이 계속 닿는 곳이기 때문에 웬만한 부지런함 아니면……. 차라리 대리석으로 하면 예쁠 것 같은데?"

"들었지? 사장님이 이렇게 말씀하시잖아. 그래도 원목으로 하고 싶어?"

사장님과 일종의 협공작업을 통해 아내를 설득했고 결국 우리는 셀프 인테리어에 어울리지 않을 것 같은 대리석 대신 필름지를 씌운 일반 싱크대 상판을 제작하기로 합의했다. 며칠 후 싱크대 사장님께서 직접 오셔서 사이즈를 체크해 가셨고 일주일 뒤에 우리 주방에 딱 맞는 상판과 새 수전 등이 도착했다.

아… 그런데 주방 작업 처음 시작할 때 느꼈던 불안함이 뭘까 했더니 바로 이거였다! 우리는 타일 작업을 다 끝내 놓은 상태였는데 헌 상판을 떼고 새 상판을 얹으면서 경계선 부위의 타일 때문에 아주 깔끔하게 마감이 되기 힘든 상태가 된 것이다. 상판 작업을 먼저 하고 타일을 붙였으면 이런 일은 없었을 텐데. 사장님께서 실리콘으로 잘 마무리를 해 주시긴 했지만 아쉬움이 남는 건 사실이다.

게다가 주방 후드도 굉장히 낡은 상태였기 때문에 그것도 교체해야 하는데 처음에는 아파트에서 무상 교환 형식으로 처리해 준다고 하여 기다리면서 다른 작업을 하고 있었는데 실측 나와서 보시더니 그냥 수리해서 써도 되겠다고 하는 바람에 낭패를 봤다. 깨끗한 주방에 낡은 후드, 게다가 소리만 크지 환기는 되지 않는 후드인데 작동이 된다는 이유로 그냥 쓰라고 하니 아내는 뿔이 났다. 부랴부랴 검색을 해 보니 이것도 셀프로 가능하다고 해서 깔끔한 디자인으로 하나 골랐다.

후드를 교체할 때에는 우선 두꺼비집 전원을 내린 후 한 명이 밑에서 받치고 다른 한 명이 드릴을 이용해 기존 후드를 제거한다. 그리고 다시 새 후드를 넣어 조립한 뒤에 전원을 연결하면 되는 간단한 작업이다.

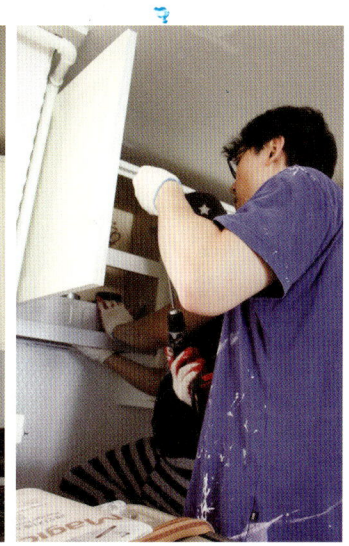

우여곡절 끝에 주방도 다 완성이 됐다. 애물단지처럼 이리저리 옮기며 사용도 못
하던 낡은 가스레인지는 철거하고 새 가스레인지를 설치했다. 이것도 전문 기사
님을 따로 불러야 하는데 출장비와 함께 호스비가 따로 들기도 한다. 우리는 기존
것을 그냥 사용했기 때문에 추가 비용은 없었다.

새 가스레인지 설치 후 아내가 이번에는 낡은 호스가 눈에 거슬린다며 작업을 시
작했다. 문방구에서 파는 흰색 지끈을 손으로 살살 풀어주면서 호스에 감아주는
건데 시간도 오래 걸리지 않으면서도 낡은 부분을 가려주니 보기에도 좋다.

 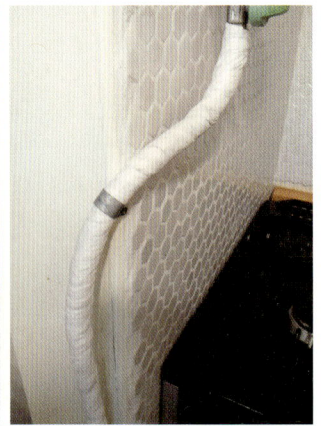

본격적으로 주방 작업을 시작하면서 새 것을 사서 다시 달 생각으로 기존에 있던
철제 선반이나 낡고 오래된 라디오를 제거했었는데 막상 작업을 끝내보니 없는
것도 나쁘지 않을 것 같다는 생각이 들었다. 냉장고 있는 쪽에 식기건조대를 놓고
그릇이 마르면 바로바로 선반에 넣어주니 조금 더 부지런해진 느낌이 든다. 아내
는 양념통도 새로 사서 줄맞춤을 했고 나는 선반을 사서 정리해 주었다. 모자이크
타일 작업해 놓은 위에 해머 드릴을 이용해 구멍을 뚫었는데 콘크리트 벽을 뚫을
때마다 드는 생각이지만 정말 어렵고 힘들다. 팔이 후덜덜하게 떨려오는 느낌이
뭔지 알고 싶다면 적극 추천!

냉장고는 자리가 딱 정해져 있었고 집이 좁은 관계로 도리가 없었다. 그냥 집 만든 사람이 하라는 대로 하는 수밖에. 게다가 가전제품들이 전부 대형화 되는 추세여서 그나마 평균 사이즈를 샀는데도 마치 주방과 거실까지 아우르는 자태를 뽐내고 있다. 한 덩치 하는 광파오븐도 아일랜드 식탁을 구매해 그 안에 수납하고 싱크대를 넓게 쓰고 싶었지만 오븐은 그냥 싱크대 한쪽에 올려 두고 쓴다. 이럴 때마다 '집이 조금만 더 컸으면……'하는 아쉬운 생각이 드는 건 어쩔 수 없다.

주방 조명은 원래 달려 있던 스타워즈 모양의 형광등을 떼버리고 카페 스타일의 레일 등에 노란빛이 드는 전구를 달았었다. 뭔가 좀 은은한 느낌이 들면 좋겠다는 생각에 그렇게 했었는데 둘이 앉아 차를 마시거나 할 때는 좋을지 몰라도 요리할 때 너무 어두운 느낌이 들곤 했다. 그래서 고민 끝에 등과 레일을 더 사다가 나머지는 주광색 등을 채워 넣었더니 조도가 얼추 맞춰졌다.

아내는 요리할 때마다 내가 달아준 후드를 켜고 좁은 공간에서도 야채를 씻고 볶기도 하며 내가 좋아하는 음식들을 뚝딱 만들어 식탁 위에 예쁘게 차려 준다. 주방용품을 향한 아내의 관심 덕분에 주방 살림살이는 조금씩 조금씩 늘어나고 있고 처음 의도했던 간결함은 사라지는 것 같지만 부지런한 아내는 그때그때 필요한 것들은 수납하며 정리에 힘쓰고 있다. 주방 작업 하면서 고생은 많이 했지만 지금은 아내가 제일 만족하는 공간 중에 하나이다. 사랑하는 사람이 행복해 하는 것을 보는 기분이 좋다. 힘들고 고생했던 시간들은 이제 추억이 되었다.

주방 인테리어 정보

- **페인트** : 삼화페인트 www.spi.co.kr THE CLASSY ATO FREE MULTI 크림색
- **락카** : 삼화페인트 스프레이 검정색
- **타일** : 시트라인 www.sheetline.co.kr 육각 화이트[유광] ₩장 당 4,400원
- **조명** : 프로라이팅 www.prolighting.co.kr 원통 써치 레일등 2M ₩150,000만 원 대
- **환풍기** : 동양매직 RHD–420 ₩43,000원
- **선반** : 올리빙 DIY 인테리어 직사각선반 600 ₩10,900원
- **식탁** : 2001아울렛 / www.2001outlet.com 뉴베니즈 4인 식탁세트 ₩20만 원 대
- **러그** : 롯데마트 ₩49,000원 + 29,000원
- **가스레인지** : 린나이 RTR–E3100 ₩410,000원
- **냉장고** : 엘지 디오스 830L R–S834PBSD ₩1,580,000원
- **광파오븐** : 엘지 디오스 32L MA324BSS ₩50만 원 대

수납력 최대 확보에 성공한 베란다

신축 아파트였던 이 집에 이사 와서 산 지 10년이 되었다. 처음에 거실 쪽 베란다에 마루를 깔고 붙박이장을 설치하고 세탁실 쪽에는 선반을 달아 두었었는데 겨울이면 습기가 차고 여름에는 비가 들이치면서 바닥은 이미 회생불가능할 정도로 썩어 있었고 세탁실 쪽에 있던 붙박이장은 이미 스스로 낙하하여 운명한 지 오래였다.

베란다는 날씨가 추워지기 시작하면 작업하기 힘들 것이라는 판단 하에 여름이 가기 전에 작업하는 것을 목표로 했다. 안에 있던 짐들을 거실로 다 옮겨 놓고 다시 한 번 동네 친구를 소환해서 집에 있는 도구라는 도구는 다 가지고 와 바닥에 깔려 있던 마루와 붙박이장을 철거했다. 이것 역시 전문 도구가 있으면 금방 끝났을 수도 있겠지만 역시나 우리는 점심에 시작한 작업이 밤늦은 시간에야 끝났다. 곰팡이 핀 벽은 전용 제거제를 이용해 싹 지워낸 후 베란다 용 멀티 페인트를 칠해 깨끗하게 바꿔주었다.

바닥에는 베란다에 까는 장판타일을 시공했다. 마찬가지로 장판 가게에 가서 직접 구매해 온 것인데 마치 테트리스 쌓는 것처럼 한 장 한 장 쌓아서 붙이는 것이다. 한 장은 원래 크기대로, 다른 한 장은 반을 잘라서 붙이면 되는데 잘 드는 컷터칼로 한 번에 잘라서 뚝 부러트리면 된다. 바닥재 전용 친환경 본드를 얇게 발라준 후 약간 마를 때까지 기다렸다가 한 장 한 장 차곡차곡 붙인다. 사실 장판 타일에 틈이 없도록 잘 붙여야 하는데 약간 그런 부분에서는 미흡했고 테두리에 실리콘을 쏠 때도 역시 울퉁불퉁하게 된 부분이 있어 아쉬움이 남는다.

하지만 습기 관리만 잘 해 주면 썩을 일도 없고 맨발로 다닐 수도 있으며 인테리어 효과도 있으니 만족하는 시공이었다.

우리는 작은 집에 비해 이미 가지고 있던 짐들이 무지막지하게 많았다. 기존에 내가 가지고 있던 자동차 용품과 세차 도구들, 각종 세제와 방에 두기는 애매한 자질구레한 소품들이 많았기 때문에 이것들을 다 채워 넣을 공간이 필요했다. 그래서 전문가에게 붙박이장 설치를 의뢰했다.

먼저 실측을 해 가시고 사이즈에 맞는 판을 만들어 오셔서 조립을 하는 형태인데 역시 전문가는 뭐가 달라도 다르다고 느낄 정도로 노련함이 느껴졌다. 뚝딱뚝딱 금세 완성된 베란다 붙박이장 안에는 거실에 나와 있던 물건들이 다시 제자리를 찾아 들어갔고 지금은 우리 집 수납력 일등공신이 되었다.

이제 세탁실을 손볼 차례. 예전처럼 나무로 된 선반을 달아 놓으면 또 습기가 갉아먹어 언제 무너질지 모를 일이기에 이번에는 철제로 된 선반을 달았다. 세제 같은 무거운 것들을 인터넷으로 한꺼번에 배달시켜 쓰고 있는데 20kg까지 견딘다고 하니 그런 것들을 꽉꽉 채워 수납하기 좋다.

같은 회사 제품으로 천장형 빨래건조대도 사서 직접 달았다. 그동안 쓰던 것은 녹이 슬기도 했고 어딘가 위태위태했기 때문에 이번에는 좀 더 튼튼해 보이는 걸로 샀는데 콘크리트 천장을 뚫고 수평과 길이를 맞춰서 설치하는 게 생각처럼 쉽지 않았지만 친구와 아내의 도움을 받아가며 이리저리 애를 쓴 결과 설치 후 지금까지 한 번도 무너지거나 하지 않았다.

'아, 닥치면 다 하게 돼 있구나. 내가 이런 것까지 직접 하게 될 줄은 몰랐는데.'

셀프 인테리어를 하게 되면 스스로가 기특해 지는 때가 굉장히 많아진다.

예전에 쓰던 작은 드럼세탁기도 거의 수명을 다했기에 크고 좋은 세탁기를 구입해
놓았는데 선반에 쌓여 있는 물건들 때문에 정신이 없어 보였다. 그래서 사이즈에 맞
는 롤스크린을 주문해 달았더니 훨씬 깔끔해졌다. 역시 보기 싫은 건 가리면 된다.
그리고 나무 벤치 테이블을 두어 겨울 동안은 양파나 고구마 등 채소를 보관했고, 봄
이 되면서 거실 쪽 베란다로 이동 후에 화분을 두었다. 이런 작은 가구들은 다양하고
쓸모 있게 역할을 감당해 주어 작은 집에는 필수인 것 같다.

아내는 깨끗해진 세탁실을 보고 이제는 빨래도 아무렇게나 담아 놓으면 안 된다며 예쁜 빨래 바구니도 샀다. 큰 바구니에는 옷가지들과 수건을 넣고 작은 바구니에는 속옷을 담아 놓으니 세탁기에 그냥 처박아 두었던 때와는 비교가 되지 않는다.

게다가 그 전에는 가로로 밀리고 펼쳐지는 형식의 블라인드가 달려 있었는데 때도 많이 끼고 너덜너덜해진 상태였기 때문에 마룻바닥 철거할 때 같은 운명을 맞이했었다. 베란다 블라인드도 없고 거실 커튼도 다 떼어버린 상태에서 통유리로 들어오는 햇살을 그대로 맞으며 여름을 보내야 했고 역시나 조금씩 조금씩 진행된 베란다 공사 때문에 가을이 되어서야 블라인드를 설치할 수 있었다.

치수를 재서 사이트 주문장에 적어 놓으면 그거에 맞게 제작을 해 준다. 사실 이것도 직접 시공을 했어야 했는데 당시에 회사 일도 너무 많이 바빴고 빨래 건조대 달 때 천장 콘크리트 뚫으며 고생했던 기억이 아직 남아 있던 때라 다시 하고 싶지 않았기에 이거는 설치비용을 따로 지불하고 작업했다. 역시 전문가라 그런지 시공도 뚝딱뚝딱 금방인 걸 보고는 얼마나 깜짝 놀랐는지!

연식이 된 아파트라 이제 곳곳에서 시름시름 앓는 소리를 낸다. 베란다 섀시 옆에
도 살짝 실금이 가 있었는데 보기에 좋지 않은 것도 있지만 혹시라도 빗물이 샐까
싶어 흰색 실리콘을 쏴서 막아 주었고 장판 타일 붙이면서 군데군데 묻힌 황토색
바닥 본드도 싹싹 지우고 흰색 페인트로 보수했다. 그렇게 완전히 다시 태어난 베
란다는 하얗고 깨끗하고 깔끔한 모습으로 지금까지 유지 중이다.
겨울에는 바닥이 차서 슬리퍼를 신어야 할 정도이지만 여름이 되면 여기에 작은
테이블 하나 깔아 놓고 책도 읽으며 담소를 나눠도 좋을 공간이 될 것 같다. 벌써
부터 여름밤에 맥주 한 잔 할 생각에 기대가 된다.

베란다 인테리어 정보

- **바닥 타일** : 진양화학 www.chinyang.co.kr
- **페인트** : 삼화페인트 www.spi.co.kr THE CLASSY ATO FREE INTERIOR 인테리어용
- **조명** : 프로라이팅 www.prolighting.co.kr / 스타 3등 팬던트 ₩76,500원
- **삼파장 나팔레일 직부등** ₩17,000원
- **베란다 수납장** : 뉴하우스 인테리어 http://blog.naver.com/bji42 ₩약 25만 원
- **베란다 선반과 건조대** : 디와이테크 www.dyhanger.com ₩약 20만 원
- **벤치형 다용도 테이블** : 퍼니처랩 http://furniturelab.co.kr ₩45,000원
- **세탁기** : 엘지 드럼 F19WF 19Kg ₩120만 원 대
- **블라인드** : 코지샵 www.cozyshop.kr 오동나무 화이트 ₩기준가 약 2만 원
- **롤스크린** : 네이버 체크아웃 스칸디나비아 파스텔핑크 ₩30,100원

과감한 시도로
분위기 변신에 성공한 현관

우리 집은 웬만한 곳은 다 흰색 페인트를 칠해버렸다. 어떤 사람들은 페인트 색상 선택할 때에 인터넷 화면으로는 정확한 색을 잡지 못할 수도 있으니 매장에 나가서 색상표를 보고 고르는 게 좋다고도 하던데 우리는 어차피 다 흰색으로 할 것이었기 때문에 고민하고 말 것도 없었다. 페인트칠이라면 돈 받고 일당을 나가도 될 정도의 실력이 된 우리 부부는 낡고 지저분한 신발장은 다시 청소를 해 주고 역시나 흰색 페인트를 발라 깨끗하게 변신시켰다. 손잡이도 검정색으로 칠할까 하다가 락카를 다 썼기도 해서 여기는 그냥 넘어가기로 하고 기존에 있던 걸 깨끗이 닦아 다시 달아 주었다.

벽과 신발장이 깨끗한 흰색으로 변하니 이제는 더 지저분해 보이는 바닥을 바꿀 차례였다. 아내는 주방 타일을 주문할 때 이미 현관 바닥에도 쓸 타일을 함께 주문해 놓은 상태였다. 사실 바닥에 쓰는 타일은 아무거나 쓰면 안 된다고 한다. 미끄럼 문제 등 때문에 그런 것 같다. 하지만 우리는 바닥 타일만 따로 구매하기에는 현관이 좁은 편이었고 타일 작업 도구도 없었기 때문에 역시나 모자이크 타일밖에 선택의 여지가 없었다.

작업 방법은 동일하다. 우선 깨끗이 청소하고 물기를 없앤 후 타일 본드를 얇고 꼼꼼히 발라준 후 타일을 한 장씩 붙여 준다. 그리고 모자라는 부분에는 타일을 한 조각씩 떼서 채워주면 되는 방식이다.

붙이고 줄눈 채우고 다시 닦아내는 고생스러운 작업이지만 역시 해 놓으니 만족감이 컸다.

'흰색 신발장에 검정색 바닥 타일이라니! 예뻐도 너무 예쁘잖아? 역시 모든 아름다움은 기본에서 나오는 거였어!'

그렇게 현관 바닥 빼고는 거의 흰색으로 만들었는데 막상 집을 둘러보니 뭔가 포인트가 되는 곳이 있으면 좋겠다는 생각이 들었다. 그래서 아내와 상의 끝에 현관과 욕실 문은 파란색으로 칠해 보자고 합의를 봤다. 흰색에 파란색이라니, 뭔가 음료수 한 캔씩 들고 빙그르르 돌며 노래를 흥얼거려야 할 것 같기는 했지만 어쨌든 우리는 집에 생기를 불어넣어줄 색을 찾은 것 같아 기뻤다.

주말마다 집 공사에 매달려 있느라 조금씩 지쳐가던 무렵이었지만 다시 한 번 힘을 내기로 했다. 현관문에 발려 있던 시트지를 벗겨내고 흔적이 남아 있는 곳은 사포로 매끈히 다듬어 준 후 젯소로 밑색을 잡아 주었다. 그리고는 튀는 현관이라면 이왕이면 무늬도 넣어주면 좋겠다 싶어서 마스킹 테이프와 흰색 페인트를 이용해 사선 무늬를 만들어 주었다. 페인트를 바르고 말리고, 다시 마스킹 테이프를 붙였다 뗐다 번거로운 작업이긴 했지만 일요일 밤 늦은 시간까지 매달려 작업한 만큼 만족도가 높았다.

페인트 작업 후에는 우유구멍도 새로 막아 주고 말발굽과 도어클로저도 새로 사서 달아 주었다. 새로 사온 물건 들로 인해 낡은 집은 점점 새 기운이 채워지고 있었다.

문까지 마무리하고 나니 현관은 어느 정도 밑바탕이 완성됐다. 벽 쪽에 걸려 있는 큰 거울은 떼는 것도 큰 공사가 될 것 같아 테두리에 페인트만 칠하고 그냥 두는 걸로 했고 신발장 옆쪽으로는 선반 역할을 하는 공간이 있었는데 그냥 오픈된 곳이라 지저분한 느낌이 많이 들었기 때문에 침대 작업해 주시는 실장님께 부탁해 주방 쪽으로 뚫린 곳을 막고 선반을 달아주었다.

아내는 화장은 즐겨하지 않아도 향수를 좋아해 결혼 전부터 쓰던 향수들이 꽤 되었다. 그것들을 한데 모아서 신발장 옆 공간에 넣어 주어 외출할 때마다 손쉽게 사용할 수 있도록 했고 공기청정제라던지 구둣주걱 같은 것들을 최대한 보이지 않도록 수납하고 있다. 뚫린 곳을 막은 덕분에 새로 생긴 3단 선반에는 신혼여행 다녀오면서 사온 기념품들을 두어 '그때 좋았었지' 하며 회상할 수 있도록 했다. 그런데 사실 눈에 잘 띄는 것 같으면서도 잘 띄지 않는 신기한 공간이어서 과거를 추억하는 시간은 별로 없다는 게 함정이라면 함정이다.

처음 계획과는 조금 다른 모습으로 진행된 곳이지만 다른 곳들처럼 그저 하얗기만 했다면 얼마나 심심했을까 하는 생각이 들 정도로 이 정도 과감함은 탁월한 선택이었다고 생각한다.

현관 인테리어 정보

- 바닥 타일 : 시트라인 www.sheetline.co.kr 자기질모자이크타일 검정[무광] ⓦ장당 3,400원
- 페인트 : 삼화페인트 www.spi.co.kr THE CLASSY ATO FREE 벽지용 크림색 + 멀티 파란색
- 조명 : 프로라이팅 www.prolighting.co.kr 고깔 직부센서등 ⓦ30,000원
- 도어클로저 : 인터넷 최저가 구매
- 말발굽 : 손잡이닷컴 www.sonjabee.com ⓦ1만 원 대
- 우유투입구가리개 : 손잡이닷컴

아이디어로 포인트를 준 깔끔한 거실

현관이 그 집의 얼굴이라면 거실은 메이크업을 한 얼굴 정도 될 수 있지 않을까?

원래 우리 집 거실에는 에어컨, 3인용 가죽소파와 앤티크 풍의 TV 장이 있었는데 뭔가 너무 중후한 느낌이 들어 우리가 계획하는 신혼집 인테리어와는 어울리지 않았다. 어떻게 해야 하나 고민을 하던 중 셀프 인테리어가 시작됐고 침실을 비롯해 주방과 베란다 공사까지 이어지고 있었다.

공사가 진행되면서 많은 짐들이 거실로 나왔다가 자기 자리 찾기를 반복했고 그러는 중에 우리 거실은 거의 전쟁터를 방불케 하는 공간이 되고 말았다. 짐을 한꺼번에 빼고 공사를 했다면 시간도 절약하고 이런 어려움도 없었을 텐데 그럴 수 있는 상황은 아니었기에 그냥 참고 넘어가야했다.

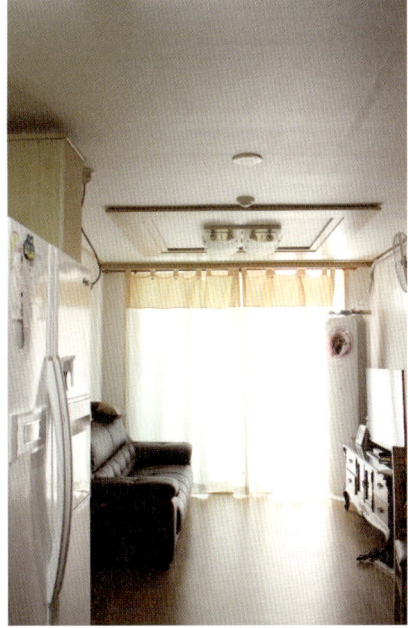

쌓아 둔 짐 때문에 발 딛을 틈이 없을 정도였던 때도 있고 나중에는 정리며 청소 모두 포기하게 만들 만큼 난장판이 되었다. 그런데도 아내는 필요한 물건이 있을 때마다 어디에선가 쏙쏙 잘만 찾아 쓰는 게 너무나 신기하기만 했다. 여자와 남자 의 뇌구조가 이래서 다르다고 하는 걸까?

욕실 공사를 시작하고 친구들이 페인트칠을 도와주러 왔을 때에는 아예 신발을 신고 다녀야 할 정도가 됐다. 쌓이는 먼지는 고사하고 바닥에 떨어지는 페인트들 도 감당이 되지 않는 수준이었다. 어차피 거실 장판도 걷어내고 강화마루를 깔 예 정이었기 때문에 그런 것은 상관없었지만 이런 상태가 오래 지속되니 출근을 할 때도 마음이 무거웠고 퇴근하고 집에 돌아가도 쉴 곳이 없다는 생각에 가슴이 답 답했다.

부디 당부하건대 절대 살고 있는 집을 셀프로 고치려고 생각하지 않기를 바란다. 방 하나쯤이야 괜찮을지 몰라도 우리처럼 전부를 고쳐야 하는 상황이라면 마음을 아예 비우고 긴 안목으로 시작하던지 계획을 아주 치밀하게 짜야 할 것이다. 물론 그것도 생각대로 되지 않을 확률이 더 크지만.

거실로 나왔던 베란다와 침실 짐 들이 제자리를 찾아 들어가고 TV 장은 베란다로 빼 두었다. 그리고 소파와 에어컨에 비닐을 씌워 더 러운 것들이 묻지 않도록 보호한 후 거실 벽 정리를 시작했다.

원래 거실 벽에 벽걸이 에어컨이 달려 있었는데 너무 낡아 스탠드 형으로 바꾸면서 기존에 있던 자리에 흔적이 많이 남아 있었다. 너 덜거리는 벽지를 뜯어내고 맨 벽에 페인트칠을 하기도 어려워 보 였다. 왜냐면 페인트칠 한 곳에는 다시 도배를 하기 어렵다는 소 리를 들은 적이 있었기 때문이다. 그렇다고 거기만 도배를 할 수도 없는 노릇이었다. 어떻게 해야 하나 고민할 때 아내가 인터넷에서 좋은 걸 봤다며 우드락을 이용한 파벽돌을 만들겠다고 했다.

❶ 벽에 있는 못 등을 정리해 준다. 우리는 떨어진 벽지를 제거하지 않고 풀을 이용해 최대한 다시 붙여 주었다.

❷ 우드락은 200×60의 일정한 크기로 잘라 준다. 모서리를 둥글게 깎아주면 조금 더 자연스러운 모양이 되긴 하는데 일거리가 늘어나는 일이므로 어디까지나 선택사항이다.

❸ 무념무상의 상태가 되어 우드락 전용풀을 이용해 위에서부터 지그재그로 우드락을 붙여 준다. 줄눈 넣을 자리를 조금씩 띄워주는 것을 잊으면 안 된다.

❹ 벽지에 잘 고정이 되도록 말려준 후 핸디코트를 조금씩 떠서 모양을 내 주면서 발라 준다. 도구를 이용할 수도 있겠지만 역시 손으로 바르는 게 가장 자연스럽다.

❺ 어느 정도 말랐다 싶을 때 줄눈 자리에 핸디코트로 메운 후 손으로 한 번 긁어 준다.

❻ 하루 정도 말린 후 그 위에 페인트나 바니시를 칠해야 가루가 떨어지는 것을 방지할 수 있다. 우리는 흰색 페인트를 칠해 주었다.

거실이 작았기에 망정이지 넓은 벽이었다면 정말 진을 다 뺐을 것 같다는 생각이 들 정도로 단순하면서도 힘든 작업이었다. 아내와 친구가 함께 작업했는데도 하루 종일 걸린 것 같다. 그래도 해놓고 나니 평범한 벽이 개성 있는 벽으로 바뀐 것 같아 만족스러웠다. 우리는 핸디코트를 조금 많이 발라서 거친 느낌이 나도록 했는데 그냥 코팅하는 느낌으로 발라 주는 것도 그 나름대로 자연스러운 느낌이 나서 좋을 것 같다는 생각이 든다. 이렇게 만들어 놓은 벽은 혹여나 나중에 싫증이 났을 때 벽지 채로 떼어버리면 되니 맨 벽에 하는 것보다 벽지 위에 하는 것을 추천한다.

아내가 우드락 파벽돌 작업을 하는 동안 나와 내 친구들은 거실 대공사에 들어갔다. 집에 있는 공구란 공구는 다 꺼내서 안 그래도 작은 집을 더 좁아 보이게 만들던 나무색 몰딩과 촌스럽기 그지없던 조명을 과감하게 제거했다. 먼지가 어찌나 많이 나오던지 평생 먹을 먼지를 이날 다 먹은 것 같다. 누군가 나에게 천장 몰딩 제거하는 것도 별로 어렵지 않다고 해서 과감히 시도했던 건데 작업이 쉽고 어려운 것을 떠나서 천장에 흔적이 너무 많이 남아버리고 말았다. 뾰족한 수가 없었기에 제일 만만한 핸디코트를 얇게 여러 번 발라 주었다. 그냥 벽이었다면 수월했을 텐데 계속 천장을 바라보며 작업했던 터라 어깨며 목이 남아나질 않았다.

"여기만 칠하면 돼. 다 같이 하니까 금방 끝날 거야. 저녁에 소주는 내가 책임질게."
친구들을 불러다 손에 롤러 하나씩을 안겨주었다. 소주 때문인지 우정 때문인지,
그것도 아니면 그저 그동안 사 먹인 고기 값에 대한 의리 때문인지 몰라도 친구들
은 주말 이틀을 온전히 반납하며 페인트칠을 도와주었고 거실과 주방 천장과 벽
은 물론 현관 입구까지 전부 새하얗게 칠했다. 덕분에 우리 부부 둘이서 했으면
한 달 내내 해도 끝나지 않았을 작업을 이틀 만에 완성할 수 있었다.
이후에 아내는 거실 벽에 삼각형 모양의 무늬를 넣었다. 원래 한쪽 벽은 회색으
로 칠하고 싶다며 페인트를 사 두었었는데 막상 전면을 다 칠하려고 하니 답답한
느낌이 든다며 그냥 흰색으로 하고 포인트를 준 것이다. 덕분에 밋밋한 벽이 개성
있는 벽으로 바뀌었다.

이제 바닥만 남은 상태였다. 원래 장판 가게에서 침실과 작은방에 깔 장판과 베란다에 깔 장판 타일, 그리고 거실에 깔 강화마루까지 한꺼번에 사왔었다.

처음에는 아내가 강화마루를 꼭 깔고 싶다고 해서 사오긴 했는데 아무리 생각해도 도저히 엄두가 나지 않았다. 일종의 조립식이라 장판만큼 수월할 줄 알았는데 이것도 나름 기술이 필요하고 전문 공구가 있어야 했다. 결국 베란다와 싱크대 시공을 해 주셨던 인테리어 사장님께 부탁 드려 바닥 전문가를 소개 받고 시공을 의뢰했다. 사실 그 날짜가 잡혀 있었기 때문에 친구들을 불러다 벽 작업을 서두른 이유도 있었다.

기사님이 오시기로 한 전날 저녁, 거실에 있는 모든 짐을 베란다와 침실로 치웠다. 냉장고도 낑낑대며 베란다로 옮겨 놓았고 작업하시는 데 최대한 방해가 되지 않도록 준비했다고 보면 된다.

아침 일찍 오신 기사님은 바닥 장판과 기존 걸레받이를 제거한 후 싱크대와 문 등의 아랫부분을 살짝 잘라 냈다. 아무래도 마루 제품 높이를 계산하신 것 같다.

먼지를 깨끗이 쓸어내고 얇은 스티로폼을 깔아 주셨는데 이건 아마도 단열 작업인 것 같다. 그리고는 '왼손은 거들 뿐'을 몸소 보여주시며 마치 기계와도 같이 마루 하나하나를 차례차례 끼워 나가기 시작하셨다. 물론, 모양을 위해 ½과 ⅓로 잘라서 끼워야 하기 때문에 절단기를 사용하시는데 이때 나무가루가 엄청 많이 나온다. 환기가 되지 않는 겨울에 이 작업을 한다는 것은 심각하게 고려해야 할 것이다.

아내는 밖으로 피신시키고 내가 현장을 지켰지만 딱히 도와 드릴 수 있는 일이 없었고 그저 그 작업 속도에 감탄만 하고 있을 뿐이었다.

'만약 저걸 내가 셀프로 진행했다면⋯⋯?'

생각만 해도 아찔했다. 평소에도 선택과 집중에 포커스를 맞추고 살아온 터였는데 강화마루는 전문가에게 맡기기로 한 결정만큼은 정말 최고의 선택이었다고 생각한다.

기사님은 바닥 작업 후 몰딩 작업도 해 주셨다. 기존에도 나무 몰딩이 있었지만 바닥 작업을 하면서 뜯어낸 것은 다시 쓸 수가 없다고 하셨다. 아내가 이미 흰색으로 해 달라고 부탁 드렸던 터라 몰딩까지 해놓고 나니 집은 하루 만에 정말 다른 모습이 되어 있었다.

신발 신고 돌아다니던 게 익숙해지던 즈음이었는데 이제 정말 인간답게 살 수 있게 되다니! 그날 저녁에는 깨끗해진 바닥에 혹여나 남아 있을 먼지를 박박 닦아내고 아내와 함께 뒹굴거리며 TV를 봤다.

이제 가구를 알아볼 차례. 좁은 집에 짐이 많은 우리는 수납을 최대 고려해서 가구를 고르기로 했다. 저렴한 데다 수납까지 되는 똑똑한 소파를 구입해 놓았고 TV장은 제일 무난하면서도 수납 서랍이 깊은 제품을 선택했다. 너무 기본만 해 놓으니 뭔가 좀 심심한 느낌이 든다며 아내는 사다리 형 선반을 하나 구입해 우리 사진이나 장식품들을 놓았다. 조립식 제품이었는데 둘이 도와가며 하니 시간도 오래 걸리지 않았고 철제제품이어서 물걸레질을 해도 썩을 염려는 없다.

테이블도 놓을까 말까 고민을 했는데 TV 보면서 간식을 먹을 때도, 보던 책이나 리모컨을 놓을 때도 유용할 것 같아 국민테이블이라고 불리는 제품을 하나 구입했다. 신혼집이라면 열 집 중에 아홉 집은 있다는 이 테이블은 메인 아래에 테이블 하나가 숨어 있어서 한쪽으로 당기면 크기가 늘어나 좁은 집에서 손님맞이 등을 할 때 아주 유용하다. 우리도 집이 다 정리가 된 후에 그동안 고생해 주었던 친구들을 불러서 집들이를 했었는데 장정 여덟 명이 앉아도 좁지 않았다. 이런 아이디어 상품이 있어서 좁은 집도 넓게 쓸 수 있으니 참 좋다.

앞으로 이 거실이 또 어떻게 바뀌게 될지는 모르겠다. 붙박이로 있던 냉장고 가림막 겸 거실 장식장에는 아내가 사 모은 그릇들이 그득그득 들어 있어 정리가 필요해 보이는데 아내는 엄두가 나지 않는다고 한다.

"넓은 집으로 이사 갈 때까지 그냥 이렇게 살아야지 뭐. 그나저나 회색 산 모양 무늬가 조금 지겨워지려고 하는데 저기를 다른 색으로 한 번 칠해볼까?"

아…… 정말 우리는 이 많은 짐을 다 안고 살아갈 운명이란 말인가? 이 집은 셀프 인테리어의 늪에서 빠져나올 수 없단 말인가?

거실 인테리어 정보

- **우드락** : 총 13장 사용
- **바닥** : 진양화학 www.chinyang.co.kr ESSENCE 秀 애쉬 SⅢ
- **페인트** : 삼화페인트 www.spi.co.kr THE CLASSY ATO FREE 벽지용 크림색 + 회색
- **조명** : 프로라이팅 www.prolighting.co.kr LED 파인 프리미엄 거실 등 ₩218,000원
  레인보우 1등 팬던트 ₩30,000원
- **늘어나는 테이블** : 퍼니처랩 http://furniturelab.co.kr ₩18만 원 대
- **소파** : 한샘 수납 소파 3인용 ₩30만 원 대
- **TV** : 엘지 3D 47인치 47LM7600 ₩120만 원 대
- **에어컨** : 엘지 FNQ 165 DLPW (벽걸이 포함) ₩200만 원 대
- **TV 장** : 한샘 클린트 거실장 1800 서랍형 ₩189,000원
- **사다리 선반** : 이케아 LERBERG Shelf unit-L ₩25,000원
- **커튼** : 코지샵 www.cozyshop.kr 라이트 화이트 커튼 세트 ₩20만 원 대

부부의 생활습관을 고려한 작은방

원래 작은방은 내가 공부방처럼 쓰며 주로 생활하던 공간이다. 여기에 책장과 책상, 1인용 침대가 있었는데 침대는 꽤 오래 썼던 터라 셀프 인테리어 시작하면서 일찌감치 버려버렸고 산 지 채 일 년이 되지 않은 책상은 장인어른께 기증했다. 책장도 마찬가지로 거의 새 제품이라 어떻게 해야 하나 고민하고 있었는데 드디어 침실과 거실에 이어 작은방도 작업할 순서가 됐다.

다른 곳들 정리하는 동안 이곳에 쌓아뒀던 짐은 다시 제자리를 찾아 들어갔고 책장은 우선 거실로 빼 놓은 후 작은방을 싹 비웠다.

우리 집은 복도식 아파트인데 그래서 작은방에 가장 많은 결로가 생긴다. 아무리 환기를 잘 해도 벽을 타고 올라오는 곰팡이를 잡을 수 없었고 그 때문에 이미 한 번 페인트칠도 해 봤었고 도배도 해 봤었는데 시간 차이만 있을 뿐 곰팡이는 다시 나를 찾아왔더랬다.

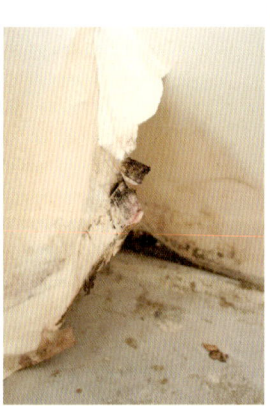

벽과 바닥 시공을 위해 책장을 드러내니 역시나 곰팡이가 까맣게 올라와 있었고 나는 다시 친구들을 소환해 마스크와 장갑으로 중무장을 시켰다. 그리고 바로 시공 시작. 곰팡이 제거제를 사정없이 투척하여 닦고 또 닦았지만 별다른 진전이 없어 아예 각종 도구를 이용해 벽을 파냈다. 석고보드로 된 벽이었기 때문에 먼지가 굉장히 많이 나와서 친구들이 고생을 많이 했다.

어느 정도 정리가 된 후에 페인트를 발라 벽과 천장까지 깨끗하게 만들고 전등도 LED로 갈아 주었고 석고보드를 파내 곰팡이를 제거한 곳에는 방지제를 여러 번 덧발라 말려 주었다. 그리고는 두꺼운 보드를 주문해 크기에 딱 맞게 자른 후 본드를 이용해 붙여 주었더니 감쪽같이 메워졌다. 다시 페인트로 마무리.

침실 장판 작업을 한 번 해본 후라 작은방은 생각보다 금방 끝냈다. 셀프 인테리어를 하면 스스로가 대견해지는 순간을 꽤 자주 만나게 된다.

바탕이 완성됐으니 이제 채워야 할 차례. 아내는 책을 많이 좋아해서 가지고 있는 책도 많은데 새로 생기는 책도 많다. 결혼하기 전에 가지고 있던 책들은 대부분 친정에 두고 왔는데도 불구하고 이미 책이 넘쳐나고 있었다. 게다가 둘 다 책상도 필요한 상황이라 영락없이 여기는 공부방 겸 컴퓨터 방으로 써야 하는데 방은 좁고 짐은 많으니 어떻게 해도 각이 나오지 않았다.

아내는 침대를 제작해 주었던 실장님을 다시 만났다. 여러 번의 미팅 끝에 작은방 사이즈에 딱 맞는 책상과 책장을 세트로 짜 넣기로 하고 서랍장 등 세부적인 디자인도 결정했다. 3주 후, 완성된 제품이 방에 딱 맞게 들어섰을 때의 희열이란! 기성 가구는 채워줄 수 없는 만족감이 이런 데 있구나 싶었다. 원목으로 만들었기 때문에 MDF 합판에서 나오는 유해물질 걱정도 없고 손때가 타면 탈수록 더욱 멋스럽게 변한다고 하니 그것도 기대가 된다.

그렇게 각자의 책상이 생기고 나는 컴퓨터 위주로, 노트북을 사용하는 아내는 책 위주로 자리를 꾸몄다. 그 전에 가지고 있던 책장을 어떻게 해야 하나 고민했지만 멀쩡한 것을 버리기도 그렇고 새로 사자니 뭔가 낭비 같기도 해서 우선 그 책장에는 전공서적이나 두꺼운 책들을 꽂아놓았다. 나중에 책장이 더 필요해지면 똑같은 걸 하나 더 살 생각이다. 아마 늘어나는 아내의 책 때문에 그리 멀지 않은 일이 될 것 같기는 하다.

사실 나는 허리 디스크가 조금 있는 편이고 아내는 앉는 자세가 좋지 않아 늘 허리가 구부정하다. 그래서 우리 부부는 다른 곳에서는 돈을 아끼는 대신 의자만큼은 좋을 걸 쓰자고 합의가 된 상태였다. 어차피 나는 이미 쓰던 의자에 만족하고 있었기 때문에 아내만 똑같은 걸 하나 더 구입해서 쓰고 있다. 책상과 책장, 그리고 의자까지 우리는 마치 쌍둥이처럼 혹은 데칼코마니처럼 각자의 자리에 앉아 밀린 업무를 처리하기도 하고 가끔 미드도 보면서 시간을 보낸다.

작은방 인테리어 정보

- 페인트 : 삼화페인트 www.spi.co.kr THE CLASSY ATO FREE 벽지용 크림색
- 블라인드 : 코지샵 www.cozyshop.kr 오동나무 ⓦ화이트(07) 기준가 약 2만 원
- 조명 : 프로라이팅 www.prolighting.co.kr 스컬리 라운드 ⓦ185,000원
- 책장, 책장 : 화평성구사 www.sungku.com ⓦ두 세트 120만 원
- **의자 :** 듀오백 www.duoback.co.kr BR-200C ⓦ30만 원 대
- **서랍장 :** 마켓비 철제 서랍장 5단, 10단 ⓦ7~10만 원 내외

전문가의 손에서 다시 태어난 욕실

이 집에서 가장 상태가 나쁜 곳이 바로 욕실이었다. 벽타일 사이사이에 금이 가 있었는데 아마도 세월이 지나면서 줄눈이 부식한 게 아닌가 추측이 된다. 게다가 변기 안에는 알 수 없는 녹이 슬어서 마치 누군가 볼일을 보고 물을 내리지 않은 것만 같은 착각을 불러 일으켰고, 실리콘에는 온갖 곰팡이가 끼어 있었으며 수납장과 거울에 달려 있던 유리 거울에도 녹이 끼어 검정 테두리를 형성하고 있었다.

살던 사람은 익숙해서 잘 모르고 지나갈 수 있겠지만 아내는 나 때문에 무슨 고생인가 싶어 미안해졌다. 아무렇지 않던 나도 이젠 욕실만 보면 우중충해지는 기분이 들었고, 셀프든 뭐든 제일 먼저 고치고 싶은 곳이 바로 이 욕실이었다.

이걸 어떻게 셀프 인테리어로 고칠 수 있을까 고민하다가 이건 우리가 직접 할 수 있는 범위를 넘어섰다고 판단해서 결국 업체에 의뢰하기로 하고 이곳저곳 전화를 돌렸다. 그러다 알게 된 놀라운 사실! 이 아파트의 욕실은 UBR 공법으로 지어진 것이라 다른 공사보다 배 가까이 비싸다고 했다.

"UBR? 그게 뭔데? 조립식? 무슨 욕실을 조립식으로 지었다는 거야?"

아내의 첫마디였다. 살던 나도 모르던 사실이니 아내는 오죽했을까. 뭔가 싸고 빠르게 짓는 공법인 것 같은데 그게 나중에 리모델링을 할 때에는 다른 욕실에 비해 공사 기간도 길고 비용은 두세 배가 든다고 한다.

그렇게 우리 고민은 다시 원점으로 돌아왔다. 그러는 중에도 카페나 블로그를 통해 셀프로 욕실 공사한 분들 후기를 읽고 또 읽었는데 가장 많이 하는 시공법은 역시 페인팅이었다.

욕실용으로 나온 페인트가 있는데 그걸 칠하면 누렇던 욕조가 하얗게 변하는 놀라움을 체험할 수 있다고 했고 사진으로만 봐도 그럴듯해 보였다. 당장 인터넷을 뒤져 욕실용 페인트를 구매했다. 바르기 어렵고 냄새가 많이 난다고 했지만 '아내를 위해서라면!' 하는 패기도 있었던 셀프 인테리어 초기시절이었다. 그런데 이틀 만에 온 택배 상자를 받아든 순간, 후회 20%와 함께 밀려오는 80%의 두려움.

'이 냄새를 이기고 내가 과연 맨 정신에 이걸 바를 수 있을까? 게다가 페인트를 칠하면 당장 욕실 사용을 못하는데 출근은 어떻게 해? 지금은 한여름인데.'

이러저러한 핑계를 대며 하루 이틀 미루며 두 달이라는 시간이 지났다. 그러는 동안에도 방문이라든지 벽지 페인팅은 계속 하며 인터넷 카페를 두리번거리고 있었는데 어느 날 놀라운 글 하나를 만났다!

'UBR 욕실이라 공사는 포기하고 욕실 코팅이라는 걸 했는데 가격은 ⅓정도라니? 게다가 변기랑 세면대도 다 교체했잖아?'

욕실 코팅은 배관을 건드리면 일이 커지기 때문에 그대로 살려 두고 벽면은 코팅을 해서 깨끗하게 해 주며 바닥 타일은 덧방을 해서 인테리어에 어울리게 해 준다고 했다. 한 업체에서 바로 시간 잡고 견적을 보러 와 주셨는데 말로만 듣던 것보다 배관이 엉성하게 잡혀 있어서 그 부분은 시공 후에도 옥에 티처럼 보일 거라고 하셨다. 하지만 더 이상 이 욕실에서 볼일 보고 씻을 수는 없으니 선택의 여지도 없었다. 결국 배관이 보이는 것 감안하고 코팅 시공을 진행했다.

시공은 약간의 소음과 함께 변기와 세면대를 제거하는 것부터 시작됐다. 폐기물 처리하러 가신 사이 욕실을 잠깐 들여다봤는데 정말 기절하는 줄 알았다. '그동안 이런 데에서 씻고 볼일보고 했단 말야?' 싶을 만큼 온갖 곳이 곰팡이 투성이였다. 첫 날은 세면대와 변기, 수건장, 거울 제거, 묵은 때 제거, 코팅제 발포, 둘째 날은 배관 정리, 코팅제 2차 발포, 세면대와 변기, 욕실용품 설치, 전기배선 정리, 조명 설치, 바닥 타일 시공이었다. 큰 소음이 있을 때도 있었고 코팅제 냄새가 나기도 했지만 이틀 내내 그랬던 건 아니어서 그런대로 참을 만했다.

나와 아내는 공사 하는 동안 집에서 5분 정도 떨어진 마트 욕실에서 볼일을 봤고 주방 싱크대에서 세수를 하고 베란다 세탁실에서 머리를 감고 샤워를 했다. 게다가 시공이 끝난 후에도 이틀은 더 건조시키고 싶어서 세면대와 욕조는 쓰지 않기도 했다. 이런 불편함은 있었고 처음 생각했던 비용보다야 더 많이 쓴 것은 사실이지만 결과물만 놓고 봤을 때는 정말 만족하는 시공이었다.

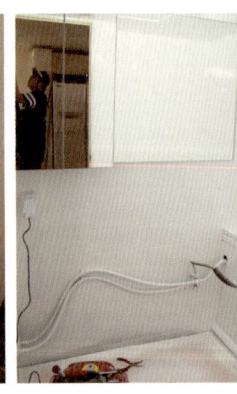

요즘 욕실 리모델링하는 분들 블로그를 보면 나무를 이용해 테두리를 붙이고 선반을 만들어 다는 것이 유행인 듯했다. 기존 욕실을 셀프로 고쳤다면 우리도 그렇게 했을 것 같은데, 지금 욕실에 뭔가 더 손을 대기에는 새 제품들을 망가트리는 것 같은 생각이 들었다. 그래서 당분간은 이런 분위기를 유지하다가 나중에 조금 더 바꾸고 싶은 마음이 들 때쯤 다시 생각해 보기로 했다. 대신 욕실 전체에서 흐르는 차가운 느낌을 조금이라도 줄이기 위해 아내는 또 다시 여러 소품들을 사용했다. 냄새를 잡아 줄 디퓨저와 영원히 죽지 않는 화초, 아기자기한 작은 인형, 그리고 방수가 되는 시계를 올려 두었고 샤워기 옆에는 초록색 고래 한 마리도 갖다 두었다.

코팅이야 시간이 지나면 벗겨지겠지만 적은 비용으로 이 정도의 결과를 얻은 것에 만족한다. 우리는 물때가 끼지 않도록 청소와 환기에 힘쓰며 살고 있다.

욕실 인테리어 정보

• 욕실 코팅 : 전문 업체에 의뢰 ₩100만 원 내외
• 샤워 커튼 : 이케아 TVINGEN ₩12,000원

지금 우리는……

　　　　　　　　　　우리 집은 하나씩 아주 천천히 변화했다.
그리고 정말 조금씩 완성됐다. 호기롭게 시작했던 셀프 인테리어가 여름을 지
나 가을을 넘어 겨울을 맞이할 때까지 끝날 기미가 보이지 않자 점점 지쳐갔던
것도 사실이다. 게다가 이제는 정말 끝났다고 생각하는 내게 아내가 새로 사온
물건을 수줍게 내밀며 조립을 하거나 벽에 구멍을 뚫어 달라고 부탁할 때마다
"또?"라는 말이 자동으로 튀어나오곤 했다.

그래도 반년 동안 아내와 둘이서, 가끔은 친구들의 도움을 받아가며 조금씩 고쳐
나간 집이 예전과는 확 달라진 모습으로 변한 것을 보면 '그래, 조금 고생하긴 했
지만 역시 고치길 잘했어.'라는 생각이 든다.

둘 다 직장에 다니고 있기에 매일같이 쓸고 닦고 정리하며 깨끗이 살기는 힘들지
만 가끔 한 번씩 둘이 양손에 걸레를 들고 거실 이곳저곳을 쓱쓱 닦으며 엉덩이가
부딪힐 때마다, 여전히 새로운 소품으로 이리저리 인테리어를 하려는 아내를 볼
때마다 이렇게 또 함께 만드는 추억이 쌓인다는 것도 행복하다.

긴 시간이었고 쉽지 않은 과정이었지만 둘이 함께 해냈다는 것, 그게 셀프 인테리
어를 통해 받은 가장 큰 선물이 아닌가 싶다.

셀프 인테리어를 하는 동안 우리는 크고 작게 투닥거리는 일이 많았다. 나는 나름
대로 최선을 다하고 있는데 잔소리하는 아내가 서운했고, 아내는 얼른 정리하고
깨끗한 집에 살고 싶은데 신랑은 계획만 세우고 있는 것 같으니 답답했을 것이다.
그러다가도 이미 벌여 놓은 일들은 마무리해야 하니 어쩔 수 없이 대화의 물꼬가
트이게 되면 또 자연스럽게 화해를 하게 되던 일상. 그때마다 농담처럼 말하곤
했다.

"우리, 앞으로 다시는 셀프 인테리어 하지 말자."

하지만 나는 안다. 우리가 이 집에 사는 동안에도, 혹은 이 집을 떠나 다른 집을 만나게 된다 해도 우리는 또 우리 스스로의 힘으로 집을 고치고 꾸미게 될 것이다.

대한민국 사람 대부분이 어디를 가나 만날 수 있는 비슷한 구조에 비슷한 마감재로 만들어진 집에서 살지 않는가. 그런 공간에 우리의 숨길을 불어 넣는 작업이 셀프 인테리어라는 생각이 든다. 우리가 사는 집을 우리 손으로 다듬는다는 것, 이렇게 매력적인 일을 우리는 신혼의 때에 함께 경험하는 행운과 추억을 가지게 되었다.

'우리 집이 책에까지 나올 정도일까?'라는 생각이 들어 공동작업에 참여하기 망설였던 것도 사실이다. 하지만 인터넷을 아무리 뒤져도 우리와 같은 과정을 겪은 사람을 찾을 수가 없었기에 우리의 이야기가 또 누군가에게는 도움이 될지도 모르겠다는 생각에 용기를 내었다. 우리의 시행착오가 누군가에게는 좀 더 완벽한 계획을 세우는 밑바탕이 되기를 바란다.

이 책을 읽고 셀프 인테리어를 하기로 마음을 굳힌 사람들이 있을 것이다. 쉽지 않겠지만 그만큼 아무나 경험하지 못할 일이라는 것을 한 번 더 말해 주고 싶다. 덥고 힘들었던 여름과 가을, 그리고 예상하지 못했던 겨울까지 함께 먼지를 뒤집어쓰고 손에 페인트 마를 날이 없었던 아내가 무척 고맙다.

우리 부부 이야기

우리는 2013년 12월에 한 가정을 이루어 이제 결혼한 지 1년을 조금 넘긴 신혼부부이다. 서로 많은 부분이 달랐기 때문에 연애를 하고 결혼까지 하게 되는 과정 가운데 "어떻게 둘이……?"라며 놀라는 사람들을 꽤 만났다.

살아오면서 이러저러한 많은 일들을 겪고 또 그만큼 많은 사람들을 만나며 살아와 세상사에 밝은 신랑과 달리 나는 이렇다 할 큰일 없이 안정적인 환경에서 살아왔고 관심분야에서 거의 벗어나지 않는 편이었다. 게다가 약간은 이상주의적인 면이 있어서 자신의 세계 속에서 살아왔다고 말할 수도 있다.

성향도 마찬가지였다. 신랑은 대부분의 생각과 감정을 표출하는 반면 나는 먼저 감추고 보는 사람이다. 신랑은 좋은 것도 나쁜 것도 모두 다 표현하며 살아가는 사람이라 늘 밝고 활발해 보인다. 나는 좋은 것도 싫은 것도 잘 표현하지 않아서 조용하고 잔잔해 보인다. 누군가는 우리의 이런 모습을 보고 바다와 호수라는 표현을 하기도 했다.

이렇게 다른 둘이 평생을 함께하기로 약속하게 된 것은, 겉으로는 잘 보이지 않지만 서로를 향해 아주 중요한 부분을 건드렸기 때문이다. 신랑의 꾸밈없는 밝음은 내 안에 쌓아 놓은 자신만의 벽을 깨뜨리고 숨어 있는 자아를 끄집어내었고 나의 안정적인 성향과 이상주의적인 태도는 사회에서 요구하는 잣대에 지쳐 있는 신랑을 보듬고 위로해 줄 수 있었다. 이뿐만 아니라 둘의 가슴속에 함께 가지고 있는 것이 있었다. 사람에 대한 관심, 자유로운 삶을 향한 갈망! 이를 알아채고 우리는 남은 생을 함께 살아보기로 결심했다. 가끔은 '다름'이 서로를 어렵게 할 때도 있지만 함께함으로 찾아오는 더 크고 좋은 선물들이 있다는 것을 매번 깨달으며 살고 있다.

우리의 신혼집

우리의 첫 살림은 둘의 연고지인 경기도 일산에 위치한 방 두 개의 다세대 주택 전셋집에서 시작했다. 아파트는 관리와 치안 면에서 좋다고 하지만 우리의 형편으로는 많이 비쌌다. 전세금의 상당 부분을 대출로 채울 수밖에 없는 형편에서 1억이 훌쩍 넘는 아파트를 선택하기에는 무리였던 것이다. 신도시에는 아파트가 대부분인데 다행스럽게 아파트 단지 사이에 3층 내외의 다세대 주택 단지가 형성되어 있었고 우리는 몇 군데 주택 단지 중에 상대적으로 조용하고 한가롭고 교통도 괜찮은 지역을 선택하여 전셋집들을 둘러보았다.

우리가 집을 알아보던 2013년 9월에도 뉴스에는 종종 전세대란 소식이 들려왔다. 부동산마다 물건이 많이 없으니 집을 구하려면 계약금을 손에 쥐고 집을 둘러보다가 마음에 드는 집을 발견하면 바로 계약을 하는 게 좋다고 했다. 어느 정도는 조급한 마음을 심어서 자신의 중개로 계약을 빨리 하도록 만들려는 의도였을지도 모르겠다. 아파트는 물건이 없었을지 몰라도 주택은 몇 군데를 둘러보고 고를 수 있을 정도였기 때문에 '대란'을 체감하지는 못했다.

직접 집을 보러 가거나 인터넷에 올라온 사진들을 구경하다 보면 똑같이 방 두 개짜리 집임에도 불구하고 조금씩 다르게 설계되어 있는 것을 알 수 있었다. 어떤 집은 주방 겸 거실이 큰데 방이 아주 좁고, 어떤 집은 다용도실이 아예 없다. 또 어떤 집은 보일러실이 큰방 안쪽에 붙어 있기도 했다. 아파트는 비슷한 평형대라면 구조가 거의 비슷하기 마련인데 주택은 비슷한 크기의 공간 구조를 나름대로 구성한 모습이 재미있었다.

아파트는 대체적인 사람들의 생활에 큰 불편함 없이 맞추어질 수 있도록 구상된 모습이라면 주택은 각각의 개성이 강했다. 그만큼 불편한 점을 마주할 때도 있겠지만 일률적인 아파트 구조에 싫증이 느껴진 사람에게는 잘 고른 주택 하나가 열 아파트 부럽지 않을 것이다. 물론 자기 마음에 드는 완벽한 집을 만날 가능성은 거의 없기 때문에 자신이 원하는 만큼 인테리어를 해야 한다는 조건은 붙게 마련이다.

사실 우리가 전셋집을 고를 때에는 어떤 집을 선택할 것인지 구체적인 기준을 생
각하지 않았었다. 몇몇 집을 봐도 마음에 쏙 들만큼 괜찮은 집은 없었기에 1층만
아니면 된다는 생각으로 어느 정도 무난하다 싶으면 선택하자는 마음이었다.

둘러본 집들 중에는 1층이 많았는데 1층은 상대적으로 치안에 취약하다 보니 창
문을 열기 어렵게 섀시로 꽉 막아 놓아서 답답해 보였다. 게다가 밖에서 들여다보
일까 싶은 우려도 됐고 빛이 잘 들어오는 환한 집을 찾기가 어려웠다. 그때 만난
2층 집. 창이 크고 많아 그 전에 봤던 집들의 단점을 상쇄해줄 것 같은 기대가 들
었다. 상대적으로 아주 좋은 느낌이 들었다고나 할까?

하지만 집을 고르고 계약을 마치고 나니 기본적으로 꼭 챙겼어야 하는 기준들이
있었다는 것을 뒤늦게 알게 됐다. 물이 잘 나오는지, 외풍이 심하지 않은지, 채광
은 어떤지, 곰팡이가 피지 않았는지, 벽지와 장판 상태가 괜찮은지, 타일이 깨지진
않았는지, 보일러와 싱크대 상태는 어떤지 등등.

사실 중개소 사람이든 이전에 살던 세입자든 집을 보러 온 사람이 꼼꼼히 체크하
는 것을 원하지 않는다. 꼼꼼하게 보기 시작하면 여기저기서 문제가 발견되기 때
문이다. 그러니 집을 구하는 사람이 먼저 잘 챙겨서 필요한 부분을 꼼꼼히 살피는
것이 가장 좋다.

괜찮은 집은 하루만에도 계약이 이뤄진다는 부동산의 압박이 있었고 더 이상 돌
아다니기 귀찮고 힘들었기에 이정도면 괜찮다 싶은 마음으로 계약을 해버린 우리
는, 이런 부분들을 체크할 정신이 없던 어리바리한 상태에서 집을 골랐고 그게 신
혼집이 된 것이다.

우리 집은 지은 지 20년이 훌쩍 넘은 낡은 주택이었기에 손대지 않고 그대로 사
는 것은 어려운 일이었고, 전세집이기 때문에 굳이 돈 들여서 전문 인테리어를 할
수도 없었다. 사실 신랑은 시각적 아름다움에 그리 민감하지 않은 사람이라서 집
이 어떠해도 살 수 있는 사람이었다. 그러나 나는 그렇지 않았다. 낡고 지저분하고
정신없는 공간을 참고 살기가 어려웠다. 그래서 선택한 셀프 인테리어는 내 안에
숨어 있던 아름다운 공간에 대한 욕망을 끊임없이 자극했다. 계속 고민하고 구상
해도 지루하지 않았고, 아무리 노동을 해도 지치지 않는 시간들이었다. 공간을 구

상하고 변화시키는 작업은 정말로 매력적이다!

계약을 하며 외관 사진 몇 장을 찍고 내부 사진을 딱 네 장 찍었다. 지나고 나서야 그때 왜 그랬는지 아주 후회했다. 우리는 9월에 계약했지만 원래 살고 있던 분들은 11월에 이사를 갈 계획이었기에 인테리어 구상을 하려고 해도 살고 계신 집에 막 찾아가기가 미안해 몇 주 동안 단 네 장의 사진을 들여다보고 또 들여다보면서 인테리어 구상을 해야 했기 때문이다.

하지만 사진만으로는 정확한 사이즈를 알 수가 없었다. 기억을 더듬으며 가구들을 둘러봐도 확신이 서지 않으니 답답할 뿐이었다. 침대가 이 방에 들어갈까? 장롱 사이즈가 맞을까? 의문은 커졌고 상상 속에서 집의 크기는 자꾸 왜곡되어 갔다. 그러다가 답답한 마음에 기존에 살던 분에게 문자로 사이즈를 물어봤는데 알려준 사이즈는 내 생각보다 터무니없이 작았다. 세상에! 안되겠다 싶어서 양해를 구하고 바로 다음 날 전체적인 사이즈를 재기 위해 방문을 했다. 줄자로 정확한 사이즈를 재고 사진도 양껏 찍어왔다.

집은 상상보다는 컸다. 살던 분이 사이즈를 잘못 알려주신 것이었고 막상 찾아가보니 내가 사려 했던 침대며 장롱까지 계획대로 놓을 수 있겠다 싶었다. 하지만! 상상보다 더 더러웠다. 특히 주방은 굉장히 난감했다. 어지러운 모자이크 패턴의 시트지, 시커멓게 그을린 벽, 헐벗은 형광등…. 이미 계약은 끝났으니 어쩔 도리가 없었다. 그렇다면 이 상황을 극복하는 수밖에. 대충 집 도면을 그린 후 사이즈를 적어 놓았다. 그리고 그 사이즈에 맞는 괜찮은 가구들을 찾기 위해, 그리고 더러운 집을 정리할 수 있는 방법을 찾기 위해 낮이고 밤이고 시간이 날 때마다 폭풍 검색에 들어갔다.

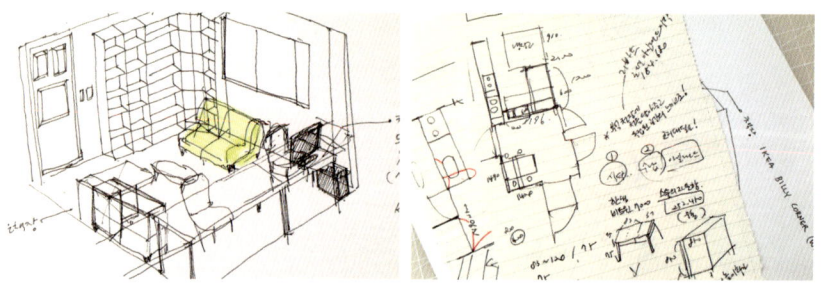

우리의 신혼집을 위한 계획

❶ 분위기는 조명에 크게 좌우된다. 집 안의 모든 조명은 노란색(전구색)으로 통일한다.
❷ 색감의 조화는 필수! 기본 바탕은 흰색으로 하고, 비비드 컬러는 되도록이면 자제한다.
  벽지, 가구, 소품의 컬러 톤과 조화를 항상 생각한다.
❸ 친구들과 함께 식사하고 이야기하고 쉴 수 있는 편안한 분위기의 공간을 마련한다.

대략적인 계획이 세워진 후 셀프 수리를 시작했다. 상대적으로 시간이 많이 남는 일을 하는 나는 시간이 날 때마다 집으로 가 있었고 신랑도 일이 끝나면 바로 집으로 왔다. 이전 세입자의 이사가 우리 결혼식 바로 2주 전이었기에 시간이 넉넉지가 않았다. 그래서 짧은 시간동안 매일 일을 했다. 뜯고, 청소하고, 조립하고……. 처참한 환경 앞에서 짜증도 내고 돈이 많이 없는 것에 아주 잠깐 한탄하기도 했지만, 그럼에도 돌이켜 보면 즐거운 기억이다. 학교 공부를 오래했던 나는, 책만 잡던 손을 닦고 쓸고 하는 것에 쓰는 것이 뿌듯했다. 왠지 삶의 균형이 맞춰지는 느낌이었다고나 할까.

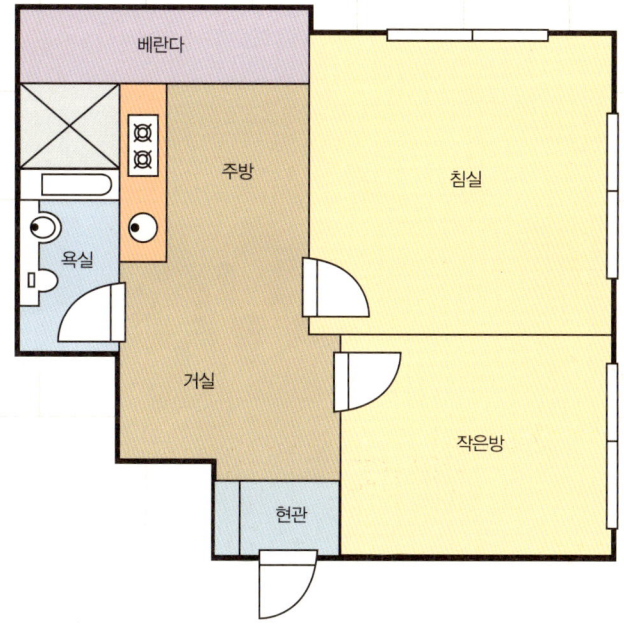

페인트와 시트지로
산뜻한 새 옷을 입은 주방

우리의 주방은 '총체적 난국'이라는 말이
딱 어울렸다. 일단 주방의 중심인 싱크대가 상당히 오래되어 보였다. 건물을 지
은 지 대략 20여 년의 세월 동안 그 사이에 한 번도 교체를 하지 않은 상태인 듯
했다. 오래된 것도 문제지만 경첩도 대충 달아 놓았는지 문짝 높이가 어긋나 있
었고 이전 세입자가 나름 꾸미기 위해 타일 위에 붙여 놓은 시트지도 오래되어
서 색도 모양도 다 변해 있었다. 게다가 블랙 앤 화이트 모자이크와 귀여운 베이
킹 일러스트는 전혀 우리 취향이 아니었다.

눈에 거슬렸던 주방 타일 위에 붙은 모자이크 시트지를 가장 먼저 떼어 냈다. 그런데 이게 한 번에 떼어지지 않았다. 시트지를 잡아서 뜯었는데 허연 종이가 타일 위에 단단히 붙어서 그대로 남아 있는 것이다. 알고 보니 이것은 '발포 시트지'라는 것인데 일반 시트지보다 도톰하고 접착력이 강하며 방수가 되어서 물기가 많은 주방 공간에 주로 사용하는 것 같다. 그런데 종이와 함께 제작되어 있어서 뜯어내는 순간 종이와 겉면이 분리가 되고 윗부분만 벗겨진다. 그래서 타일에는 접착제가 붙은 종이가 그대로 남겨져 있는 것이다. 아무리 도전해도 잘 떼어지지 않아서 결국, 네가 이기나 내가 이기나 해 보자는 심정으로 타일에 붙은 끈끈한 종이를 다 긁어내기 시작했다. 분무기를 하나 사서 주방세제 섞은 물을 타고 종이 위에 뿌려 주었다. 미리 물을 뿌려놓으면 편하겠다 싶어서 처음에는 전체에 뿌려 놨더니 물이 금세 다 말라버려서 처음과 같아져버렸다. 결국 긁어낼 부분만 뿌리고 스며들기를 기다리다가 마르기 전에 긁는 단순 작업이 이어졌다. 이래저래 시행착오가 많았다.

지겨울 때는 싱크대 문에 붙은 시트지를 제거했다. 여기에도 시트지, 저기에도 시트지! 이전에 살던 분은 시트지를 정말 사랑했던 것 같다. 접착력이 너무 강해서 떨어지지 않는 시트지는 '스크래퍼'라는 도구로 긁어내었다. 스크래퍼는 활용도가 높다고 이야기 한 신랑 덕택에 사두었던 것인데 주방 시트지를 떼어내며 정말 많이 썼다. 작업을 하다 보니 요령이 생겨서 속도는 점점 빨라졌다. 문짝에 붙은 시트지는 문을 두 발로 딱 잡고 힘을 빡 줘서 한 번에 뜯어내면 끈끈이를 최대한 덜 남길 수 있다. 뜯다가 중간에 멈추면 그 부분에 끈끈이가 남기 때문이다.

결국 며칠에 걸쳐서 주방 타일에 남아있던 종이를 다 떼어냈다. 그러나 이후에 알게 된 슬픈 사실! 어차피 그 위에 또다시 시트지를 덮게 되었기 때문에 군이 이렇게 꼼꼼하게 제거 하지 않았어도 되었다. 원래 계획은 타일을 새로 붙이고 줄눈 작업을 하려고 했으나 솟아서 벌렁대는 타일이 군데군데 있었기 때문에 그 위에 타일 덧방을 하기에는 무리가 있어서 시트지를 선택할 수밖에 없었다.

타일 위에 이전에 붙어 있던 것과 같은 '발포 시트지'를 사다 발랐다. 왜 그렇게 욕해놓고 또 시트지를 붙였냐 물으신다면…! 싱크대가 많이 낡은 상태이기에 우리 이후 세입자는 나처럼 고생하지 않고 아예 새 싱크대를 맞추는 게 맞다 싶은 생각이 들었기 때문이다.

시트지를 깔끔하게 바르기 위해서는 스위치나 수전 뒤로 시트지를 밀어 넣어주었어야 했다. 그리고 네모의 라인을 맞추기 위해 신경 썼다. 엄연히 타일 모양을 하고 있는 시트지니 최대한 타일처럼 보이도록 붙여 줘야 했다. 사이즈를 잘못 자르기도 하고 모양새를 잘못 내기도 하는 등 몇 번의 시행착오가 있었지만 결국 완성!

❶ 싱크대에 붙어있던 씨트지를 제거했다.

❷ 싱크대 선반에도 시트지가 붙어있었다.

❸ 발포 시트지 제거를 하면 이렇게 종이가 남는다.

❹ 세제를 섞은 물과 스크래퍼를 이용하여 타일에 붙어 남아있는 종이를 긁어냈다.

❺ 인내심을 가지고 끝까지 긁어내야 한다.

❻ 기존 시트지 제거 후에 새로운 시트지를 붙였다. 가장 먼저 사이즈에 맞게 잘라주어야 한다.

❼ 스위치 뒤쪽으로 시트지를 밀어넣어주어야 깔끔하다.

❽ 첫 장 붙이기 완성!

❾ 수전 고정나사도 풀어서 그 뒤로 시트지를 밀어 넣어서 붙였다.

❿ 진짜 완성! 기존 시트지를 다 떼고 새 시트지를 붙인 최종 모습.

싱크대 문짝에는 페인트를 칠하기로 했다. 꼼꼼히 작업하기 위해 드릴을 이용해 위쪽에 있는 문들에 달린 경첩 나사를 풀어 떼어냈다. 생각보다 꽤 귀찮은 작업이었기에 아래쪽 문은 떼지 않고 그냥 작업했다.

먼저 원하지 않는 곳에 페인트가 묻지 않도록 마스킹 테이프를 붙여주었다. 프라이머를 칠하면 페인트가 잘 먹고 색도 잘 나온다는 얘기를 검색을 통해 알아냈기에 먼저 프라이머를 발랐다.

페인트는 방수가 되는 천연 페인트를 찾았다. 이미 많은 사람들이 셀프 페인팅에 사용하고 있는 유명한 페인트였다. 그 페인트는 색을 고를 수도 있고 또 원하는 색을 조합해서 구입할 수도 있다. 색을 만드는 것까지는 하고 싶지 않아서 제시되어 있는 색상 표를 보고 그 중 하나를 골랐다. 하늘빛인데 코발트가 섞인 색이다.

프라이머를 칠하고 몇 시간 건조시킨 후에 페인트를 두세 번 정도 덧칠했다. 원래 색이 나오기 위해서는 세 번 정도를 칠해야 하는 것 같다. 충분히 건조시켜야 한다고 했는데 빨리 완성된 모습을 보고 싶어서 한두 시간 정도 말리고 또 다시 덧칠해버렸다. 그 후에는 최대한 덜 건드리고 건조시켰다. 그 외에 시트지로 덮여 있던 싱크대 상판과 선반도 하얀 페인트로 칠했다. 자주 사용하는 상판이면 페인트 칠이 벗겨질 가능성이 크지만 우리는 그 위에 식기 건조대를 올릴 생각이어서 괜찮을 것이라 판단했다. 그리고 오래되어서 도금이 다 벗겨진 철제 손잡이를 떼어내고 나무 손잡이로 교체했다. 위쪽 수납장 아래에는 봉을 달고 에스 고리를 걸어서 자주 쓰는 조리 도구들을 걸어놓았다. 주방은 일단 이렇게 완성!

❶ 바닥 비닐을 깔아서 다른 곳에 페인트가 묻는 것도 방지한다.

❷ 마스킹테이프 붙이는 작업은 귀찮지만 꼭 해 주는 게 좋다.

❸ 프라이머를 준비한다.

❹ 아래쪽에는 문짝을 떼지 않고 프라이머를 발랐다.

❺ 프라이머 1회 칠한 모습.

❻ 싱크대 상판과 선반에도 페인트를 칠했다.

❼ 프라이머가 마르면 페인트를 칠한다.

❽ 페인트 2회 칠한 모습.

❾ 페인트 작업 후 손잡이까지 달아 주면 완성이다.

1년이 지난 현재, 하늘빛 색이 지겨워져서 짙은 그레이 페인트로 색을 바꿔 주었다. 요즘은 머리 아픈 냄새 없고 발림성도 좋은 천연 페인트가 많이 나와 있어서 페인트칠 하나만으로도 집 분위기를 반전시킬 수 있다. 인테리어에 대해 계속 고민을 하다 보니 결코 놓쳐서는 안 될 중요한 요소가 바로 '색'이라는 것을 깨달았다. 단지 예쁜 가구, 예쁜 도구, 예쁜 패브릭으로 아무리 꾸미더라도 기본적으로 그것들의 컬러가 일관성이 없고 조화가 이뤄지지 않으면 실패로 가기 쉽다. 다른 어떤 것보다 먼저 자신이 꾸미고 싶은 공간의 전체적인 컬러를 생각해 보는 것이 좋다는 생각이 든다.

주방 인테리어 정보

- **싱크대 걸이** : 하우스앤홈, 이케아, BYGEL Rail, silver-colour ₩9,500원
- **양념통 바스켓** : 하우스앤홈, 이케아, BYGEL Wire basket, silver-colour ₩5,400원
- **휴지통** : 마켓비, 이케아, STRAPATS Pedal Bin ₩29,900원
- **아일랜드 식탁** : 리바트 이즈마인, 로덴 아일랜드 식탁 ₩약 200,000원
- **주방 등** : 텐바이텐, 체코펜던트 등 ₩68,700원

생각하고, 이야기하고, 나누고,
쉬고, 놀고, 움직이는 큰방

2013년, 〈네덜란드에서 온 새로운 메시지〉 전시회를 갔었다. 작품 중에 비치된 엽서로 관람객이 직접 타이포그래피를 경험해 보는 공간이 있었는데 그 앞에서 집어온 엽서 한 장에 이런 단어가 적혀 있었다.

"THINK, TALK, SHARE, REST, PLAY, MOVE"

'생각하고, 이야기하고, 공유하고, 쉬고, 놀고, 움직이다.'

우리 부부가 추구하는 삶의 모습들과 닿아 있는 단어였기 때문일까? 신혼집 방 하나를 꾸밀 때 나도 모르는 새 그 모습이 인테리어에 반영되고 있었다. 어느 날 책상 위에 굴러다니던 빈 액자에다 그 엽서를 끼워 양면테이프를 이용해 큰방 문 중앙에 단단히 붙였다. 그 후 이 방의 정체성이 더욱 명확해진 느낌이다.

이 방을 차지하고 있는 가구는 모두 조립식이다. 스웨덴의 이케아가 조립식 가구의 대표격일 텐데 검색해 보니 우리나라에도 사용자가 직접 조립해서 쓸 수 있는 가구 브랜드가 여럿 있었다. 몇 개의 브랜드에서 디자인과 가격, 실용성, 우리의 필요 등을 고려해서 가구를 주문했다. 넓은 집이 아니었기에 꼭 필요한 가구만 구입하기로 결정하고 나니 책상, 책장, 소파, 의자, 테이블이 이 방에 들어가는 가구의 전부였다. 결혼식 전 2주라는 기간 동안 우리는 계속 가구들을 주문했고 가구를 받으면 조립하고, 또 받으면 조립하는 빡빡한 일정이 이어졌다.

의자는 상대적으로 조립이 쉬웠지만 책상이나 책장은 꽤 힘이 들었다. 책상은 그나마 양반이라고 할 정도로 책장은 아주 손이 많이 갔다. 방의 모서리 부분을 쓸 수 있는 코너 책장을 주문했기 때문이었다. 주문할 때에는 원래 책장 모양이 코너형으로 만들어진 줄 알았는데 물건을 받고 보니 그게 아니었다. 동일한 네모 박스 책장을 각도를 조절해서 맞출 수 있도록 윗판과 아랫판을 고정시키는 걸이만 있었던 것이다. 맞춰서 배치한다고 신랑이 고생을 많이 했지만 조립을 끝내고 보니 아주 만족스러웠다.

하루 날을 잡고 조립한 책장에 채워 넣을 책을 옮겼다. 책은 가장 양이 많고 무겁고 번거로운 짐이었는데, 40~50센티미터 정도의 높이로 책을 쌓고 노끈으로 묶어서 한 손에 들기 쉽도록 만들어서 트럭에 실어 옮겼다. 그날 나는 결혼식을 가야 했는데 고맙게도 신랑과 친구가 책을 옮기고 꽂는 일을 다 해 주었다. 그래서 책은 마구잡이로 꽂혔었고 결혼 후 한참 지난 후에서야 책들을 정리했다.

책 정리에 적용할 수 있는 분류 기준은 다양할 텐데 이번에는 '컬러'라는 기준을 세웠다. 책 표지 색깔대로 책을 정리한 것이다. 흰 책, 붉은 책, 노란 책, 초록 책, 파란 책, 회색 책, 검정 책…. 이렇게 정리를 하고보니 책 또한 꽤나 괜찮은 인테리어의 요소가 되는 듯 했다.

조명도 새로 달았다. 이전에 달려 있던 둥근 보름달 조명은 플라스틱이 다 깨져있었고 별과 달 모양의 야광 스티커도 붙어 있었다. 도배를 하시던 아주머니께서 등이 깨져서 다시 못 달 것 같다며 구석으로 미뤄 놓으셨는데 그 모습에 더 처참함이 느껴졌다. 도배 아주머니는 주인 분에게 요청을 하라고 했지만 주인 할머니는 아무 것에도 투자할 생각이 없어보였기 때문에 그냥 우리가 새 조명을 주문했다. 조명을 달면서 다음에 이사 갈 땐 다시 떼어서 가지고 가자는 말을 몇 번이나 했던 것 같다. 2~4년 정도밖에 살지 못할 전셋집이기에 두고 올 것에 많은 투자를 하기에는 솔직히 아까운 일이었다. 깨진 조명은 다시 달아 놓아야 할 테니 현관, 싱크대, 방문 손잡이와 함께 다용도실 구석에 고이 모셔놓았다.

셀프 인테리어를 할 때 신랑이 예전에 일을 하며 어깨 너머로 배운 전기 관련 기술이 유용하게 쓰였다. 조명도 달고 스위치도 교체했다. 아주 어려운 전기 공사는 아닐지라도 내 입장에서는 어떻게 할지 몰라 당황스럽거나 사람을 불러야 가능한 일들을 신랑이 모두 대신해 주었기 때문에 이럴 때 신랑 덕을 보는가 싶었다.

전구는 노란빛이 도는 전구색으로 선택했다. 공간에서 조명은 굉장히 중요한 역할을 한다. 그런데 내 생각에 흰색 조명은 그 아래에 자리한 사물들이 만들어 내는 운치를 지워버리는 것 같았다. 물론 사람까지도.

그래서 과감히 집 안의 모든 조명을 전구색으로 선택했다. '집 안이 노란 빛으로 가득차면 이상하지 않을까?' 하는 걱정은 설치를 다 끝내고 나니 사라졌다. 어차피 다 노랗기 때문에 그다지 노래보이지 않는다. 비교 대상이 없기 때문이다.

그리고 소파를 들여놓았다. 소파가 배송되었을 때, 배송 아저씨 한 명과 나밖에 없었기에 둘이서 낑낑대며 무거운 소파 박스를 들고 계단을 올라왔다. 사실 이런 일이 처음은 아니었다. 이전에 책장이 배달되었을 때도 나는 그 아저씨와 함께 짐을 졌었다. 그래서일까, 소파를 옮길 땐 이전보다 더 호흡이 맞는 듯도 했다. 다른 가구와 마찬가지로 소파 또한 조립이었다. 박스를 뜯고 혼자 조립을 하는 중, 마침 센 힘이 필요한 타이밍에 신랑이 집에 도착했고 함께 조립을 마무리 지었다. 직접 해 보니 소파를 혼자 조립하는 것은 무리가 있다고 판단된다. 혼자 무리하는 것보다는 둘이나 셋이 작업하는 것을 추천한다.

가구 배치를 하다 보니 책장과 책상 사이에 소파 자리의 길이가 딱 맞게 남아서 왠지 희열감이 들었다. 우리가 주문한 소파는 커버를 교체할 수 있다. 이케아에서 다양한 컬러와 무늬의 커버가 나오고 있고 꽤 저렴한 가격에 판매하고 있다. 처음에는 내추럴 색상의 커버를 선택해서 구입했으나, 때도 잘 타고 왠지 모르게 미완의 느낌이어서 아쉬움이 있었다. 그래서 몇 달의 시간이 흐른 후에 그레이 커버를 구입해서 씌웠더니 분위기도 달라지는 효과를 볼 수 있었다. 다음에 더 마음에 드는 커버가 생기면 또 다시 바꿔볼 예정이다.

이 방에는 두 면에 창이 나 있다. 그것도 아주 커다란 창이다. 그런데 창틀이나 유리가 아주 오래된 느낌이었고 이전 세입자가 창틀에 페인트를 칠하다 유리에도 여기저기 묻혀 놓아서 굉장히 지저분했다. 어떻게 가려야 할까 생각하다가 한 면은 패브릭으로 가리고 한 면은 우드 블라인드를 설치하기로 했다. 책상을 놓고 컴퓨터를 설치해 작업 공간으로 쓸 예정인 벽면은 블라인드가 잘 어울릴 것 같았기 때문이다.

인터넷으로 검색해 보면 커튼, 블라인드, 쉐이드 등을 제작해서 판매하는 곳이 굉장히 많이 나온다. 그 중에 마음에 가는 곳 하나를 선택했는데 특별한 이유가 있었다기 보다는 리뷰로 올라온 사진이 예뻐서 큰 고민 없이 선택할 수 있었다.
블라인드는 브라켓bracket이라는 블라인드 끼우는 틀을 천장에 박아서 끼워 넣어야 한다. 블라인드가 두 개였기 때문에 최대한 나란히 이어지도록 박았어야 하는데 박고 나서 보니 위치가 어긋나 있어서 나사를 풀어 뽑은 후 다시 위치를 잡아서 고정시켰다. 이렇게 하면 힘이 두 배로 드니 처음에 잘 표시를 해 놓고 작업하는 게 좋다. 어쨌든 블라인드 하나 달았을 뿐인데 방이 한껏 산뜻해진 기분이 들었다.

이렇게 어느 정도 방이 모습을 찾아갔고 이 방의 핵심 사물 하나가 등장할 차례가 왔다. 원래 주인공은 제일 뒤에 나타난다고 했나? 바로 '프로젝터'이다.
우리는 TV를 사지 않았다. 사실 신랑은 TV를 굉장히 좋아하는데 나는 그다지 즐겨보지 않는다. 때문에 TV를 사지 않기로 한 선택은 일정 부분 나의 고집에 의한 것이다. TV가 생활의 중심을 차지하는 경우를 많이 봐왔기 때문에 애초부터 그러한 상황을 만들고 싶지 않았다. TV가 놓여 있으면 둘이 있어도, 사람들이 와도, 혼

자 있어도 TV를 켜게 된다. 버튼 하나만 누르면 켜지는 쉬운 인터페이스는 그 움직임을 제어하기 힘들게 만든다. 게다가 도피처의 역할도 한다. 직면해야 하는 어려운 상황 앞에서 사람들은 흔히 TV앞으로 도망을 가서 자신에게 몇 시간의 마취제를 놓기도 한다. 물론 요즘은 스마트폰이 이 역할을 충분히 하기도 하지만.

우리는 타협점을 찾았다. 프로젝터를 설치하기로 한 것이다. 프로젝터는 TV처럼 쉽게 틀어서 볼 수는 없고 자신이 원하는 영상을 찾고 연결하는 수고를 거쳐야 한다. 하지만 TV에서 끊임없이 나오는 영상에다가 시간을 투자하는 것보다 좋은 영상을 선택해서 보는 게 훨씬 나을 것 같았다.

처음에는 요즘에 많이 출시된 미니 빔을 알아보았는데 생각보다 가격이 비싸서 고민이 됐다. 그러던 중에 아버님 교회에 쓰지 않는 프로젝터가 있다는 게 생각났다. 설치한지는 1년 정도가 되었는데 어른들만 계셔서 다룰 줄 아는 사람이 없다보니까 쓰지 못하고 썩혀 두고 있었던 것이다. 교회에서 쓰면 좋겠지만 쓰지 않아도 큰 문제는 없는 상황이었던 지라 신랑은 아버님께 말씀을 드려 얼마의 비용을 드리고 프로젝트를 가져왔다.

그런데 가져오고 보니 2001년 모델이었다. 10년이 지난 물건인 것이다! 내가 학부 시절에 쓰던 학과 빔이 떠올랐다. 슬라이드 환등기와 겸해서 쓰던 시절에 등장한 빔 프로젝터는 굉장히 혁신적인 사물이었다. 하지만 돌이켜 보면 천만 원을 훌쩍 넘는 가격에도 불구하고 어마어마한 소음과 열기, 흐릿한 화면이라는 한계를 갖고 있었다. 이 프로젝터가 그 기억을 되살려주는 게 아닐까 걱정이 들었다.

하지만 프로젝터는 웬 걱정이냐는 듯 아주 선명한 화면으로 응답했다. 아마도 중간에 렌즈와 부품 등을 새롭게 교체해서 중고로 판매한 것 같았다. 불을 환하게 켜 놓아도 화면이 잘 보였다. 어디다가 놓을지 고민하다가 그냥 천장에 달아버리기로 했다. 화면이 삐뚤어지지 않고 가장 크게 보이기 위해서는 정중앙에 놓는 게 제일 좋았기 때문이다.

프로젝터 무게가 꽤나 나갔던 터라 신랑은 이틀 정도를 고민했던 것 같다. 무리해서 달았다가 프로젝터가 추락이라도 하는 날에는 그 밑에 소파에 앉아 있던 우리가 날벼락을 맞게 되는 것이었으니. 이곳저곳에 문의를 하던 신랑은 결국 천장에 프로젝터를 달기로 결심했다. 우리 집 천장은 석고보드로 되어 있었는데 그 위에는 격자로 된 나무 구조물이 있다. 이전에 조명을 달 때도 그랬는데, 천장을 통통 두드려서 소리가 묵직하게 나는 나무 부분을 골라서 피스를 박으면 단단하게 달린다. 나무가 없는 곳에는 콘크리트 벽에 쓰는 칼블럭을 넣고 피스를 박았더니 나무에 박은 부분처럼 단단히 고정이 되었다.

이렇게 방 하나가 대략적으로 완성이 되었다. 문에 붙여 놓은 것처럼 우리는 여기에서 '생각'도 하고 '이야기'도 '나누고' '놀기'도 하고 '쉬기'도 한다. 우리가 이 공간에서 살아가는 동안 이 방과 이 방에서 보낸 시간들을 통해 좋은 '움직임'이 일어나기를 기대한다.

큰방 인테리어 정보

- **책장 :** 하우스앤홈, 이케아 BILLY Corner combination ⓦ380,000원
- **책상 :** 두닷, 콰트로 1406G/1806G 데스크 ⓦ25만1천원
- **의자 :** 마켓비 Moon Folding Chair(Black) ⓦ33,900원
- **쿠션 :** 텐바이텐, 데코뷰 나뭇잎쿠션/큐브쿠션 ⓦ각 23,840원
- **테이블 :** 마켓비, 이케아, LACK Side Table ⓦ10,400원
- **소파 :** 하우스앤홈, 이케아, KLIPPAN Two-seat sofa Alme natural ⓦ248,000원
- **소파커버(그레이) :** 마켓비, 이케아, KLIPPAN Cover (Vissle Grey) ⓦ39,900원
- **스탠드 등 :** 마켓비, 이케아, TROGSTA Floor Lamp (Black) ⓦ15,700원
- **커튼(화이트) :** 마켓비, 이케아, LENDA Curtain with Tie-back (White) ⓦ40,800원
- **천장 조명(전구 포함) :** 텐바이텐, 바이빔 파인 스퀘어4등 ⓦ84,800원
- **우드 블라인드 :** 나무가주는침구, 우드블라인드(화이트)
- **러그 :** 바이빔

기본 화이트에 포인트 색으로 꾸민 **침실**

앞서 말했듯 우리 집은 방이 단 두 개다. 그동안 내가 봐왔던 방 두 개짜리 집은 대개 방 하나가 크고 나머지 방 하나는 작았는데 우리 집도 마찬가지였다. 두 개의 방을 각각 어떻게 활용해야 할지 정해야 할 때 크게 고민하지 않고 결정한 것은 작은방을 침실로 사용하는 것이었다. 다른 일은 하지 않고 잠만 자는 방을 굳이 큰방으로 할 이유가 없었기 때문이다. 계획으로는 작은방에 침대와 장롱을 넣으면 딱 좋을 거라고 생각했다. 그런데 집의 확실한 사이즈를 알기 전에는 왠지 침대와 장롱이 다 들어가지 못할 것 같았고 들어가더라도 장롱 문이 열리지 않을 것 같아 걱정이 많았다. 전에 사시던 분들에게 사정을 얘기하고 아침에 찾아가 줄자로 재어보니 될 것 같기는 한데 확신은 서지 않았다.

업체에 상황을 이야기해서 미리 실측을 했는데 별다른 얘기가 없었다. 그리고 설치하는 날, 정말 딱! 들어갔다는 말이 이럴 때 쓰는 말인가 싶었다. 공간이 5센티미터만 부족했더라도 문을 열지 못했을 정도로 침대와 장롱이 방 안에 딱 맞게 들어갔다. 한계를 극복해 낸 후에 찾아오는 뿌듯함이 느껴졌다.

침구는 무조건 화이트로 하고 싶었다. 지금까지 살면서 내가 쓰는 침구에 내 취향이 반영된 적은 한 번도 없었다. 언제나 엄마가 이불을 사 주었기 때문이다. 이전에 큰맘 먹고 내가 원하는 이케아 침대를 샀을 때에 기회가 있긴 했었다. 그런데 어느 날 학교를 다녀오니 줄무늬 보랏빛 침구 세트가 깔려있었다. 이미 사 다 놓은 새 이불을 치울 수도 없는 노릇이었고, 꽃무늬가 아니라 다행이라며 스스로 위안을 했다. 이 굴레(?)를 벗어나는 것은 지금이 최대의 기회였다. 누구 말도 듣지 않고 무조건 화이트 호텔 침구를 찾아 헤맸다. 호텔 침구 중에는 은은한 스트라이프 무늬가 들어간 것이 많았는데 나는 그 무늬조차 용납할 수 없었다. 무조건 무늬 없는 올 화이트라야 했고 의지로 결국 찾았다.

침구에 포함되는 구성품은 매트리스 커버, 패드, 이불, 베개 정도가 될 텐데, 대개 침구 세트라 하면 이불과 베개 정도였고 매트리스 커버와 패드는 따로 주문을 해야 했다. 한 업체에서 사면 편했을 걸, 마음에 드는 게 없어서 매트리스 커버, 패드, 침구 세트를 다 다른 곳에서 주문을 했다. 이불과 베개에 들어가는 솜까지 이것저것 사야할 게 정말 많았다. 주문하기 전에는 사실 '차렵이불'이 뭔지도 몰랐던 무지렁이였기에 나름 공부를 많이 하게 된 유익한 과정이었다.

침실이 좁기 때문에 많이들 쓰는 커다란 화장대는 도저히 놓을 수가 없었다. 어차피 나는 화장품도 많이 없고 거울 앞에 앉아 얼굴에 무언가 바르고 두드리는 것도 별로 좋아하지 않기에 큰 화장대가 필요 없었다. 먼지가 앉는 것을 피해 화장품은 거울 달린 뚜껑 아래에 수납할 수 있는 화장대가 나에게 딱 맞다고 생각했다. 여러 회사에서 나온 제품들 중에 가격과 디자인을 고려해서 하나 골라 침대 발치에 놓았다. 덩치도 크지 않기 때문에 방에 들고 나는 데에 불편함은 전혀 없다. 뚜껑을 열어서 써야 하는 가구이기에 자잘한 물건 등을 올려놓을 수 없어 깨끗한 침실을 만들어 주기도 한다.

협탁을 놓을 공간은 나오지 않았기에 작은 스툴 하나를 놓아 협탁처럼 활용하고 있다. 침실을 대부분 화이트로 채웠기 때문에 포인트만 잘 잡아주어도 괜찮은 듯해서 오리엔탈 느낌의 쿠션을 베개 앞에 두고 비슷한 느낌의 조명은 스툴 위에 올려놓았다. 조명은 신랑이 10년 넘게 갖고 있던 것인데 이전에 살던 집에서 먼지를 뒤덮고 있던 조명이 드디어 신혼집에서 빛을 발하게 되었다.

블라인드 구매했던 곳에서 침실에 달 쉐이드도 함께 주문해 달아 주었다. 창문을 다 가릴 수 있도록 사방으로 창문보다 10센티미터 크게 제작했더니 낡은 창문틀도 깔끔하게 가려졌고 자는 곳은 이렇게 완성이 되었다.

침실 인테리어 정보

- **침구세트(이불솜 포함) :** 왓디자인 ₩233,000원
- **패드 :** 브리즈홈 소프트 코튼 패드 킹사이즈 ₩156,000원
- **매트리스 커버 :** 누비지오 ₩29,400원
- **침대/장롱 :** 한샘, 폴린 애쉬 침대 Q/샬롯2 화이트갤러리 옷장 ₩합계 270만 원
- **화장대 :** 텐바이텐, 메스티지데코 ₩188,000원
- **침실 등(전구 포함) :** 텐바이텐, 바이빔 파인2등 직부 ₩56,000원
- **침실 광목 쉐이드 :** 나무가 주는 침구, 화이트캠퍼스광목로만쉐이드

싸움 덕분에 발견한 자투리 공간 거실

이 공간은 어느 날의 싸움으로 탄생했다. 처음부터 계획된 곳은 아니었다. 현관과 주방 사이의 공간은 거실이라고 하기에는 좁은 공간이었고 큰방을 이미 거실처럼 사용하기로 했기 때문에 이곳을 거실로 쓸 필요는 없었다. 주방에 아일랜드 식탁이 있으니 굳이 또 식탁을 놓는 것도 좀 이상했다. 그래서 전신거울을 세워 두고 오가다가 몸을 비춰보거나, 작은 선반 하나를 놓고 화분이나 작은 가전제품 들을 올려 두고는 전기포트로 물을 끓일 때나 들르던 공간이었다. 그러니까 딱히 용도가 있었던 건 아니었던 것이다.

그러던 어느 날, 사건이 발생했다. 무슨 일인지는 기억이 나지 않지만 아마도 서로 한번 부딪히고 신경이 곤두선 상태였을 것이다. 청소기를 돌리던 신랑이 한마디를 했다.
"아, 이것도 진짜 맘에 안 들어!"
접는 테이블을 향해 한 말이었다. 청소를 하려면 청소기로 구석구석 밀어야 하니 테이블을 이동 시켜야 했는데, 그때마다 아래 깔려 있던 카펫이 따라 움직여서 판판하게 펴 있던 게 구불구불해지는 바람에 짜증이 난 것이다.
그 말을 들은 나는 무언가 빠직 하는 느낌을 받았다.

'그동안 좋다고 잘 썼던 건 뭐지? 맘에 안 드는데 참고 썼던 것이었나?'

갑자기 내뱉은 말이지만 그게 진심이었나 싶어서 서운함이 밀려왔다. 그리고 테이블이 너무 불쌍하게 느껴졌다.

'네가 무슨 죄가 있다고 이런 수모를 받아야 하니… 난 너를 좋아하니까 괜찮아, 쟤 말에 신경 쓰지 마….'

사실 지금 생각하면 별생각 않고 넘길 수 있는 이야기인데도 당시에는 이성적 사고가 이뤄지지 않았다. 그날 새벽 3시에 일어나 혼자 테이블을 옮겨버렸다. 잠이 오지 않아서 뒤척이다가 일어났는지, 일찍 잠들었다가 깼는지는 잘 기억이 나지 않는다. 심란한 마음에 침대에서 이런저런 생각을 하다가 문득 테이블을 밖으로 빼고 싶다는 생각이 든 것이다. 매번 싸울 때마다 일일이 신경 쓰며 다 맞춰주고 싶지는 않았지만 떠오른 아이디어가 그다지 나쁘지 않게 느껴졌다. 그래서 벌떡 일어나 밖으로 나갔다.

일단 테이블을 옮겼는데 꽤 만족스러웠다. 생각보다 새 장소에도 잘 어울렸다. 옮겨 놓고 이렇게 저렇게 데코를 해 보다가 새벽이 밝아 와서 다시 잠에 들었다. 그리고 다음 날 일어나서 다시 테이블을 가로 세로로 돌리며 배치를 해 보았다. 거울 놓는 자리, 욕실 문 등 고려할 것들이 여럿 있었는데, 두 방향 모두 장단점이 있어서 고민하다가 결국 결정을 내렸다.

이렇게 배치를 하다 보니 현관 바로 옆 자리가 신경이 쓰였다. 여기 앉게 되는 사람은 현관문과 신발이 보이는 자리라서 '집 내부에 들어와 있다는 아늑함을 빼앗기지 않을까?' 하는 생각이 든 것이다. 그래서 생각한 것이 현관 앞에 간단한 커튼을 달아서 공간을 분리 시켜 주는 것이다. 이럴 때엔 중문을 달면 좋겠지만 우리 집에서는 불가능한 일이었고 패브릭을 활용해 보자 싶었다.

내가 생각한 것을 바로 실행하는 성향의 사람이었다는 것은 이때 처음 알았다. 아이디어를 떠올린 날 당장 마트에 가서 작은 봉을 사 왔고 그날 저녁에 직접 드릴로 설치를 했다. 이제 이 정도는 혼자서도 할 수 있었다. 남아 있던 커튼 고리를 달고 집에 안 쓰고 있던 천을 달아보았다.

아무래도 성에 차지 않았다. 패브릭이 예쁘지 않으니 이 부분이 살지를 않았다. 커튼을 구입해야 하나 해서 인터넷으로 검색을 해 보았지만 만들어진 커튼은 아무래도 비쌌다. 그렇다고 마음에 드는 패브릭이 보이지도 않았다. 나는 패턴이 크게 들어간 패브릭을 원했는데 괜찮은 것을 찾기가 쉽지 않았다. 그래서 그 다음 날, 뭐가 없을까 하고 동네 아울렛에 갔다. 한참을 돌아다니다가 '역시나 없네…' 하고 돌아가려고 할 때, 물방울무늬의 식탁 러너를 발견했다. 식탁 러너는 원래 식탁 가운데 놓는 용도이지만 매달아도 충분히 괜찮을 것 같았다. 진열된 상품 하나 남아있었는데 괜찮다고 하고 가지고 왔다. 집에 오자마자 달았는데 꽤나 괜찮아 보였고 이전과는 다른 분위기가 연출되었다.

중문 커튼은 이 정도로 하고 다음은 선반 달기가 기다리고 있었다. 테이블 너비와 똑같은 크기의 선반을 주문해서 테이블 바로 위쪽에 달기로 했다. 힘 좋은 해머 드릴이 없어서 콘크리트 벽을 뚫는 게 만만찮았다. 마지막 구멍을 뚫을 때에는 드릴이 계속 다른 쪽으로 삐져나가서 정작 뚫어야 할 자리만 안 뚫리는 것이다. 길이 다른 곳으로 나버리니 드릴은 계속 그 쪽으로 들어가 버렸다. 신랑의 분노는 끝까지 차올랐다. 안 그래도 옆에서 내가 선반을 괜히 시켰나 하며 아무 말도 못하고 있던 내 심장이 더 쪼그라들었다. 세네 시간을 붙들고 있다가 결국 완성을 시켰다. 황금 같은 주말 오후 시간을 선반 다는 데 다 쏟았다.

한참 시간이 지난 후 똑같은 모양의 선반을 다른 벽에 달았는데, 걱정했던 내 마음과는 달리 그 사이 신랑의 실력이 일취월장한 걸 발견했다. 사실 신랑은 친구들이 이런 손길을 필요로 할 때 마다하지 않고 달려갔었다. 전등이나 선반 달기, 현관 도어락 설치처럼 전문 기술자를 불러 꽤 비싼 일당을 주어야 하는 일에 도움을 주었던 것이다. 그간의 경험이 축적되어 실력이 된 것일까! 신랑의 성장을 확인한 뿌듯한 순간이었다.

테이블 뒤편에는 여기저기서 얻어오고 가지고 온 액자들로 꾸며보기로 했다. 고풍스러운 문양이 조각되어 있는 액자는 신랑의 옛 집에 굴러다니던 것이다. 아마도 유치원 졸업사진을 끼워 놓은 액자였을 것이다. 딱 봐도 족히 20년 이상이 된 느낌이었는데 활용할 수 있을 것 같아서 가지고 왔던 액자를 틀만 쓰기로 했다. 유리가 달린 것도 아니고 뒷판은 너무 낡았고 액자 지지대는 완전히 접혀지지가 않아서 벽에 달면 붕 떠버렸기 때문이다. 그리고 작년 가을에 주워서 노트에 끼워 놓았던 낙엽들을 소환시켰다. 테이프로 하나하나 붙이고 오른쪽 아래에 작게 사인을 했더니 나름 작품처럼 보였다. 후에 주방 싱크대에 그레이 페인트를 칠할 때 이 액자에다가 같은 페인트를 칠해 보았다. 그랬더니 엔틱에 모던함이 더해져서 또 다른 분위기를 연출하는 훌륭한 소품으로 변신했다. 나머지 다른 액자는 웨딩 플래너가 준 것이었는데 남아있는 패브릭을 끼워보기도 했고 전시회에서 산 엽서를 넣어보기도 했다. 집 안 어딘가에서 굴러다니며 역할을 못 하던 자잘한 소품일지 몰라도 조금만 관심과 애정을 갖고 들여다 보면 공간에 생기를 불어넣어 주는 역할을 해 주는 건 확실하다.

싸움 때문에 탄생하게 된 공간이지만 이전보다 공간 활용이 더 좋다. 테이블이 안에 있을 때는 종종 큰방으로 음식을 가지고 들어가서 밥을 먹었는데 테이블을 빼고 나니 이제는 먹는 공간이 분리가 되었다. 음식을 내놓고 치우기에도 훨씬 편하다. 작은 카페 같은 느낌도 나서 앉아서 차를 마시고 책을 보기에도 더 좋다.

이런, 신랑의 투덜거림에 고마워해야 하는 걸까?

거실 인테리어 정보

- **접이식 테이블** : 1300k, 소프시스 트윈테이블 + 파체어2개 세트 ₩15만 원 대
- **선반** : 텐바이텐, 스프러스 원목 와이드 북선반 ₩22,500원
- **의자** : 마켓비, 이케아, IVAR Chair (Pine) ₩20,800원
- **식탁 등** : 공간조명 롤로1등팬던트 ₩85,000원

아이디어에 시행착오가
더해진 **욕실**

                                    욕실의 실체를 처음 마주한 순간의 충격
을 기억하고 있다. 플라스틱 재질로 만들어진 오래된 세면대는 누렇게 변색이 되
어 있었는데 무엇보다 충격적인 모습은 셀 수 없는 흠집들이었다. 그 흠집은 결
코 참을만한 정도가 아니었다. 누가 봐도 징그럽다는 반응이 자동적으로 튀어나
올 만한 모습이었다. 이전 세입자는 어떻게 참고 사용했는지 의문스러웠다. 그뿐
아니라 벽타일이 여기저기 들떠 있었다. 입구 왼쪽 벽의 타일은 큰 면의 형태로
들떠 있어서 잘못 건드렸다가는 와장창 떨어져서 깨질 것 같은 위험한 상황이었
다. 이미 안쪽 벽의 들뜬 타일은 조금 건드렸더니 바닥으로 낙하해서 깨져버렸
고, 뒤에 숨어 있던 시멘트가 드러나 버렸다. 시멘트가 고루 발린 것이 아닌 것으
로 보아 애초에 공사를 날림으로 한 것 같았다.
이러한 상황을 입주 직후에 주인집에 전달했다. 그랬더니 봄이 되어 따뜻해지면
타일 공사를 해 주겠다는 대답을 들었지만 그 약속도 또다시 겨울이 찾아오기까
지 지켜지지 않았다. 주인 측에서는 들뜨고 깨진 부분의 사이즈를 측정해 가고 하
는 노력을 보였으나 타일 공사라는 게 생각보다 번거로운 작업이다 보니 막상 공
사일자를 잡기가 쉽지 않았던 것 같다. 위험하긴 해도 건드리지만 않는다면 욕실
을 사용하는 데 크게 이상이 없기에 굳이 계속 요구하기도 뭐했다. 대신 당장 찾
아오는 매일 매일을 그나마 만족스러운 상태로 지내고 싶어서 내 손으로 어느 정
도 정리해야 겠다는 결심을 했다.

'욕실 셀프 인테리어'를 검색해서 여러 사례들을 찾아보았다. 사람들이 시도했던 다양한 방법들이 있었는데, 그중에 가장 쉽고 간편하게 분위기를 바꿀 수 있는 것들을 해 보기로 했다. 거울에 나무 테두리 두르기, 나무 선반 설치하기, 다이소 네트망으로 선반 달기, 그리고 페인트칠하기. 심지어 바닥까지 말이다!

엄청난 흠집을 자랑한 세면대에는 씽크대에 칠했던 흰색 페인트를 칠해 주기로 했다. 가장 먼저 곰팡이 제거제로 여기저기 핀 곰팡이를 제거하고, 곰팡이가 핀 실리콘은 칼로 잘라 다 뜯어냈다. 그리고 프라이머를 1회 바른 후에 자연 건조시킨 후 2~3회 페인트를 칠했더니 흠집은 감쪽같이 사라졌다.

❶ 낡고 지저분한 실리콘은 최대한 다 제거해 준다.

❷ 수도꼭지에 페인트가 묻으면 안 되므로 최대한 마스킹 테이프로 보양 작업을 해 준다.

❸ 벽 타일에도 묻지 않도록 꼼꼼한 작업은 필수다.

❹ 프라이머 칠은 그리 어렵지 않다.

❺ 프라이머를 한 번 칠하면 이런 상태가 된다.

❻ 페인트를 2회 칠한 모습.

❼ 지저분하고 징그럽던 세면대는 이렇게 깨끗한 상태가 됐다.

욕실에는 아주 가벼운 플라스틱 선반장 두개가 달려 있었다. 벽에 박힌 못 두 개에 걸쳐 놓은 장이었는데, 툭 치면 뚝 떨어져서 부서질 것 같았다. 그 장은 떼어서 다른 것들과 마찬가지로 보이지 않는 곳에 보관을 해 두었다. 대신 텅 비어 버린 벽에 작은 물건 들을 올려놓을 수 있는 선반을 달아보기로 했다.

다이소에서 판매하는 네트망은 저렴한 가격에 꽤 괜찮은 효과를 낼 수 있는 소품이라 사람들이 많이 활용하고 있었다. 심지어 네트망 여러 개를 연결해서 티 테이블을 만들어 낸 사람도 있었다. 이런 모습들을 보며 나도 뭔가를 만들어 보고 싶은 마음에 무작정 다이소에 가서 네트망과 작은 네트 선반을 구입했는데 결국 이것이 욕실 벽의 작은 선반 역할을 하게 되었다. 원래 선반을 걸어 놓았던 못에 네트망을 고정해서 달았고, 네트에 선반을 걸쳐 놓으니 나름 괜찮아 보였다.

다음은 거울 테두리! 검색을 통해 원하는 사이즈대로 목재를 잘라서 주문할 수 있는 방법을 알게 되었다. 밋밋한 통거울 사방에 3센티 정도 되는 폭으로 패널을 두를 생각으로 인터넷 사이트에 삼나무 패널을 주문하며 4개로 잘라서 보내달라고 요청했다. 시공할 부분의 사이즈를 미리 측정해서 치수를 입력해야 한다. 거울 옆 벽에는 세트 느낌으로 나무 선반을 달고 싶었기에 폭 15센티미터, 가로 40센티미터 패널을 세 개 주문했다.

습기가 많은 욕실에 나무를 설치할 때에는 방수를 위해 바니시 작업을 추가로 해 주어야 한다. 나는 나무에 약간의 색을 입히고 싶어서 바니시 작업 전에 스테인을 발라 주었다. 스테인은 페인트와 다르게 나무의 원래 결을 덮지 않고 살리면서 색을 입힐 수 있다.

스테인과 바니시 작업까지 한 나무 패널을 충분히 건조시킨 다음 접착력이 강한
양면테이프를 발라서 거울 테두리에 붙였다. 그리고 거울과 나무 패널 사이에는
물이 들어가지 않도록 사방에 실리콘을 발라주었다. 같은 기초 작업을 한 나무 선
반은 네트망 선반 아래쪽에 쪼르르 달았다. 이 선반은 아직 드릴작업을 못해서
양면테이프로 붙여 놓았는데 그래서 지금도 무거운 물건은 선반에 올리지 못하고
사는 중이다.

❶ 욕실 목재에 색을 입혀줄 스테인과 스펀지를 준비한 후 원하는 사이즈 대로 주문한 나무에 톡톡
　두드려 문질러 바른다.
❷ 자연 건조 시킨 후에는 방수를 위해 바니시를 2∼3회 발라 주면 좋다.
❸ 양면 테이프나 글루건 등을 이용해 붙여 주고 실리콘을 쏴서 정리해 주면 깔끔하게 완성 된다.

이제 문제의 바닥 순서이다. 욕실 타일은 집의 다른 부분과 마찬가지로 오래되었고, 무엇보다 칙칙한 파란 색상이 마음에 들지 않았다. 타일 덧방을 하고 싶은 마음도 있었는데 벽타일도 공사해야 하는 상황에서 굳이 바닥 작업을 따로 하고 싶지는 않았다. 그래서 크게 벌리는 공사 대신 내 수고를 조금 들여서 분위기를 바꿔보고자 했고 선택한 방법은 싱크대 작업을 하고 남은 흰색 페인트를 욕실 바닥에 칠하는 것이었다. 샤워하는 공간을 샤워 커튼으로 분리해 놓았는데, 샤워공간의 바닥은 물이 많이 닿는 곳이라 페인트를 칠하지 않기로 했다.

처음은 좋았다. 바닥이 깨끗하고 밝아지니 욕실이 이전보다 훨씬 쾌적해 보였다. 그런데 어느 날, 청소 때문에 매트를 잠시 치워 놓고 맨발로 세면대에서 세수를 하고 얼굴을 닦기 위해 돌아서는데, 무언가 발바닥에 쩍 하고 달라붙었다. '아!' 가슴속에서 외마디 비명이 울렸고, 쪼그리고 앉아 욕실 바닥과 낑낑대며 씨름했던 시간이 순간적으로 머릿속을 스쳤다. 아니나 다를까, 바닥의 페인트가 찢어져버린 것이다.

욕실 바닥은 사람들이 계속 왔다 갔다 하며 물을 사용하는 곳이기 때문에 페인트 하나로 완벽한 내구성에 방수까지 되는 상태를 구현해 내기에는 역부족이었던 것이다. 이 사건 후에 내구성이 강하다는 바닥용 페인트와 방수제를 구입하여 칠해 보기도 했지만 기초작업을 잘 하지 못한 탓인지 또 벗겨지고 말았다. 타일에 사포질을 해서 페인트가 잘 붙을 수 있는 거친 마찰면으로 만들거나, 또 다른 도장재를 사용하거나, 건조를 아주 충분히 해 주거나 하는, 우리는 시도해 보지 못한 방법들이 있다고는 하지만 이미 해본 내 입장에서 보자면 욕실 바닥에 페인트칠을 하는 것은 무조건 벗겨질 것을 각오해야 하는 선택이라고 생각한다. 아직은 다시 도전할 수 있는 힘과 용기가 나지 않아서 슬프게도 반쯤 포기하고 매트로 가려 놓고 생활 중이다.

❶ 프라이머를 칠해 준다.

❷ 프라이머를 2회 정도 칠해야 짙은 색이 가려진다.

❸ 순차적으로 작업한다.

❹ 바닥 색이 진해서 페인트는 4~5회 정도 칠했다.

❺ 깨끗하고 하얀 바닥이 완성됐다.

❻ 몇 달이 지난 후 내구성이 더 강한 페인트를 덧칠했다.

❼ 샤워 공간까지 페인팅을 해 주었더니 더 넓어 보이는 효과가 있었다.

❽ 방수제도 발랐으나 결국 페인트는 벗겨지고 말았다. 물기가 많고 신발이 닿는 바닥에는 페인트칠
  하는 것은 피해야 할 것 같다.

아직 완전한 만족을 주지 않고 있는 욕실 내부 때문일까? 욕실 문만 애꿎게도 일
년 간 세 번의 옷을 갈아입었다. 처음에는 욕실 문에 싱크대와 같은 코발트빛 하
늘색을 칠했다가 몇 달 후에 녹색 페인트를, 마지막으로 진한 회색빛의 페인트를
칠했다. 좁은 집이기 때문에 문의 색 하나로 공간의 분위기가 많이 달라져서 이것
저것 시도해 보았다. 지금까지의 작업 중 현재의 색이 가장 만족스러워서 당분간
은 이대로가 좋을(?) 예정이다.

욕실 인테리어 정보

- **샤워 커튼** : 하우스앤홈, 이케아 TVINGEN Shower curtain ₩15,000원
- **샤워 커튼 봉** : 마켓비, 이케아, ORE Shower Curtain Rod ₩14,200원
- **문걸이 수납장** : 텐바이텐, 바스페이스 3단 문걸이 수납장 ₩22,800원
- **휴지 걸이** : 하우스앤홈, 이케아 ENUDDEN Toilet roll holder ₩7,500원

지금 우리는……

'작고 낡은 집'은 아직 가진 게 많지 않은 우리가 거부하려야 거부할 수 없는 조건이었다. 때문에 현재 우리의 형편을 탓하며 언젠가 찾아올 멋진 집을 상상하며 참고 살 수도 있었다. 그러나 갓 결혼한 젊은 부부라는, 또 다른 거부할 수 없는 조건은 낡은 집을 그냥 참고 살지 않도록 만들었다. 처음 함께 살게 된 우리만의 소중한 공간을 그다지 드나들고 싶지 않은 곳으로 두고 살 수는 없었던 것이다.

그래서 우리는 우리의 첫 집을 함께 머물고 싶은 곳으로, 더해서 행복을 누리고 키워나갈 수 있는 곳으로 직접 만들어 나갔다. 그렇게 1년간 차츰차츰 우리의 집은 변해 갔고, 집을 만들어 가는 노력 뒤에 어김없이 행복이라는 열매가 찾아왔다. 그간 많은 사람들이 집을 다녀갔다. 가구며 살림살이가 하나도 없어서 소리가 텅텅 울리던 때에도, 점점 무언가가 채워지는 과정 중에도 사람들의 발길이 닿았다.

"오늘 가도 돼요?"

"갈 곳 찾지 말고 그냥 우리 집에서 놀자."

"지나가는 길인데 들러도 돼?"

드나들고 싶은 공간을 만들었더니 우연한 만남과 정이 넘치는 모임이 가득해졌다. 마음이 허할 때 들러 소박하지만 따뜻한 밥 한 끼 먹을 수 있고, 오랜만에 만난 친구와 회포를 풀 수도 있고, 혼자 자기 싫은 날에 밤이 깊어지도록 두런두런 이야기 나눌 수도 있으며, 친구들의 북적거림이 그리운 날 "오늘 모이자!"는 한마디로 부대끼게 되는 그런 곳이 된 것이다.

우리의 신혼집에서는 나의 삶과 너의 삶이 모이고 마주하고 뒤섞이며 때로는 따뜻한, 때로는 활기찬, 때로는 구슬픈 다양한 멜로디가 흘렀다. 이렇게 함께함을 누리며 살아가는 모습, 이것이 우리가 셀프 인테리어를 한 후 만나게 된 행복이다.

아무리 예쁘게 꾸미고 칠한다 해도 그 공간에 삶이 부재하다면 의미가 있을까? 그곳은 사람들의 눈길을 끌고 탄성을 자아내지만 편안히 머물지는 못하는 모델하우스와 다를 바 없다. 시간이 지나 생각해 보니, 공간을 만들기 위한 모든 노력들은 이 집에 살고 있는 우리와 집을 오가는 친구들의 삶으로 귀속되는 것 같다. 삶의 흔적이 남고 쌓여가는 공간! 결국 공간의 완성은 사람이 아닐까?

그렇게 우리의 집은 우리와 친구들이 남긴 삶의 흔적으로 채워져 가고 있다. 앞으로 이곳에서 얼마나 더 많은 시간을 보내게 될지는 모르겠지만 여전히 우리는 모난 구석을 손수 다듬고 고치며 우리가 바라는 삶의 향내가 폴폴 풍기는 공간으로 가꿔갈 것이다.